捕诉一体实务指引丛书 **7**

BUSUYITI SHIWU ZHIYIN CONGSHU

危害公共安全犯罪案件捕诉操作指引

主　编◎印仕柏　　副主编◎刘　敏

中国检察出版社

图书在版编目（CIP）数据

危害公共安全犯罪案件捕诉操作指引／印仕柏主编. —北京：中国检察出版社，2021.5

ISBN 978 – 7 – 5102 – 2514 – 7

Ⅰ. ①危…　Ⅱ. ①印…　Ⅲ. ①危害公共安全罪 – 刑事诉讼 – 研究 – 中国　Ⅳ. ①D924. 324

中国版本图书馆 CIP 数据核字（2020）第 238592 号

危害公共安全犯罪案件捕诉操作指引

印仕柏　主编　刘　敏　副主编

策　　　划：刘志远
责任编辑：芦世玲
技术编辑：王英英
封面设计：天之赋设计室

出版发行：中国检察出版社
社　　　址：北京市石景山区香山南路 109 号 （100144）
网　　　址：中国检察出版社 （www. zgjccbs. com）
编辑电话：（010）86423750
发行电话：（010）86423726　86423727　86423728
　　　　　 （010）86423730　86423732
经　　　销：新华书店
印　　　刷：北京宝昌彩色印刷有限公司
开　　　本：710 mm×960 mm　16 开
印　　　张：17
字　　　数：241 千字
版　　　次：2021 年 5 月第一版　　2021 年 5 月第一次印刷
书　　　号：ISBN 978 – 7 – 5102 – 2514 – 7
定　　　价：59. 00 元

捕诉一体实务指引丛书

编 委 会

总 主 编 印仕柏

编委会成员 祝雄鹰　张小华　王洪涛
　　　　　　陈代明　刘志红　汪志勇
　　　　　　冯丽君　刘　敏　杨　勇
　　　　　　梁驭骁　孙　靖　刘文莉

《危害公共安全犯罪案件捕诉操作指引》

编 委 会

主　编　印仕柏

副主编　刘　敏

撰稿人　（按姓氏笔画排序）

　　　　任　为　刘　敏　黄　悦

　　　　彭　浩

总　　序

　　"捕诉一体"是新时代检察机关适应以审判为中心的刑事诉讼制度改革、加快落实司法体制改革、优化司法资源配置的重大机制创新，对于提升检察机关司法办案质效、强化法律监督、推进队伍专业化建设具有十分重要的意义。从 2018 年推行至今，"捕诉一体"办案机制取得了显著成效，提升了办案质量和效率，成为新时代检察工作的一个亮点。2019 年 12 月 30 日实施的《人民检察院刑事诉讼规则》从制度层面为"捕诉一体"办案机制运行提供了基本遵循。对于这一办案机制的全面推进，最高人民检察院张军检察长表示，现在认识已达成一致，接下来是怎么把它运行好、管理好、落实好的问题。

　　实践是检验真理的唯一标准。湖南省检察机关从 2017 年开始探索试行这一办案机制，按照刑事案件类别设置刑事检察机构，实行批捕、起诉、诉讼监督等一体化模式。长沙市雨花区人民检察院作为先行试点单位，按照案件类型设置刑事检察一、二、三局，将审查批捕权、审查起诉权交由同一个检察官行使，案件办理平均用时缩短近 50%。2019 年湖南省人民检察院内设机构调整完成，市县两级检察机关内设机构调整、"捕诉一体"渐次展开，提质增效强监督的改革初衷也在进一步成为现实。实践证明，"捕诉一体"办案机制具有三大最直观的优势：实现案件的专业化办理，减少重复劳动，提高诉讼效率；实现指控犯罪以及以审判为中心庭审证据标准要求，前移引导、监督侦查活动的关口，实现渗入式、全过程的对接、引导、监督；实现密切侦诉协作，增强侦诉办案合力，这在一些重大疑难复杂案件中有更明显、更集中的体现，如在扫黑除恶专项斗争中，岳阳等地检察机关实行"捕诉一体"办案模式，集中一个办案组去办批捕起诉的案件，案件质量、效率大幅提升。

改革争在朝夕，落实难在方寸。作为一项全新的改革，"捕诉一体"办案机制在理论和实践上还存在诸多亟待解决的问题。就理论层面来讲，最初关于"捕诉一体"正当性及合理性的质疑，司法实践已给予一定回应，"捕诉一体"改革成效，还需要进一步比较论证，让更多人理解、接受并支持党和国家的司法改革。就实践层面来说，对于运行中存在的上下级院捕诉关系、办案时间"碎片化"、内部监督机制、业务考核考评等问题，最高人民检察院陆续出台了相关的制度规范，对于可能判处无期徒刑以上刑罚的故意杀人、抢劫、危害公共安全犯罪案件"下捕上诉"运行模式，湖南省检察机关正在探索实行由市州人民检察院统一负责审查逮捕。目前实践中最为突出的问题，还是办案能力不适应。从捕、诉"接力赛"转变为捕、诉、监督全程"马拉松"，由"分段负责"到"一案到底"，刑事检察官不仅要有"捕"的能力，还要有"诉"的能力。认罪认罚从宽制度中的"协商"，进一步强化了检察官在审查程序中的主导地位，精准量刑建议的提出，需要检察官不仅要了解侦查工作，还要熟悉审判工作。"案-件比"则要求通过提高办案质效将上一个诉讼环节的工作做到极致。"捕诉一体"办案模式下，刑事检察官专业能力面临着巨大挑战，原公诉部门的办案人员对侦查监督缺乏了解，原侦查监督部门的办案人员对审查起诉、出庭公诉更是缺乏实践。新时代人民群众对检察工作的要求，是办更好的案件，办更高质量、更高效率的案件。在"捕诉一体"优质检察产品的生产线上，检察官、检察官助理、书记员，一个都不能少，"要以等不起的紧迫感、慢不得的危机感、坐不住的责任感，讲政治、顾大局、谋发展、重自强"。

湖南省人民检察院历时近两年，组织全省三级检察院编写的《捕诉一体实务指引丛书》，凝聚了80余名批捕、起诉一线刑事检察官的工作经验和心得，是检察机关落实"捕诉一体"办案机制，提升刑事检察办案能力的实战业务用书。

丛书按照"捕诉一体"的总体思路和工作要求，以"正确、务实、全面、精炼"为基本要求，立足于总结和挖掘近年来湖南省检察机关审查逮捕、审查起诉以及诉讼监督工作的实践经验、成熟机制和试点探索的有效做法，全面深入地介绍、总结审查逮捕、侦查活动监督、审查起诉、出庭公诉、审判活动监督的各个环节、各个方面的工作要求和实务技能，尝试形成可面向和指导全国检察机关适应"捕诉一体"条件下开展刑事检察实务工作需求的工具书。丛书包括《捕诉一体刑事检察实务基础指引（上下）》《侵犯财产犯罪案件捕诉操作指引》《涉众型经济犯罪案件捕诉操作指引》《毒品犯罪案件捕诉操作指引》《未成年人刑事案件捕诉操作指引》《侵犯公民人身权利、民主权利犯罪案件捕诉操作指引》《危害公共安全犯罪案件捕诉操作指引》，共七个分册。在内容上本丛书致力于解决实务问题，结合前沿理论、司法热点、难点与典型实例，阐述审查逮捕、审查起诉要点，提出了解决办法和处理意见，既体现地方特色，又具有普适性；既满足实践办案需求，又兼顾政策性、导向性要求。

当然，"捕诉一体"作为一种实操性较强的改革，还处于不断探索发展过程中，作为一套操作指引丛书，也不可能巨细靡遗、面面俱到，加上编写者自身法治理念、法律素养和业务技能上存在的不足，书中的错漏在所难免，还需要通过实践的检验不断完善，也欢迎检察同行和社会各界提出批评和建议。

希望本丛书的出版，能够给刑事检察工作人员实务操作带来一些帮助，能够给刑事实务工作者和理论研究人员提供鲜活素材与参考。也希望经过实践的检验，这套丛书能够成为受刑事实务工作者欢迎的案头工具书！

最后，如果说改革是知难而行的话，让我们"硬磕最难的路、直面崇高、坚守理想"，借《流浪地球》的这句话，共勉。

是为序！

2021 年 4 月

目　　录

第一章 概 述

第一节 危害公共安全罪的概念、构成要件与立法沿革

危害公共安全罪是我国常见多发犯罪,在犯罪性质的严重性上,仅次于危害国家安全罪,该罪常因影响重大受到社会高度关注,在犯罪数量上,长期以来仅排在侵财类犯罪之后。近几年,由于醉驾案件频发,危害公共安全类犯罪的数量已在部分地区稳居首位。司法实务中,因危害公共安全罪的犯罪对象、此罪与彼罪、证据的认定等问题常使此类案件成为疑难、复杂案件。在"捕诉一体"机制改革背景下,如何由一名检察官或一个检察官办案组办理好此类案件,确实是一项重大挑战。

一、危害公共安全罪的概念

(一) 概念辨析

我国刑法通说认为,危害公共安全罪,是指故意或者过失地实施危及不特定或多数人的生命、健康或者重大公私财产安全的行为。[1]

国内外关于危害公共安全罪的概念主要有四种观点,它们的分歧主要体现在危害对象上。第一种观点认为,危害公共安全罪的危害对象就是指不特定人,危害到的哪怕是特定的多数人也排除在外;第二种观点

---

[1] 高铭暄、马克昌:《刑法学》(第九版),北京大学出版社 2019 年版,第 329 页。

认为，危害公共安全罪的危害对象就是指多数人，无所谓特定或不特定；第三种观点认为，危害公共安全罪的危害对象就是指不特定且多数人；第四种观点认为，危害公共安全罪的危害对象是指不特定或多数人。① 我们认为，保护不特定多数人的生命健康或重大公私财产安全是危害公共安全罪的立法目的，这也与一般司法认知契合，通说定义更具妥当性。

（二）几个关键词的含义

1. "公共"的含义。刑法中多次出现"公共"一词，如公共安全、公共财产、公共场所、公共场合等。什么是公共？按照《现代汉语词典》释义，公共是指"属于社会的，公有公用的"。与其同义的表述就是"大家的、共同的"，其反向对应的表述就是"私人的、私有的"。但刑法意义上的公共与日常意义上的公共既有联系，又有区别。刑法中的公共固然包括日常意义上的公共范围，如不加限制的对任何人开放的公园、商场无疑是刑法上的公共范围，但仅对部分人开放的特定场所也属于刑法上的公共范围，如工厂、办公楼等，对"公共"一词把握准确的关键是判断是否为不特定、是否为多数。

2. "安全"的含义。《现代汉语词典》对安全的解释就是不受威胁，没有危险、危害、损失，不出事故。全面理解"安全"一词，就必须了解"安全"一词的反义词"危险"，使不特定多数人的生命、健康或财产处于危险中就是危害到了公共安全。安全包括政治安全、经济安全、文化安全、社会安全、军事安全、生命安全、健康安全、财产安全等。危害公共安全罪所指的安全仅包括生命的安全、健康的安全、财产的安全。如果根本不会危及生命健康安全或财产安全，就不会触及危害公共安全罪。安全既包括有形的物质安全，也包括无形的精神上的安全，给不特定多数人造成心理恐慌的，也危及不特定多数人的安全。

3. "不特定"的含义。不特定是指犯罪行为可能侵犯的对象和可

---

① 张明楷：《刑法学》（下）（第五版），法律出版社2016年版，第687页。

能造成的结果事先无法确定，行为人对此既无法具体预料也难以实际控制，行为造成的危险或者侵害结果可能随时扩大或增加。不特定不是指单个或少数，而是指随时有向多数发展的现实可能性，会使社会一般成员感到危险。

4. "多数人"的含义。根据相关司法解释，三人以上就是多人，那么，"多数人"又是多少人？我们认为，"多数人"一词至少具有两方面的含义，一是表示人数占比在50%以上，如某项决议投票的10人中有6人表示赞同，这就表明多数人赞同，6人就是多数人；二是对较多的人的一种概括表述，如维护多数人的利益，这里的多数人应该在3人以上，但又要明显多于3人。鉴于"多数人"没有客观具体的数字标准，办案中应结合"多数人"的两方面含义综合把握。

二、危害公共安全罪的构成要件

危害公共安全罪的保护法益就是公共安全，是否构成危害公共安全罪，应从犯罪客体、犯罪客观方面、犯罪主体、犯罪主观方面来全面把握。

（一）犯罪客体

危害公共安全罪的犯罪客体就是公共安全，即不特定多数人的生命、健康或重大公私财产的安全。单纯危害财产安全是否必然会危害公共安全？我们认为，只有侵犯重大公私财产安全必然或极大可能会侵害或威胁到公众的生命、身体或公众生活的平稳与安宁才可能构成危害公共安全罪，这是本类犯罪的突出特点，也是危害公共安全罪的本质所决定的。本类犯罪的每一种犯罪，在客观上都可能同时使不特定多数对象遭受损害，其广泛性和严重危害程度往往是行为人自己也难以预料和控制的，危害公共安全罪的极大客观危险性和危害性，也就表现在这里。

（二）犯罪客观方面

危害公共安全罪的犯罪客观方面表现为实施了危害公共安全、已经造成严重后果或者足以造成严重后果的行为。就行为的表现形式而言，危害公共安全罪的犯罪行为方式可以以作为的方式实施（持有也是一种作为方式），也可以以不作为的方式实施。一般而言，这类犯罪大多是以作为方式实施的，有的也只能以作为的方式实施。危害公共安全罪既包括结果犯，也包括危险犯，前者如交通肇事罪等，后者如破坏交通工具罪等。由于危害公共安全罪一般具有严重的社会危害性，所以并不以结果的出现作为既遂的标准。就具体的犯罪而言，一部分属于行为犯，其犯罪既遂不需要造成一定的实害结果，只要行为实施完毕即构成该罪的既遂。一部分属于危险犯，即只要实施刑法规定的行为，出现了某种法定危险状态即构成犯罪既遂，而不要求有实际的危害后果。一部分属于结果犯，即不仅要实施具体的犯罪构成客观要件方面的行为，而且必须发生法定的危害结果才构成既遂的犯罪，也即以法定犯罪结果的发生与否作为犯罪既遂与未遂区别标志的犯罪。

（三）犯罪主体

危害公共安全罪的主体既有一般主体，又有特殊主体。大多数危害公共安全犯罪的主体属于一般主体，即年满 16 周岁、具有完全行为能力的自然人，如爆炸罪、交通肇事罪等。而有些危害公共安全犯罪的主体只能由特殊主体构成，如重大劳动安全事故罪的主体是对安全生产设施或者安全生产不符合国家规定负有直接责任的主管人员和其他直接责任人员。危害公共安全犯罪中有些犯罪主体系单位，如违规制造、销售枪支罪的主体只能是依法被指定、确定的枪支制造企业、销售企业。此外，有些危害公共安全犯罪的主体还可以由已满 14 周岁未满 16 周岁的人构成，如放火罪、爆炸罪、投放危险物质罪等。

（四）犯罪主观方面

危害公共安全罪的主观方面既包括故意，也包括过失，有些只能由故意构成。这里的故意既包括直接故意，如组织、领导、参加恐怖活动组织罪，也包括间接故意，如放火罪、爆炸罪等。有些只能由过失构成，如丢失枪支不报罪、交通肇事罪等。

三、危害公共安全罪的立法沿革

作为常见、多发的严重犯罪，我国在刑法制定前，就通过条例、政策对危害公共安全犯罪进行打击。1979 年刑法开始设危害公共安全罪专章，在该章的 11 个条文中，规定了放火、决水、爆炸、以危险方法危害公共安全等 20 个罪行。[①] 但 1979 年刑法尚未厘清危害公共安全犯罪与危害国家安全犯罪及其他类罪的界限，也未能很好地对危害公共安全犯罪预判立法。

随着危害公共安全的行为种类大幅增多，1979 年刑法已无法满足打击危害公共安全犯罪、保证人民的需要。1997 年刑法大大扩充了危害公共安全犯罪。1997 年刑法实施后，正逢恐怖主义与极端主义犯罪逐渐高发，恐怖主义对和平与安全的威胁也受到各国的普遍重视。虽然1997 年刑法对惩治恐怖活动犯罪已有一些规定，但针对当时出现的恐怖活动的新情况，如何适用刑法需要进一步明确，刑法的有关条款也需进一步完善。同时，1997 年刑法规定的部分罪名的内涵已不能适应打击犯罪的需要，如投毒罪中的"毒"的内涵等亟须扩充与明确，以醉驾为主要表现形式的危险驾驶行为高发，严重危及人民群众的生命健康安全，1997 年刑法后，《刑法修正案（三）》《刑法修正案（六）》《刑法修正案（八）》《刑法修正案（九）》《刑法修正案（十一）》先后对危害公共安全罪作了四次修改，进一步完善、充实了危害公共安全罪的内容。目前，危害公共安全罪共有 54 个罪名。

第二节　危害公共安全罪的类型与罪名

危害公共安全犯罪从处罚根据上可分为四类：第一类是结果加重犯；第二类是普通的实害犯，如失火罪、交通肇事罪等；第三类是具体

---

① 1979 年刑法实施后，并没有出台具体的罪名，根据最高法院内部意见或编写的刑法教程，1997 年刑法实施前，危害公共安全罪的罪名约 28 个。

的危险犯，如放火罪、爆炸罪、投放危险物质罪等；第四类是抽象的危险犯，如非法制造、买卖、运输、邮寄、储存枪支、弹药、爆炸物罪。

一般将危害公共安全罪分为五种类型：一是以危险方法危害公共安全的犯罪；二是破坏公用工具、设施危害公共安全的犯罪；三是实施恐怖、危险活动危害公共安全的犯罪；四是违反枪支、弹药管理规定危害公共安全的犯罪；五是违反安全管理规定危害公共安全的犯罪。①

一、以危险方法危害公共安全的犯罪

1. 放火罪。是指故意放火焚烧公私财物、危害公共安全的行为。

2. 决水罪。是指故意破坏水利设施，制造水患，危害公共安全的行为。

3. 爆炸罪。是指故意用爆炸的方法，杀伤不特定多数人，破坏公共建筑或者其他公私财产，危害公共安全的行为。

4. 投放危险物质罪。是指故意投放毒害性、放射性、传染病病原体等物质，危及公共安全的行为。

5. 以危险方法危害公共安全罪。是指故意以放火、决水、爆炸、投放危险物质以外的并与之相当的危险方法，足以危害公共安全的行为。

6. 失火罪。是指行为人由于过失引起火灾而危及公共安全的行为。

7. 过失决水罪。是指行为人因为过失引起水灾，危害公共安全的行为。

8. 过失爆炸罪。是指行为人出于过失引起爆炸，危害公共安全，造成严重后果的行为。

9. 过失投放危险物质罪。是指过失投放毒害性、放射性、传染病病原体等物质，危害公共安全，致人重伤、死亡或者使公私财产遭受重大损失的行为。

10. 过失以危险方法危害公共安全罪。是指过失以失火、决水、爆

---

① 张明楷：《刑法学》（下）（第五版），法律出版社2016年版，第690页。

炸、投放危险物质以外的危险方法危害公共安全，造成严重后果的行为。

二、破坏公用工具、设施危害公共安全的犯罪

1. 破坏交通工具罪。是指故意破坏火车、汽车、电车、船只、航空器，足以使火车、汽车、电车、航空器发生倾覆、毁坏危险，尚未造成严重后果或者已经造成严重后果，危害公共安全的行为。

2. 破坏交通设施罪。是指故意破坏轨道、桥梁、隧道、公路、机场、航道、灯塔、标志或者进行其他破坏活动，足以使火车、汽车、电车、船只、航空器发生倾覆、毁坏危险，危害公共安全的行为。

3. 破坏电力设备罪。是指故意破坏电力设备，足以危及电力设备安全，或者造成伤亡和公私财产遭受重大损失的危害公共安全的行为。

4. 破坏易燃易爆设备罪。是指破坏燃气或者其他易燃易爆设备，危害公共安全的行为。

5. 破坏广播电视设施、公用电信设施罪。是指故意破坏广播电视设施、公用电信设施，足以危害公共安全的行为。

6. 过失损坏交通工具罪。是指由于过失而引起火车、汽车、电车、船只、航空器遭受严重破坏，造成严重后果的行为。

7. 过失损坏交通设施罪。是指过失损坏轨道、桥梁、隧道、公路、机场、航道、灯塔、标志等交通设施，危害公共安全，致使火车、汽车、电车、船只、航空器倾覆或毁坏，造成严重后果的行为。

8. 过失损坏电力设备罪。是指过失损坏电力设备，危害公共安全，造成严重后果的行为。

9. 过失损坏易燃易爆设备罪。是指过失损坏燃气或者其他易燃易爆设备，危害公共安全、造成严重后果的行为。

10. 过失损坏广播电视设施、公用电信设施罪。是指过失损坏广播电视设施、公用电信设施，危害公共安全，造成严重后果的行为。

三、实施恐怖、危险活动危害公共安全的犯罪

1. 组织、领导、参加恐怖组织罪。是指以进行恐怖活动为目的，

组织、领导、参加恐怖组织，危害公共安全的行为。

2. 帮助恐怖活动罪。是指以金钱、财物等资助恐怖活动组织、实施恐怖活动的个人，或者资助恐怖活动培训，或者为恐怖活动组织、实施恐怖活动或者恐怖活动培训招募、运送人员的行为。

3. 准备实施恐怖活动罪。是指为实施恐怖活动准备凶器、危险物品或者其他工具，或组织恐怖活动培训或者积极参加恐怖活动培训的，或为实施恐怖活动与境外恐怖活动组织或者人员联络的，以及为实施恐怖活动进行策划或者其他准备的行为。

4. 宣扬恐怖主义、极端主义、煽动实施恐怖活动罪。是指以制作、散发宣扬恐怖主义、极端主义的图书、音频视频资料或者其他物品，或通过讲授、散发信息等方式宣扬恐怖主义、极端主义，或煽动实施恐怖活动的行为。

5. 利用极端主义破坏法律实施罪。是指利用极端主义煽动、胁迫群众破坏国家法律确定的婚姻、司法、教育、社会管理等制度实施的行为。

6. 强制穿戴宣扬恐怖主义、极端主义服饰、标志罪。是指以暴力、胁迫等方式强制他人在公共场所穿着、佩戴宣扬恐怖主义、极端主义服饰、标志的行为。

7. 非法持有宣扬恐怖主义、极端主义物品罪。是指明知是宣扬恐怖主义、极端主义的图书、音频视频资料或者其他物品而非法持有，情节严重的行为。

8. 劫持航空器罪。是指以暴力、胁迫或者其他方法劫持航空器的行为。

9. 劫持船只、汽车罪。是指以暴力、胁迫或者其他方法劫持船只、汽车的行为。

10. 暴力危及飞行安全罪。是指对飞行中的航空器上的人员使用暴力，危及飞行安全的行为。

四、违反枪支、弹药管理规定危害公共安全的犯罪

1. 非法制造、买卖、运输、邮寄、储存枪支、弹药、爆炸物罪。是指违反国家有关枪支、弹药、爆炸物管理规定，擅自制造、买卖、运输、邮寄、储存枪支、弹药、爆炸物，危害公共安全的行为。

2. 非法制造、买卖、运输、储存危险物质罪。是指非法制造、买卖、运输、储存毒害性、放射性、传染病病原体等物质，危害公共安全的行为。

3. 违规制造、销售枪支罪。是指依法被指定、确定的枪支制造企业、销售企业，违反枪支管理规定，以非法销售为目的，超过限额或者不按照规定的品种制造、配售枪支；或者以非法销售为目的，制造无号、重号、假号的枪支；或者非法销售枪支；或者在境内销售为出口制造的枪支的行为。

4. 盗窃、抢夺枪支、弹药、爆炸物、危险物质罪。是指盗窃、抢夺枪支、弹药、爆炸物的，或者盗窃、抢夺毒害性、放射性、传染病病原体等物质，危害公共安全的行为。

5. 抢劫枪支、弹药、爆炸物、危险物质罪。是指抢劫枪支、弹药、爆炸物的，或者抢劫毒害性、放射性、传染病病原体等物质，危害公共安全的行为。

6. 非法持有、私藏枪支、弹药罪。是指违反《枪支管理法》的规定，擅自持有枪支、弹药，或私自藏匿所配备、配置的枪支、弹药且拒不交出的行为。

7. 非法出租、出借枪支罪。是指依法配备公务用枪的人员或者单位非法出租、出借枪支；或者依法配置枪支的人员和单位，非法出租、出借枪支，造成严重后果的行为。

8. 丢失枪支不报罪。是指依法配备公务用枪的人员，违反枪支管理规定，丢失枪支不及时报告，造成严重后果的行为。

9. 非法携带枪支、弹药、管制刀具、危险物品危及公共安全罪。是指违反国家有关规定，非法携带枪支、弹药、管制刀具或者爆炸性、

易燃性、放射性、毒害性、腐蚀性物品，进入公共场所或公共交通工具，危及公共安全，情节严重的行为。

五、违反安全管理规定危害公共安全的犯罪

1. 重大飞行事故罪。是指航空人员违反规章制度，致使发生重大飞行事故，造成严重后果的行为。

2. 铁路运营安全事故罪。是指铁路职工违反规章制度，致使发生铁路运营安全事故，造成严重后果的行为。

3. 交通肇事罪。是指违反交通运输管理法规，因而发生重大事故，致人重伤、死亡或者公私财产遭受严重损失的行为。

4. 危险驾驶罪。是指在道路上驾驶机动车追逐竞驶，情节恶劣；或者在道路上醉酒驾驶机动车；或者从事校车业务或旅客运输，严重超过额定乘员载客，或者严重超过规定时速行驶；或者违反危险化学品安全管理规定运输危险化学品，危及公共安全的行为。

5. 妨害安全驾驶罪。是指对行驶中的公共交通工具的驾驶人员使用暴力或者抢控驾驶操纵装置，干扰公共交通工具正常行驶，危及公共安全的，或者前述驾驶人员在行驶的公共交通工具上擅离职守，与他人互殴或者殴打他人，危及公共安全的行为。

6. 重大责任事故罪。是指在生产、作业中违反有关安全管理的规定，因而发生重大伤亡事故或者造成其他严重后果的行为。

7. 强令、组织他人违章冒险作业罪。是指强令他人违章冒险作业，因而发生重大伤亡事故或者造成其他严重后果的行为。

8. 危险作业罪。是指在生产作业中违反有关安全管理的规定，有特定情形之一，具有发生重大伤亡事故或者造成其他严重后果的现实危险的行为。

9. 重大劳动安全事故罪。是指安全生产设施或者安全生产条件不符合国家规定，因而发生重大伤亡事故或者造成其他严重后果的行为。

10. 大型群众性活动重大安全事故罪。是指举办大型群众性活动违反安全管理规定，因而发生重大伤亡事故或者造成其他严重后果的

行为。

11. 危险物品肇事罪。是指违反爆炸性、易燃性、放射性、毒害性、腐蚀性物品的管理规定，在生产、储存、运输、使用中发生重大事故，造成严重后果的行为。

12. 工程重大安全事故罪。是指建设单位、设计单位、施工单位、工程监理单位违反国家规定，降低工程质量标准，造成重大安全事故的行为。

13. 教育设施重大安全事故罪。是指明知校舍或教育教学设施有危险，而不采取措施或者不及时报告，致使发生重大伤亡事故的行为。

14. 消防责任事故罪。是指违反消防管理法规，经消防监督管理机构通知采取改正措施而拒绝执行，造成严重后果的行为。

15. 不报、谎报安全事故罪。是指在安全事故发生后，负有报告职责的人员不报或者谎报事故情况，贻误事故抢救，情节严重的行为。

第三节　捕诉一体机制下危害公共安全案件的办理

捕诉一体，是指检察机关对依法由本院管辖的同一刑事案件，适时介入、审查逮捕、审查羁押期限、审查起诉、出庭公诉、诉讼监督等办案工作，由同一办案部门的同一检察官或者同一检察官办案组办理的刑事检察办案机制、模式。捕诉一体并没有改变检察阶段办案的流程、工作程序及工作要求，仍然要求进行全面审查，审查证明犯罪嫌疑人有罪或者无罪、罪轻或者罪重的证据。由于办案主体具有同一性，其对提升办案效率，有效促进捕诉衔接具有优势。捕诉一体办案机制下，办理危害公共安全类犯罪案件应重点注意以下问题。

一、提前介入，引导侦查

经公安机关商请或者人民检察院认为确有必要时，可以派员提前介入重大、疑难、复杂案件，引导侦查活动，参加公安机关对于重大案件的讨论，对案件性质、收集证据、适用法律等提出意见，监督侦查活动是否合法。危害公共安全类案件中的某些犯罪，如重大责任事故罪、重大劳动安全事故罪等，由于造成的后果特别严重，社会关注度大，为了使此类案件的办理达到好的政治效果、法律效果、社会效果，检察机关适时主动介入，引导侦查无疑是必要的，介入的主要目的是引导公安机关合法、规范地侦查取证，介入的时间应根据侦查的情形决定，必要时贯穿整个侦查过程。对于批准逮捕后要求公安机关继续侦查或者审查起诉阶段退回公安机关补充侦查的案件，人民检察院应当分别制作继续侦查提纲或者补充侦查提纲，写明需要继续侦查或者补充侦查的事项、理由、侦查方向、需补充收集的证据及其证明作用等，督促公安机关落实。

二、审查逮捕

（一）逮捕类型与条件

根据《刑事诉讼法》第81条的规定，逮捕包括三种类型：

1. 一般逮捕。就是对有证据证明有犯罪事实，可能判处有期徒刑以上刑罚的犯罪嫌疑人、被告人，采取取保候审尚不足以防止发生规定的社会危险性的，应当予以逮捕。这里的社会危险性是指：（1）可能实施新的犯罪的；（2）有危害国家安全、公共安全或者社会秩序的现实危险的；（3）可能毁灭、伪造证据，干扰证人作证或者串供的；（4）可能对被害人、举报人、控告人实施打击报复的；（5）企图自杀或者逃跑的。

2. 径行逮捕。就是对有证据证明有犯罪事实，可能判处10年有期徒刑以上刑罚的，或者有证据证明有犯罪事实，可能判处有期徒刑以上刑罚，曾经故意犯罪或者身份不明的，应当予以逮捕。

3. 转逮捕。是对被取保候审、监视居住的犯罪嫌疑人、被告人，违反取保候审、监视居住规定，情节严重的，可以予以逮捕。

（二）审查逮捕重点

1. 犯罪主体的审查。危害公共安全犯罪主体既包括一般主体，也包括特殊主体，其中放火、爆炸、投放危险物质罪的犯罪主体还包括已满 14 周岁不满 16 周岁的人。对上述一般主体，在审查逮捕中应首先审查其户籍资料，结合犯罪嫌疑人的供述，如相互印证即可认定；年龄证据有异议的，应当按照相关规定充分调取其他证据综合审查认定；犯罪嫌疑人不讲真实姓名，住址，导致年龄无法查清的，可以委托有资质的鉴定机构进行骨龄鉴定，鉴定意见经审查能够准确确定犯罪嫌疑人年龄的，可以作为认定犯罪嫌疑人年龄的证据使用，如果鉴定意见不能准确确定犯罪嫌疑人实施犯罪行为时的年龄，且鉴定意见又表明犯罪嫌疑人年龄在刑法规定的应负刑事责任年龄上下的，应当慎重处理。这种情形我们认为应作有利于犯罪嫌疑人的认定。犯罪主体是特殊主体时，应重点审查犯罪嫌疑人是否依法应当负刑事责任。如重大劳动安全事故罪的犯罪主体只能是对安全生产设施或者安全生产条件不符合国家规定负有直接责任的主管人员和其他直接责任人员。由于交通肇事罪、危险驾驶罪冒名顶替的情形时有发生，在对犯罪主体进行审查时要特别注意。

2. 危险结果的审查。构成危害公共安全罪，必须要有危害结果，这里的结果包括实害结果或危险结果，不可能造成危险结果的不构成危害公共安全罪。实害结果判断时相对容易，但对危险结果的判断在司法实务中常存在分歧。危害公共安全罪的危险包括抽象危险与具体危险。一般来说，抽象危险是指不需要司法上的具体判断，只需要以一般的社会生活经验为依据，认为行为具有发生侵害结果的危险即可。如非法制造、买卖、运输、邮寄、储存枪支罪，只要有此类行为，即使没有造成危害社会的实际后果，就认为对社会具有危险。具体的危险，是指在司法上以行为当时的具体情况为根据，认定行为具有发生侵害结果的紧迫危险。如破坏交通工具罪，其要求破坏行为具有足以使汽车发生倾覆、毁坏的具体危险，这就需要司法人员根据犯罪嫌疑人行为时的具体情况判断。

3. 对鉴定意见的审查。危害公共安全犯罪有别于其他类罪的一个重要特点就是该类犯罪中鉴定意见较多，有相当一部分犯罪主要依据鉴定意见入罪，如投放危险物质罪、涉枪涉爆类犯罪、交通肇事罪、危险驾驶罪等。所以对鉴定意见的审查就显得特别重要。鉴定意见的审查首先是对鉴定机构与鉴定人员资质的审查；其次是对检材来源、取得、保管、送检的审查，提取时没有见证人见证，保管链条不完整是实践中的常见问题；再次是对鉴定程序与鉴定方法的审查，鉴定方法是否符合相关专业的规范要求；又次是对鉴定意见是否结论明确，是否与待证事实有关联性、与其他证据印证性的审查；最后是审查鉴定结论是否告知相关人员。

4. 严格把握逮捕标准。危害公共安全犯罪中存在较多的过失犯罪，如交通肇事罪、重大责任事故罪等，这些犯罪虽然造成了严重的危害后果，但犯罪嫌疑人系过失犯罪，主观恶性不大，社会危险性较低，大部分没有逮捕必要。实践中办案机关却常常以捕促赔、以捕化解矛盾而较多地适用了逮捕措施。如危险驾驶罪最高刑为拘役 6 个月，本不符合一般逮捕所要求的可能判处徒刑以上刑罚的条件，即使法律规定了一定条件下的转逮捕，对此类只能判处拘役的轻罪案件在转逮捕的条件上也应当从严把握。某省 2019 年以危险驾驶罪批准逮捕 55 人，经初步复查就有 22 人不符合逮捕的条件。我们认为，逮捕是刑事诉讼中最为严厉的强制措施，对人身自由进行了有力限制，用之得当，可以有效保障刑事诉讼顺利进行，用之不当，则会在损害个人利益的同时，使执法公信力和法律威严受到损害。因此，逮捕应当趋于理性，禁止滥用，只有在不得不逮捕犯罪嫌疑人时，才适用逮捕措施。

5. 如何落实好捕诉一体。按照刑事诉讼法规定，对可能判处无期徒刑以上刑罚的案件只能由设区的市一级的人民检察院审查起诉，而此类案件的侦查一般由县区一级的公安机关侦查，批准逮捕也是由基层人民检察院负责，这就导致危害公共安全类犯罪中存在"下捕上诉"的问题。此类案件因量刑重，证据要求高，如果不解决"下捕上诉"问题，等到案件到起诉阶段，由于时间久远，相关证据可能已经灭失或已很难补充到位，对检察机关开展提前介入，引导侦查，进一步提高司法办案效率，全面落实司法责任制产生不利影响。所以应从工作机制上补齐这一短板，积极推行对可能判处无期徒刑以上刑罚的危害公共安全案件由市一级人民检察院审查逮捕的工作机制。

三、审查起诉

(一) 审查内容

审查起诉阶段对案件的审查分为形式审查和实质审查，形式审查主要是指对诉讼文书、证据材料等完整性与齐备性的审查，实质审查是指对案件的管辖、事实、情节、证据、定性的审查。《人民检察院刑事诉讼规则》结合刑事诉讼法的规定，要求审查起诉时应对以下内容进行审查：

1. 犯罪嫌疑人身份状况是否清楚，包括姓名、性别、国籍、出生年月日、职业和单位等；单位犯罪的，单位的相关情况是否清楚。

2. 犯罪事实、情节是否清楚；实施犯罪的时间、地点、手段、危害后果是否明确。

3. 认定犯罪性质和罪名的意见是否正确；有无法定的从重、从轻、减轻或者免除处罚情节及酌定从重、从轻情节；共同犯罪案件的犯罪嫌疑人在犯罪活动中的责任认定是否恰当。

4. 犯罪嫌疑人是否认罪认罚。

5. 证明犯罪事实的证据材料是否随案移送；证明相关财产系违法所得的证据材料是否随案移送；不宜移送的证据的清单、复制件、照片或者其他证明文件是否随案移送。

6. 证据是否确实、充分，是否依法收集，有无应当排除非法证据的情形。

7. 采取侦查措施包括技术侦查措施的法律手续和诉讼文书是否完备。

8. 有无遗漏罪行和其他应当追究刑事责任的人。

9. 是否属于不应当追究刑事责任的。

10. 有无附带民事诉讼；对于国家财产、集体财产遭受损失的，是否需要由人民检察院提起附带民事诉讼；对于破坏生态环境和资源保护，食品药品安全领域侵害众多消费者合法权益，侵害英雄烈士的姓名、肖像、名誉、荣誉等损害社会公共利益的行为，是否需要由人民检察院提起附带民事公益诉讼。

11. 采取的强制措施是否适当，对于已经逮捕的犯罪嫌疑人，有无继续羁押的必要。

12. 侦查活动是否合法。

13. 涉案财物是否查封、扣押、冻结并妥善保管，清单是否齐备。对被害人合法财产的返还和对违禁品或者不宜长期保存的物品的处理是否妥当，移送的证明文件是否完备。

（二）审查起诉重点

1. 认罪认罚从宽程序适用。犯罪嫌疑人、被告人自愿如实供述自己的罪行，承认指控的犯罪事实，愿意接受处罚的，可以依法从宽处理。虽然对所有案件都可以适用认罪认罚从宽，在危害公共安全类犯罪中，交通肇事、危险驾驶等犯罪无疑适用比例更高。认罪认罚从宽主要是在审查起诉阶段开展，在适用认罪认罚从宽时，要保障犯罪嫌疑人获得有效的法律帮助，确保其明了认罪认罚的性质与法律后果，自愿认罪认罚。目前，确保律师在场为犯罪嫌疑人提供法律帮助方面存在不足，签订认罪认罚具结书时存在没有律师到场的情形，主要原因是值班律师数量不够。有些地区探索律师通过视频见证签署具结书的方式较好地解决了这一问题。办理此类案件时，也应重点考虑犯罪嫌疑人是否与被害方达成和解或者调解协议，或者赔偿被害方损失，取得被害方谅解。人民检察院应当积极促使当事人自愿达成和解，确保化解社会矛盾。

2. 退回补充侦查。对犯罪事实不清、证据不足或者存在遗漏罪行、遗漏同案犯罪嫌疑人等情形，人民检察院认为需要补充侦查的，除自行侦查外，应当退回公安机关补充侦查。退回补充侦查时，应制作补充侦查提纲，补查提纲应当写明补充调查的事项、理由、调查方向、需补充收集的证据及其证明作用等，连同案卷材料一并退回侦查机关。刑事诉讼规则的上述要求对检察人员提出了更大的挑战，要求办案人员进一步加强学习。

3. 非法证据排除。人民检察院在审查起诉中发现有应当排除的非法证据，应当依法排除，同时可以要求公安机关另行指派侦查人员重新取证。必要时，人民检察院也可以自行调查取证。对采用刑讯逼供等非法方法收集的犯罪嫌疑人供述和采用暴力、威胁等非法方法收集的证人证言、被害人陈述，应当依法排除。收集物证、书证不符合法定程序，可能严重影响司法公正的，人民检察院应当及时要求公安机关补正或者作出书面解释；不能补正或者无法作出合理解释的，对该证据应当予以排除。在危害公共安全类犯罪中，需要排除口供、证言的情形相对较少，但书证、鉴定意见瑕疵相对较多，应特别注意。对公安机关的补正或者解释，人民检察院应当予以审查，经补正或者作出合理解释的，可以作为批准或者决定逮捕、提起公诉的依据。

4. 轻罪案件尽快进入审判程序。危险驾驶类案件，由于刑罚轻，一般不应采取转逮捕措施，所以对此类案件应尽快进入审判程序。目前，有相当多的危险驾驶案件，公安机关立案后，对犯罪嫌疑人采取取保候审措施，导致案件长时间久拖不结，既没有及时发挥警示教育作用，又导致犯罪嫌疑人到处活动寻找权力寻租的机会，检察机关应加强监督，确保此类案件及时进入审判环节。

四、出席法庭

危害公共安全罪中，轻罪会较多地适用速裁程序，而那些有重大社会影响的案件又可能要作为普通程序的示范庭。

（一）速裁程序

适用速裁程序要求案件事实清楚，证据确实、充分，可能判处 3 年有期徒刑以下刑罚，被告人认罪认罚、同意适用。人民检察院对符合上述条件的，可以建议人民法院适用速裁程序审理。人民检察院经审查，认为符合速裁程序适用条件的，应当在 10 日以内作出是否提起公诉的决定，对可能判处的有期徒刑超过 1 年的，可以延长至 15 日；适用速裁程序的案件，起诉书内容可以适当简化，重点写明指控的事实和适用的法律。公诉人出席速裁程序法庭时，可以简要宣读起诉书指控的犯罪事实、证据、适用法律及量刑建议，一般不再讯问被告人。适用速裁程序审理案件时，发现有不宜适用速裁程序审理情形的，人民检察院应当建议人民法院转为普通程序或者简易程序重新审理。

（二）普通程序的示范庭

普通程序的示范庭，出庭检察人员应当严格按照刑事诉讼法、《人民检察院刑事诉讼规则》规定的要求与程序进行，出示证据时，应当借助多媒体设备等方式出示、播放或者演示证据内容，确保庭审效果。

开庭前要进一步熟悉案情，掌握证据情况，深入研究与案件相关的法律政策问题，充实专业知识，拟写好"三纲一书"，对可能出现的证据合法性争议，拟定证明证据合法性的提纲并准备相关材料。一般应建议人民法院召开庭前会议，解决案件管辖、回避、出庭证人、鉴定人、有专门知识的人的名单、辩护人提供的无罪证据、非法证据排除等相关问题，为参加法庭审理做好准备。

在法庭审理中，公诉人应当客观、全面、公正地向法庭出示与定罪、量刑有关的证明被告人有罪、罪重或者罪轻的证据。对证据采信、法律适用和案件情况发表意见，提出量刑建议及理由，针对被告人、辩护人的辩护意见进行答辩，全面阐述公诉意见，维护诉讼参与人的合法权利。目前，证人出庭作证的情形较少，但证人出庭作证有利于查明犯罪事实，强化庭审效果，所以，应尽可能要求重要证人出庭作证。

五、诉讼监督重点

（一）侦查监督

人民检察院发现公安机关存在应当立案侦查而不立案侦查，或者不应当立案侦查而立案侦查的，应当依法进行监督。在危害公共安全犯罪中，可能存在对轻罪案件应当立案而不立案，检察机关对此类案件应高度关注。在办案中发现或收到相关举报、控告时，应重点进行审查，及时书面通知公安机关说明不立案理由，要求公安机关在收到通知后7日内以书面形式说明不立案的情况、依据和理由回复人民检察院。人民检察院应当审查公安机关说明不立案的理由，认为理由不能成立的，经检察长决定，应当通知公安机关立案。在侦查活动中，应重点对公安机关的侦查活动有无违法情形进行监督，发现侦查活动中的违法情形已涉嫌犯罪，属于人民检察院管辖的，依法立案侦查；不属于人民检察院管辖的，依照有关规定移送有管辖权的机关。

（二）审判监督

审判监督分为审判活动监督与判决裁定的监督。

在审判活动监督中，应当对审判活动中是否存在以下违法行为进行监督：

1. 人民法院对刑事案件的受理违反管辖规定的；

2. 人民法院审理案件违反法定审理和送达期限的；

3. 法庭组成人员不符合法律规定，或者依照规定应当回避而不回避的；

4. 法庭审理案件违反法定程序的；

5. 侵犯当事人、其他诉讼参与人的诉讼权利和其他合法权利的；

6. 法庭审理时对有关程序问题所作的决定违反法律规定的；

7. 违反法律规定，裁定发回重审的；

8. 故意毁弃、篡改、隐匿、伪造、偷换证据或者其他诉讼材料，或者依据未经法定程序调查、质证的证据定案的；

9. 依法应当调查收集相关证据而不收集的；

10. 徇私枉法，故意违背事实和法律作枉法裁判的；

11. 收受、索取当事人及其近亲属或者其委托的律师等人财物或者其他利益的；

12. 违反法律规定采取强制措施或者采取强制措施法定期限届满，不予释放、解除或者变更的；

13. 应当退还取保候审保证金不退还的；

14. 对与案件无关的财物采取查封、扣押、冻结措施，或者应当解除查封、扣押、冻结而不解除的；

15. 贪污、挪用、私分、调换、违反规定使用查封、扣押、冻结的财物及其孳息的；

16. 其他违反法律规定的行为。

判决裁定监督指对人民法院确有错误的判决、裁定，人民检察院应当依法提出抗诉。确有错误包括：

1. 认定的事实确有错误或者据以定罪量刑的证据不确实、不充分的；

2. 有确实、充分证据证明有罪判无罪，或者无罪判有罪的；

3. 重罪轻判，轻罪重判，适用刑罚明显不当的；

4. 认定罪名不正确，一罪判数罪、数罪判一罪，影响量刑或者造成严重社会影响的；

5. 免除刑事处罚或者适用缓刑、禁止令、限制减刑等错误的；

6. 人民法院在审理过程中严重违反法律规定的诉讼程序的。

（三）羁押必要性审查

犯罪嫌疑人、被告人被逮捕后，人民检察院仍应当对羁押的必要性进行审查。审查既可以依职权主动进行，也可以由犯罪嫌疑人、被告人及其法定代理人、近亲属或者辩护人申请人民检察院进行。看守所根据在押人员身体状况，也可以建议人民检察院进行羁押必要性审查。经审查认为不需要继续羁押的，人民检察院应当建议公安机关或者人民法院释放犯罪嫌疑人、被告人或者变更强制措施。在审查起诉阶段，负责捕诉的部门经审查认为不需要继续羁押的，应当直接释放犯罪嫌疑人或者变更强制措施。

第二章　交通肇事罪

第一节　交通肇事罪概述

一、交通肇事罪的概念

交通肇事罪是指违反交通运输管理法规，因而发生重大交通事故，致人重伤、死亡或者使公私财产遭受重大损失的行为。

交通肇事罪属于"传统"的犯罪，属于《刑法》分则中危害公共安全的犯罪，其典型的特点就是之前故意违反交通运输法规，之后因重大过失造成重大事故，进而侵害不特定多数人的生命、健康和重大财产安全。

根据刑法规定，要构成交通肇事罪，必须具备以下要件：（1）有违反交通运输管理法规的行为；（2）发生重大事故，致人重伤、死亡或者使公私财产遭受重大损失；（3）严重后果系违章行为引起，二者具有刑法上的因果关系；（4）对重大事故的发生，行为人主观上表现为过失。

二、交通肇事罪的罪名渊源

交通肇事罪最早规定在1979年刑法中。1979年《刑法》第113条规定："从事交通运输的人员违反规章制度，因而发生重大事故，致人重伤、死亡或者使公私财产遭受重大损失的，处三年以下有期徒刑或者拘役；情节特别恶劣的，处三年以上七年以下有期徒刑。非交通运输人员犯前款罪的，依照前款规定处罚。"1979年刑法将交通肇事罪定性、量刑明确以后，对规范交通运输秩序、保障交通安全以及维护人民群众的生命和财产安全发挥了重大作用。但随着社会的进步和经济的发展，道路交通状况也发生了翻天覆地的变化，如交通肇事罪的犯罪主体呈现多样化。1979年刑法关于交通肇事罪的规定已不再适应新的形势，为了适应新形势要求，1997年《刑法》第133条全面修订了1979年《刑法》第113条的规定。1997年《刑法》第133条规定："违反交通运输管理法规，因而发生重大事故，致人重伤、死亡或者使公私财产遭受重大损失的，处三年以下有期徒刑或者拘役；交通运输肇事后逃逸或者有其他特别恶劣情节的，处三年以上七年以下有期徒刑；因逃逸致人死亡的，处七年以上有期徒刑。"此后，刑法进行了修改，但对交通肇事罪的规定没有变化。

1997年刑法对交通肇事罪的修改主要体现在：

第一，取消了1979年刑法对主体的限制，将交通肇事罪的主体从特殊主体修改为一般主体，即交通肇事罪的主体由"从事交通运输的人员"变为交通运输人员和非交通运输人员。

第二，将交通肇事罪的法定刑细化，增加了法定刑的档次，提高了法定刑的幅度。1979年刑法对交通肇事罪规定了两档法定刑，即3年以下有期徒刑或者拘役和3年以上7年以下有期徒刑。1997年刑法则规定了三档法定刑，即致人重伤、死亡或者使公私财产遭受重大损失的，"处三年以下有期徒刑或者拘役"；交通运输肇事后逃逸或者有其他特别恶劣情节的，"处三年以上七年以下有期徒刑"；因逃逸致人死亡的，"处七年以上有期徒刑"。

第三，缩小了交通肇事罪的成立范围，将铁路交通肇事和航空交通肇事排除在本罪之外。由于1997年《刑法》第131条规定了重大飞行事故罪，第132条规定了铁路运营安全事故罪，故1997年《刑法》第133条规定的交通肇事罪只包括道路交通肇事及水上交通肇事，不再包括铁路交通肇事和航空交通肇事。

2000年11月10日，最高人民法院发布了《关于审理交通肇事刑事案件具体应用法律若干问题的解释》（以下简称《解释》）。这一司法解释全面规定了交通肇事罪的构成条件、"交通运输肇事后逃逸"的含义、"有其他特别恶劣情节"的含义、"因逃逸致人死亡"的含义、交通肇事罪的共犯形态和单位主管人员、机动车辆所有人或者机动车辆承包人的刑事责任及交通肇事罪与故意杀人罪、故意伤害罪、过失致人死亡罪、重大责任事故罪、重大劳动安全事故罪的区别等基本问题。

1997年刑法修订之后，特别是2000年《解释》发布之后，交通肇事罪存在相当数量的司法适用问题，给刑法学理论研究以充分的研究空间。刑法学研究围绕着交通肇事罪的犯罪构成、加重情节、共犯、自首等问题展开了深入研究，学者们对上述问题进行了充分的观点争鸣与交锋，形成了蔚为可观的研究成果。交通肇事罪研究的深入对本罪的司法适用也产生了深刻的影响。

三、交通肇事罪的犯罪构成

（一）交通肇事罪的主体

本罪的主体系一般主体，既包括交通运输人员，也包括非交通运输人员。即凡年满16周岁，具有刑事责任能力的人，违反交通运输管理法规，因而发生重大事故，致人重伤、死亡或者使公私财产遭受重大损失的，都构成交通肇事罪。

1979年刑法规定的交通肇事罪的主体为"从事交通运输的人员"，1997年刑法则取消了交通肇事罪主体的限制，变为一般主体，2000年《解释》第1条也明确了交通肇事罪的主体为从事交通运输人员和非交通运输人员，即一般主体。《解释》第7条规定，单位主管人员、机动车所有人或者机动车辆承包人指使、强令他人违章驾驶造成重大交通事故，具有本解释第二规定情形之一的，以交通肇事罪定罪处罚。这一规定，明确了"单位主管人员、机动车辆所有人或者机动车辆承包人"也可以成为交通肇事罪的主体。

案例：2014年9月16日17时20分许，被告人陈某某在202省道从莆田市秀屿区笏石往文甲方向，在月塘乡路段从右至左横过马路，王某某驾驶重型半挂牵引车从笏石往文甲方向在路右边慢车道行驶，当被告人陈某某违规行走至快车道时，与被害人温某某从笏石往文甲方向驾驶的二轮摩托车相刮碰，造成被害人温某某倒地并滑至重型半挂牵引车的左边第一车轮与第二车轮之间，后被碾压致死的交通事故。经鉴定，被害人温某某系交通事故致复合性损伤而死亡。经莆田市公安局秀屿分局交警大队责任认定及莆田市公安局交通警察支队责任复核，均认定被告人陈某某负本事故主要责任，被害人温某某、当事人王某某负本事故次要责任。福建省莆田市秀屿区人民法院认为，被告人陈某某违反交通运输管理法规，没有走人行横道，没有确认安全后横过道路，导致发生交通事故，致一人死亡，负事故主要责任，其行为已构成交通肇事罪，判处有期徒刑一年。

谈到交通肇事罪，很多人认为，行人无法成为交通肇事罪的主体，行人一般为被害人。但在本案中，被告人陈某某作为行人，未走人行道，导致交通事故的发生，在事故中负主要责任，法院认定被告人陈某某构成交通肇事罪。行人能否成为交通肇事罪的主体？根据《刑法》第133条规定，交通肇事罪的主体不限于交通运输人员，为一般主体，只要年满16周岁，具有刑事责任能力，均可成为本罪的主体，故只要行人违反了交通运输法规，导致重大交通事故的发生，均可构成交通肇事罪。本案中，被告人陈某某违反交通运输法规，未走人行横道，没有确认安全后横过道路，导致发生交通事故，致一人死亡，其负事故主要责任，构成交通肇事罪。

（二）交通肇事罪的客体

交通肇事罪的客体是交通运输安全。交通运输，是指与一定的交通工具与交通设备相联系的铁路、公路、水上及空中交通运输。因交通运输与广大人民群众的生命、健康和财产安全紧相连，一旦发生事故，就会危害到不特定多数人的生命、健康安全，造成公私财产的严重破坏，所以，其行为本质上是危害公共安全犯罪。所谓公共安全，是指不特定多数人的生命、健康和重大公私财产的安全。本罪的犯罪对象既包括人，也包括公私财物。

由于1997年《刑法》第131条规定了重大飞行事故罪，第132条规定了铁路运营安全事故罪，故《刑法》第 133 条规定的交通肇事罪只包括道路交通肇事及水上交通肇事。

（三）交通肇事罪主观方面

主观要件本罪主观方面表现为过失，包括疏忽大意的过失和过于自信的过失。

本罪的过失是指行为人对自己的违章行为可能造成的严重后果的心理态度。即行为人可能有意识地违反交通管理法规，这在日常生活中可以说是"故意"的，但不一定成立刑法意义上的故意。行为人轻信能够避免发生交通事故致人重伤、死亡或者公私财产重大损失这一危害结果，因而是过失。

有人认为，交通肇事罪存在故意。也就是说，行为人在违反交通运输管理法规时，明知自己的这种行为可能发生交通事故致人重伤、死亡或者公私财产重大损失这一危害社会的结果，而放任这种结果发生，这就是典型的间接故意。我们认为，这样理解交通肇事罪的主观心态是不正确的。国家设立交通肇事罪的目的，是为了规范交通行为，对于违反交通运输管理法规而过失造成严重后果的行为予以处罚，但处罚较轻，以避免影响人们利用现代化的交通工具。如果能够证明行为人是故意利用交通工具实施杀人或者伤人行为的，就应当分别认定为故意杀人罪或者故意伤害罪。

（四）交通肇事罪的客观方面

本罪的客观方面表现为在交通运输活动中违反交通运输管理法规，因而发生重大事故，致人重伤、死亡或者使公私财产遭受重大损失的行为。由此可见，本罪的客观方面是由以下四个相互不可分割的因素组成的：

其一，必须有违反交通运输管理法规的行为，在交通运输中实施了违反交通运输管理法规的行为是发生交通事故的原因，也是承担处罚的法律基础。违反交通运输管理法规的行为包括作为与不作为两种基本形式，不论哪种形式，只要是违章，就具备构成本罪的条件。

其二，必须发生重大事故，致人重伤、死亡或者使公私财产遭受重大损失的严重后果。这是构成交通肇事罪的必要条件之一。行为人虽然违反了交通运输管理法规，但未造成上述法定严重后果的，不构成本罪。

其三，严重后果必须由违章行为引起，二者之间存在因果关系。虽然行为人有违章行为，但未造成严重后果，而且在时间上不存在先行后续关系，则不构成本罪。

其四，违反规章制度，致人重伤、死亡或者使公私财产遭受重大损失的行为，必须发生在交通运输活动过程中。

案例：2003 年 3 月 12 日 20 时，被告人甘某斌酒后驾驶两轮摩托车，搭载甘某弟和苏某治二人，途经佛山市南海正区大沥从 321 国道转弯驶入大官线时，苏某治不慎从摩托车上跌到路面，被随后左转弯驶入大官线的由杜某荣驾驶的大货车右前轮碾轧，造成苏某治受伤，苏某治被立即送往医院，但经抢救无效死亡。佛山市南海区人民检察院以甘某斌犯交通肇事罪依法向佛山市南海区人民法院提起公诉。佛山市南海区人民法院认为，甘某斌违章驾驶两轮摩托车，并搭载人，违反了交通运输管理法规，造成一人死亡的重大交通事故，其行为构成交通肇事罪，判处有期徒刑 10 个月，缓刑 1 年。

本案是典型的多因一果的案例，对各种行为如何定性，关键是要看各个行为在致人死亡这一结果中所起作用的大小。甘某斌的行为该如何定性，有两种不同的意见：第一种意见认为，甘某斌的行为不构成交通肇事罪，其理由是，认定某一行为构成犯罪，则危害行为与危害结果之间必须存在刑法意义上的因果关系。从本案来看，案件的发生有两个部分，即甘某斌驾驶摩托车在右转弯时速度太快使被害人从车上摔下受伤的过程和杜某荣大货车碾轧被害人致其死亡的过程。甘某斌对前一部分负全部责任，而甘某斌驾车摔下被害人苏某治的行为并不是导致被害人死亡的直接原因，被害人苏某治的死亡与甘某斌的驾驶行为之间不存在必然的因果关系，因而也就不能认定甘某斌的行为构成交通肇事罪。第二种意见认为，甘某斌的行为构成交通肇事罪，其理由是，从苏某治死亡这一结果来看，正是甘某斌的违章驾驶行为引起苏某治从摩托车上摔下后又被其他车辆碾轧这一结果，甘某斌的先前行为虽然是在其他因素的介入之下才导致危害结果发生的，但是，如果没有甘某斌的违章行为致使被害人苏某治从车上摔到地面这一情形，被害人苏某治就不可能被其他车辆碾轧而死亡。因此，甘某斌的行为与被害人苏某治的死亡之间有着直接的因果关系，其行为应当构成交通肇事罪。

我们认为，上述第二种意见是正确的。在本案中，被害人苏某治的死亡是由两个行为共同造成的，即被告人甘某斌的违章驾驶行为和杜某荣驾驶大货车的碾轧行为，这两个行为共同作用才导致被害人苏某治的死亡结果，即"两因一果"现象。对于被害人苏某治死亡这一结果来说，这两个行为缺一不可。要分析这两个行为是否构成犯罪，就需要具体分析它们在危害结果中所起作用的大小，以及它们与危害结果之间是否存在刑法意义上的因果关系。

对于本案甘某斌的交通违章行为与被害人苏某治死亡结果之间是否存在刑法意义上的因果关系之所以产生不同意见，是因为本案存在两个事实，甘某斌违章使被害人苏某治摔到地面的事实和正常行驶的由杜某荣驾驶的大货车碾轧被害人苏某治的事实。如果将两项事实割裂开来分析，甘某斌将苏某治摔下车后所形成的系非致命性的损伤，苏某治的死亡与其无联系，因而甘某斌的行为不构成交通肇事罪；而正常行驶的由杜某荣驾驶的大货车碾轧被害人苏某治是造成其死亡的直接因素，但是，杜某荣对苏某治突然从摩托车上掉下这一情形不具有预见性，且其主观上既无过于自信也无疏忽大意，因而其不存在构成犯罪的认识因素和意志因素，因而也不构成犯罪。但是，我们应当看到，上述两个事实是密切联系在一起的，是不可分割的组成部分。在这种情形下，要准确地对被告人甘某斌的行为定性，就必须将这两个行为作为一个整体来考虑，从而判断甘某斌的行为与危害结果之间有无刑法意义上的因果关系。

在本案中，尽管被害人苏某治的直接死亡原因系杜某荣驾驶的大货车碾轧造成，但是，甘某斌的交通违章行为与被害人苏某治死亡的危害结果之间仍存在刑法意义上的因果关系。这是因为：（1）杜某荣驾驶的大货车碾轧的行为是一个正常的因素，而非异常因素。我们应当注意到，虽然被害人苏某治死亡的直接原因系杜某荣驾驶的大货车的碾轧所致，但是，杜某荣是正常驾驶大货车，被害人苏某治突然从车上摔下，属于非常少见的异常现象，对于杜某荣来说，他是不可能预见到的，而在车流量较大的国道上突然从车上摔到地面，必然会导致其他车辆的碾轧，在这种情况下，杜某荣驾驶大货车的碾轧行为是不可避免的行为，即杜某荣驾驶大货车的碾轧行为的介入属于正常介入而非异常介入，因而杜某荣驾驶大货车碾轧的行为属于正常因素而非异常因素。（2）甘某斌的行为是一种严重的违反交通运输管理法规的行为。《道路交通安全法》第49条、第91条规定，机动车载人不得超过核定的人数，饮酒后不准驾驶车辆。甘某斌违反了上述规定，不仅酒后驾驶摩托车，而且载人超过核定的人数，因而可以说，被告人甘某斌的违章行为是一种异常行为。（3）甘某斌的违章行为具有较大的危害性。甘某斌在国道上违章超速行驶，致使被害人苏某治从摩托车上摔下，具有很大的危害性。因为国道上的车辆较多，被害人苏某治从甘某斌超速行驶的摩托车上摔下，轻则受伤，重则死亡，即使受伤，被害人一时也难以站起，在这种情况下，被害人苏某治很可能被后面的车辆碾轧，因而是非常危险的。从这起交通事故看，如果没有甘某斌的交通违章行为在先，就不会有其后的杜某荣驾驶大货车的碾轧行为，也就不会导致被害人苏某治死亡结果的发生。因此，我们认为，本案中甘某斌的交通违章行为与被害人苏某治死亡结果之间虽然出现了杜某荣驾驶大货车碾轧这一介入因素，但是，这一介入因素不能中断甘某斌的危害行为与危害结果之间的因果关系，甘某斌应当对危害结果负责。

第二节　交通肇事罪审查逮捕要点

审查逮捕的要点，就是从在案证据材料进行分析研究，鉴别其真伪，甄选出证明交通肇事罪的核心证据，并完成核心证据的初步论证工作，从而根据案件事实，作出是否批准或逮捕决定。主要把握以下几个方面的内容：一是根据主客观证据，准确判断犯罪嫌疑人是否存在违反交通运输管理法规，因而发生重大交通事故，致人重伤、死亡或者使公私财产遭受重大损失的行为；二是准确判断犯罪嫌疑人是否负事故同等以上责任；三是判断犯罪嫌疑人主观上是否系过失；四是判断是否具备社会危险性条件。

一、有证据证明犯罪嫌疑人实施了交通肇事的犯罪事实

（一）有证据证明发生了交通肇事犯罪事实

1. 报案登记、受案登记、立案决定书、破案经过证明等书证材料；犯罪嫌疑人供述、被害人陈述、现场目击证人证言等言词证据；监控录像、现场勘验、检查笔录等证明交通肇事案件发生的证据。

对于案发地点是否在公共交通管理范围内不直观明了的，应当审查案发地点权属或者管理单位出具的证明材料、通行与管理人员的证言、案发现场方位图和照片等，证明案发地点是否允许不特定人员与车辆通行。对于在区域相对封闭，一般不允许外来人员、车辆通行的路段内发生的交通事故不应以交通肇事罪认定，而应根据证据的具体情况，认定为过失致人重伤罪或过失致人死亡罪等。

2. 医院诊断证明与病历、伤情鉴定意见、死亡证明、尸检照片和尸体检验报告书等证明发生了人员重伤、死亡的证据；毁损交通工具、货物、物品等物证，现场照片等书证，勘验检查笔录及犯罪嫌疑人供述、证人证言、被害人陈述等证明公私财产损失的证据。

3. 证明危害后果达到追诉标准的证据。重伤、死亡人员数量证据简单明确。证明财产损失价值的证据主要包括：毁损交通工具购置发票或者维修单据，所载货物价值的书证如购货合同、购货发票、携带物品的购买凭证、价格鉴定意见。

审查财产损失证据时应当注意三点：一是仅限于公共财产或者他人财产损失，不包括犯罪嫌疑人一方的财产损失，如犯罪嫌疑人驾驶的交通工具受损价值及维修费用；二是仅限于直接损失，如车辆毁损价值、

车载货物损失、随身携带物品的损失等，不包括营业性间接损失；三是无能力赔偿的认定需要综合个人清偿能力、保险赔偿金额等相关因素认定，尚未赔偿不等于无能力赔偿。

（二）有证据证明交通肇事行为是犯罪嫌疑人实施的

证明犯罪嫌疑人实施了交通肇事行为的证据，一是案发地监控录像等视听资料，能够直接证明犯罪嫌疑人驾驶交通工具并发生了交通事故的情况。二是现场遗留物等物证和痕迹鉴定、DNA 鉴定等鉴定意见，能够证明犯罪嫌疑人或者其使用的交通工具案发时出现在现场的情况。三是犯罪嫌疑人供述、证人证言、被害人陈述等言词证据。有能够证明肇事人的客观证据的，应当结合言词证据对客观证据进行重点审查。没有能够证明肇事人的客观证据的，要注意审查言词证据之间有无矛盾、言词证据与其他证据是否能够印证与吻合。

（三）有证据证明犯罪嫌疑人负事故同等以上责任

证明犯罪嫌疑人及其他交通参与人各自过错的证据主要有三：一是酒精血检、毒品尿检、交通工具性能、驾驶资格证明、车速或者载重等鉴定意见，证明案发时相关人员状态与交通工具状况；二是现场勘查笔录、现场照片、遗留痕迹与物证等，间接反映案发经过情况；三是犯罪嫌疑人供述、被害人陈述、证人证言等言词证据与路面监控录像，直接反映案发经过等相关情况。

证明犯罪嫌疑人应当承担何种事故责任的证据，除了上述证据，还包括交通事故责任认定书这一重要证据。审查时需要综合上述证据进行分析判断，准确认定犯罪嫌疑人负事故责任的大小，确定犯罪嫌疑人的违规行为对造成损害后果的原因力大小，并根据双方过错程度，准确划分事故责任，既不能依赖交通事故责任认定书，也不能脱离在案证据而主观认定。

（四）有证据证明犯罪嫌疑人主观上系过失

证明犯罪嫌疑人主观上系过失的最直接的证据是犯罪嫌疑人供述和辩解，但应当结合案发时间与地点、案发具体经过、案发时犯罪嫌疑人采取何种措施、犯罪嫌疑人与被害人之间的关系及之前是否存在纠纷、是否有其他前因等证据，综合认定犯罪嫌疑人的主观方面。

二、犯罪嫌疑人可能被判处有期徒刑以上刑罚

1. 医院诊断证明与病历、伤情鉴定意见、死亡证明、尸检照片和尸体检验报告书、财物损失估价报告等证明交通肇事行为实际造成危害后果的严重程度。

2. 前科材料、行政处罚材料等证明犯罪嫌疑人前科劣迹的证据。

3. 报案登记、受案登记、立案决定书、破案经过证明、犯罪嫌疑人供述、被害人陈述、现场目击证人证言、监控录像、现场勘验、检查笔录等证据证明犯罪嫌疑人是否有肇事后逃逸的行为。

三、犯罪嫌疑人具有逮捕必要

在通过在案证据判断出犯罪嫌疑人构成交通肇事罪以及可能被判处有期徒刑以上刑罚的前提下，还应当对犯罪嫌疑人是否具有逮捕必要进行审查判断。犯罪嫌疑人是否具有逮捕必要，可以从以下几个方面把握：

1. 刑事判决书、裁定书等证据证明犯罪嫌疑人是否曾因故意犯罪被判处刑罚以及通过在案证据综合判断犯罪嫌疑人的身份是否不明。如果是犯罪嫌疑人因故意犯罪被判处刑罚或者身份不明，本次又有证据证明有犯罪事实，可能判处徒刑以上刑罚，应当予以逮捕。

2. 刑事判决书、行政处罚决定书等证据证明犯罪嫌疑人是否有交通肇事前科或者严重交通违章劣迹。曾因交通肇事罪受过刑事处罚，或者曾因酒后驾驶、无证驾驶、吸食毒品后驾驶、严重超载等严重违规驾驶被行政处罚后再次有上述严重违章行为的，人身危险性与再犯可能性相对较大，应当发挥逮捕强制措施的震慑作用和一般预防作用。

3. 犯罪情节。交通肇事手段与方法、过错程度等情节影响到对主观恶性与客观危害性的认定。一般而言，因未确保安全行驶、采取措施不当、未注意避让等过错行为交通肇事的，犯罪情节较轻，主观恶性

小，而酒后或者吸毒后驾驶、无证驾驶、为逃避法律责任逃离事故现场的，犯罪情节较重，主观恶性大，对上述两种情形应当区别认定与处理。

4. 犯罪后的表现。事故发生后，犯罪嫌疑人主动报警、救助被害人、保护现场、如实供述肇事过程的，一般主观恶性、人身危险性相对较小；案发后不及时报警、未救助被害人、不如实甚至虚假供认相关事实、有"顶包"情形、实施肇事后清洗维修车辆等毁灭罪证、干扰证人作证、企图逃跑等情形的，则具有较大的主观恶性和人身危险性。

5. 刑事和解。要正确理解和把握赔偿民事损失、达成刑事和解对审查逮捕的意义与作用。一方面，应当重视赔偿损失、刑事和解的意义，发挥民事赔偿、刑事和解化解矛盾、安抚被害人的作用；另一方面，刑事和解不是社会危险性把握的主要或者关键因素。有些案件虽然犯罪嫌疑人无经济实力与被害人达成和解，但是犯罪嫌疑人有积极主动认罪悔罪的态度，通过保险理赔能够弥补被害人损失，则不能因未达成和解、存在缠访可能而不考虑其他情节就予以逮捕。有些案件中，虽然达成了刑事和解，但是证据证明犯罪嫌疑人有较大人身危险性、没有认罪悔罪、有妨害诉讼可能等情节的，应当从严予以把握。另外，认定非本地户籍犯罪嫌疑人是否具有社会危险性时，应当全面考量犯罪嫌疑人肇事后的表现、是否积极赔偿损失、有无固定住所与工作单位、有无符合条件保证人等，不能仅因是非本地户籍人员就轻易批准逮捕。

四、审查判断证据需要特别注意的问题

（一）对确定犯罪嫌疑人身份的证据的审查

1. 高度重视对案发地监控录像的审查

案发地监控录像是锁定犯罪嫌疑人最直接的证据。公安机关提供了监控录像的，要结合被害人陈述、犯罪嫌疑人供述、现场目击证人证言及辨认笔录等证据审查，同时，要注意审查监控录像是否经过剪辑、修改，鉴定程序是否合法，鉴定人是否具有鉴定资格等。公安机关未提供监控录像的，应当查明案发地是否有监控设备。如果有监控设备，需要

查明公安机关未调取的原因；如果是应调取但未调取，应当要求公安机关补充该证据。

2. 对案发地无监控录像或者监控录像无法证明具体肇事人员，目击证人与被害人无法指证，但犯罪嫌疑人供述的审查

审查时，一是注意通过阅卷、提讯、核实等工作查明是否存在刑讯逼供、诱供等情况，确定犯罪嫌疑人的供述是否需要依法排除。二是注意对犯罪嫌疑人对案件关键细节供述的审查。案外人员很难了解案件全部情况和案件细节，应审查犯罪嫌疑人关于肇事交通工具特征、案发地点、交通工具肇事前后运行轨迹、途经事发地点原因、发生碰撞详细经过、人员伤亡与车辆受损情况、现场是否有遗留物以及案发地点天气情况等的供述，并与现场勘验检查笔录、路面监控录像、在案物证、案发现场提取的指纹、足迹、压痕、撞痕等鉴定意见、被害人陈述及目击证人证言等证据进行比对，查明犯罪嫌疑人供述是否可信属实。三是注意审查是否告知犯罪嫌疑人为他人顶罪的法律后果。审查逮捕时，在案证据不能证明犯罪嫌疑人是为他人顶罪的，应以涉嫌交通肇事罪决定是否逮捕。如果逮捕决定作出后证据发生变化证明存在顶罪事实，则可以认定犯罪嫌疑人涉嫌妨害司法犯罪，一般情况下不存在罪与非罪的问题，因此前"如实供述"对犯罪嫌疑人不批准逮捕的，可以考虑是否需要变更强制措施。

3. 对无案发地监控录像，无他人指证，犯罪嫌疑人也不供述的审查

审查时需要注意四点：一是审查现场轮胎痕迹、撞击痕迹、现场遗留物、交通工具勘验检查等证据，查明查扣的交通工具是否为肇事交通工具。二是审查交通工具权属证明、犯罪嫌疑人供述、犯罪嫌疑人家属亲友等人证言，查明是否足以排除案发时其他人驾驶该交通工具的可能性。三是审查现场是否提取到血迹、毛发、体液指纹及 DNA 鉴定意见，查明是否系犯罪嫌疑人遗留。四是个别案件可以通过侦查实验，模拟案发环境下撞击力度、部位；通过手机轨迹鉴定意见，辅助判断犯罪嫌疑人是否到过案发现场，增强内心确信等。对此类案件，既应重视犯罪嫌

疑人的辩解，并针对其辩解审查相关证据，又要坚持"综合全案证据，对所认定事实已排除合理怀疑"标准，依据在案证据并科学推定，不被犯罪嫌疑人口供所左右，防止发生冤假错案。

4. 关于交通肇事罪共犯的证据的审查

交通肇事后，单位主管人员、机动车辆所有人、承包人或者乘车人指使肇事人逃逸，致使被害人因得不到救助而死亡的，以交通肇事罪的共犯论处；单位主管人员、机动车辆所有人或者机动车辆承包人指使、强令他人违章驾驶造成重大交通事故，具有法律规定情形的，以交通肇事罪定罪处罚。

审查中，一是注意肇事人员与指使人员、强令人员言词证据是认定是否成立共同犯罪最直接、最主要的证据，言词证据印证并有其他客观证据如酒精血检意见、严重超载书证等证明是最理想的证据状态。二是注意在涉嫌共同犯罪人员不供述的情况下，需要收集与审查通话记录、手机短信、知情人员证言等相关证据，严重超载的应审查涉嫌共同犯罪人员联系与组织将货物装车的相关证据，无证驾驶的应审查涉嫌共同犯罪人员与肇事人员关系与雇佣情况的相关证据。三是注意审查共同犯罪人员具有司法解释规定特定身份的证据。

（二）对交通事故责任认定的审查

1. 对交通事故责任认定书的审查

交通事故责任认定书是交通肇事案件中非常关键的证据，但该证据系交警部门依据交通运输管理法规作出的行政责任认定，性质属于意见而非客观证据。审查案件时既要重视该证据，又要注意对该证据重点进行审查确认是否采信：一是形式审查。审查责任认定主体是否适格、期限是否合法以及结论是否以交通事故现场勘验、检查情况和鉴定意见为依据，对交通事故基本事实、成因和当事人责任是否进行论证和划分、适用法律法规是否准确、是否依法告知犯罪嫌疑人、犯罪嫌疑人是否提出异议等。二是实质审查。审查认定案件事实是否全面客观、依据是否全面准确、证据与意见之间是否存在矛盾、责任划分是否符合法律法规等。要结合案发现场勘查笔录、方位图、监控录像、车速鉴定意见、证人证言等证据，根据双方过错程度及对事故后果的原因力大小确定事故责任。

2. 对交通肇事后逃逸责任认定的审查

交通肇事后逃逸是指在发生交通事故后，为逃避法律追究而逃跑的行为。审查时需要注意以下问题：一是肇事逃逸目的是"逃避法律追究"，但不是所有离开的行为都是为了逃避追究，确有肇事人员因害怕被害方殴打或者未意识到发生交通事故而离开的情况存在，此种情况就不应认定为交通肇事后逃逸。二是根据在案证据能够查清双方过错程度的，要客观认定各方应负的事故责任，不能因犯罪嫌疑人逃逸就认定其承担事故全部责任。三是交通肇事致一人重伤并逃离事故现场的，逃离行为不能既作为认定负事故全部责任的依据，又作为是否构成交通肇事基本罪的入罪依据重复评价。

（三）对交通肇事逃逸致人死亡的审查

实践中，交通肇事逃逸致人死亡主要表现为以下两种情形：第一种情形，交通肇事发生后，证据显示被害人受重伤，且已经构成交通肇事基本犯，犯罪嫌疑人因疏忽大意或者轻信有人会对受害人实施救助而逃逸，结果受害人因没有得到及时救治而死亡；第二种情形，交通肇事后不履行法定救助义务抢救受害人而逃逸，致使受害人因外界因素（如又被后续其他车辆碾压）的介入而死亡。在第二种情形中，证据把握应格外审慎，如果能够证实犯罪嫌疑人的肇事行为与死亡结果之间没有因为其他因素的介入而中断，且犯罪嫌疑人已经构成交通肇事罪的基本犯，就可以认定构成交通肇事逃逸致人死亡。

（四）对转化犯罪的证据审查

交通肇事后为逃避法律追究，将被害人带离事故现场后隐藏或者遗弃，致使被害人无法得到救助而死亡或者严重残疾的，应以故意杀人罪或者故意伤害罪定罪处罚。要注意审查被害人伤情鉴定尸体检验报告、案发现场及遗弃现场勘验笔录、鉴定意见等证据，确定被害人严重残疾、死亡系犯罪嫌疑人隐藏或遗弃行为所致，且犯罪嫌疑人主观上明知其隐藏或者遗弃行为可能导致伤亡的后果而希望或者放任其发生。要注意根据主客观相一致原则，对重伤死亡原因及犯罪嫌疑人的主观认知作出准确判断。

（五）对犯罪嫌疑人主体身份的证据审查

在审查逮捕过程中还要注意对犯罪嫌疑人是否达到刑事责任能力、是否具有人大代表或政协委员等特殊身份、犯罪嫌疑人的国籍等方面进行审查。

五、交通肇事罪的立案标准

根据最高人民法院《解释》第 2 条的规定，符合以下情形之一的，应当立案追诉：

交通肇事具有下列情形之一的，处 3 年以下有期徒刑或者拘役：（1）死亡一人或者重伤 3 人以上，负事故全部或者主要责任的；（2）死亡 3 人以上，负事故同等责任的；（3）造成公共财产或者他人财产直接损失，负事故全部或者主要责任，无能力赔偿数额在 30 万元以上的。

交通肇事致一人以上重伤，负事故全部或者主要责任，并具有下列情形之一的，以交通肇事罪定罪处罚：（1）酒后、吸食毒品后驾驶机动车辆的；（2）无驾驶资格驾驶机动车辆的；（3）明知是安全装置不全或者安全机件失灵的机动车辆而驾驶的；（4）明知是无牌证或者已报废的机动车辆而驾驶的；（5）严重超载驾驶的；（6）为逃避法律追究逃离事故现场的。

第三节　交通肇事罪审查起诉要点

除审查逮捕阶段证据审查的要求之外，对交通肇事案件的审查起诉工作还应坚持"犯罪事实清楚，证据确实、充分"的标准，保证定罪量刑的事实都有证据证明；据以定案的证据均经法定程序查证属实；综合全案证据，对所认定的事实已排除合理怀疑。

一、有确实、充分的证据证明发生了交通肇事犯罪事实

该类证据的审查与审查逮捕的证据类型相同。相对而言，在审查起诉阶段，对证据的审查更加精细化，主要把握以下几个方面的内容：

（一）证明发案、立案、破案经过的证据

该类证据主要包括公安机关的接报警记录、报案登记表、立案决定书、抓获经过（到案情况说明）、破案经过等。在审查时需特别注意，对破案经过的审查，破案经过是证明一个交通肇事案件发生后，公安机关如何确定犯罪嫌疑人、如何抓获嫌疑人的经过。对破案经过的审查，可以有效避免"顶包"现象的发生。

（二）证明危害后果的证据

该类证据主要包括现场勘验笔录、检查笔录、医院诊断证明与病历、伤情鉴定意见、死亡证明、尸检照片和尸体检验报告书、损毁交通工具和货物及物品等物证、毁损交通工具购置发票或者维修单据、所载货物价值的书证如购货合同、购货发票、携带物品的购买凭证、价格鉴定意见，以及犯罪嫌疑人供述、证人证言、被害人陈述等证据，该类证据主要证明危害后果的严重程度，以确定犯罪嫌疑人在负何种责任的情况下构成交通肇事罪以及犯罪情节。

二、有确实、充分的证据证明交通肇事行为是犯罪嫌疑人、被告人实施的

（一）对犯罪嫌疑人、被告人的身份进行审查

1. 对犯罪嫌疑人、被告人刑事责任年龄的审查

交通肇事罪的主体为一般主体，即年满 16 周岁、具有完全刑事责任能力的自然人。通过居民身份证、临时居住证、工作证、护照、港澳居民来往内地通行证、台湾居民来往大陆通行证、中华人民共和国旅行证、边民证、户口簿、微机户口卡或公安部门出具的户籍证明、个人履历表或入学、入伍、招工、招干等登记表、医院出生证明等证据证明犯

罪嫌疑人、被告人的年龄。对于年龄有争议的，一般以户籍登记文件为准；出生原始记录证明户籍登记确有错误的，可以根据原始记录等有效证据予以认定；对年龄有争议，又缺乏证据的情况下可以采用"骨龄鉴定法"，并结合其他证据予以认定。其他证据包括：能够证明犯罪嫌疑人、被告人出生时间、年龄的证言，如接生人、邻居、亲友等；个人履历表或入学、入伍、招工、招干等登记表中有关年龄的证明；犯罪嫌疑人、被告人供述和辩解等。

2. 对犯罪嫌疑人、被告人刑事责任能力的审查

一般而言，犯罪嫌疑人、被告人年满16周岁即具有完全刑事责任能力，但犯罪嫌疑人、被告人的言行举止反映其可能患有精神性疾病的，应当尽量收集能够证明其精神状况的证据。证人证言可作为证明犯罪嫌疑人、被告人刑事责任能力的证据。经查，不能排除犯罪嫌疑人、被告人具有精神性疾病可能性的，应当作司法精神病鉴定。

3. 对犯罪嫌疑人、被告人特殊身份的审查

通过全案证据以及讯问犯罪嫌疑人，对犯罪嫌疑人、被告人是否系人大代表、政协委员以及犯罪嫌疑人、被告人的国籍进行审查，如果犯罪嫌疑人、被告人提出具有该类特殊身份，应当向有关机关核实。

4. 对犯罪嫌疑人、被告人前科劣迹审查

应当查明犯罪嫌疑人、被告人是否有前科劣迹，是否系累犯、再犯等。证明犯罪嫌疑人、被告人的前科劣迹的证明材料包括：刑事判决书、裁定书；释放证明书、假释证明书；不起诉决定书；行政处罚决定书；劳动教养决定书等其他证据材料。

（二）交通肇事行为是犯罪嫌疑人、被告人实施的

该证据审查起诉与审查逮捕的证据类型相同。在审查过程中，应当特别注意，防止"顶包"现象的发生。在司法实践中，经常在发生交通事故后出现"顶包"现象，对此在审查中要严格审查，通过犯罪嫌疑人、被告人的供述和辩解、被害人陈述、证人证言以及监控视频、痕迹检验、DNA检验等证据的审查，排除合理怀疑，以避免"顶包"现象的发生。

三、有确实、充分的证据证明犯罪嫌疑人、被告人负事故同等以上责任

通过对在案证据的审查，判断出是否因行为人违反交通运输管理法规的行为，而导致发生交通事故。行为人实施了违反交通运输管理规定的行为，可以是作为，如超速、强行超车，也可以是不作为，如不鸣笛示警等。违章行为是构成本罪客观方面的前提条件。构成本罪时要求造成严重后果，即致人重伤、死亡或者造成公私财产重大损失。违章行为和严重后果两者缺一不可，两者之间存在刑法意义上的因果关系，且应当准确判断出犯罪嫌疑人、被告人的违章行为对严重后果承担何种责任。

在审查时，需要特别注意的是，对交通事故责任认定书这一重要证据的审查，审查时需要综合全案证据进行分析判断，准确认定犯罪嫌疑人、被告人负事故责任的大小，确定犯罪嫌疑人、被告人的违规行为对造成损害后果的原因力大小，并根据双方过错程度，准确划分事故责任，既不能依赖交通事故责任认定书，也不能脱离在案证据而主观认定。

四、有确实、充分的证据证明犯罪嫌疑人、被告人主观上系过失

通过对犯罪嫌疑人、被告人的供述和辩解、被害人陈述、证人证言及书证、物证的审查，证明行为人明知违反交通运输管理法规，可能致人重伤、死亡或公私财产重大损失，但由于疏忽大意或者轻信能够避免而导致危害结果发生的主观心态。本罪主观方面是过失，既可能是疏忽大意的过失，也可能是过于自信的过失。

证明交通肇事罪主观方面的证据除具备上述证据外，根据具体情况，在有"逃逸"事实的情况下应了解行为人是否具有为逃避法律追究才逃跑的动机。

实践中，交通肇事后行为人为逃避法律追究，将被害人带离事故现

场后，隐藏或者遗弃，致使被害人无法得到救助而死亡或者严重残疾的，表明行为人不希望被害人被发现，其对"被害人无法得到救助而死亡或者严重残疾的"结果持希望或者放任的态度（实践中多为放任），其对造成被害人死亡、伤残的结果，应分别依照《刑法》第232条、第234条第2款的规定，以故意杀人罪或者故意伤害罪定罪处罚，而不能按交通肇事罪或者将交通肇事罪与故意杀人罪（或者故意伤害罪）数罪并罚。

五、对羁押必要性的审查

在审查起诉阶段对羁押必要性进行审查，是刑事诉讼法赋予检察机关的一项职能，也是检察机关审查起诉工作的一项重要内容。

《刑事诉讼法》第95条规定，犯罪嫌疑人、被告人被逮捕后，人民检察院仍应当对羁押的必要性进行审查。对不需要继续羁押的，应当建议予以释放或者变更强制措施。有关机关应当在10日以内将处理情况通知人民检察院。在犯罪嫌疑人被逮捕后，审查起诉阶段应对羁押必要性进行审查。

从犯罪嫌疑人、被告人被逮捕直至移送审查起诉，随着侦查活动的深入展开，案件事实、证据状况以及犯罪嫌疑人、被告人的身体状况、认罪态度都有可能发生变化，犯罪嫌疑人、被告人是否有继续羁押的必要性也会随之发生改变。

因此，检察机关相关部门从收到移送审查起诉的案件的开始，有必要对犯罪嫌疑人、被告人的羁押必要性进行审查，要结合侦查阶段取得的事实证据，对全案证据进行综合审查，对事实和证据情况发生变化，未达到逮捕条件的，撤销原逮捕决定。

经羁押必要性审查，发现犯罪嫌疑人、被告人具有下列情形之一的，应当向办案机关提出释放或者变更强制措施的建议：（1）案件证据发生重大变化，没有证据证明有犯罪事实或者犯罪行为系犯罪嫌疑人、被告人所为的；（2）案件事实或者情节发生变化，犯罪嫌疑人、被告人可能被判处拘役、管制、独立适用附加刑、免予刑事处罚或者判决无罪的；（3）继续羁押犯罪嫌疑人、被告人，羁押期限将超过依法可能判处的刑期的；（4）案件事实基本查清，证据已经收集固定，符合取保候审或者监视居住条件的。

经羁押必要性审查，发现犯罪嫌疑人、被告人具有下列情形之一，且具有悔罪表现，不予羁押不致发生社会危险性的，可以向办案机关提出释放或者变更强制措施的建议：（1）预备犯或者中止犯；共同犯罪中的从犯或者胁从犯；（2）主观恶性较小的初犯；（3）系未成年人或者年满75周岁的人；（4）与被害方依法自愿达成和解协议，且已经履行或者提供担保的；（5）患有严重疾病、生活不能自理的；（6）系怀孕或者正在哺乳自己婴儿的妇女；（7）系生活不能自理的人的唯一扶养人；（8）可能被判处一年以下有期徒刑或者宣告缓刑；（9）其他不需要继续羁押犯罪嫌疑人、被告人的情形。

六、对量刑情节的审查

（一）法定量刑情节的审查

在审查起诉过程中，对法定量刑情节均应当予以查明，重点审查是否犯罪嫌疑人、被告人系年满16周岁未满18周岁的未成年人，是否具有累犯、自首、立功或重大立功等法定量刑情节。

1. 证明被告人犯罪嫌疑人年满16周岁未满18周岁的证据包括：户籍证明、出生证明、犯罪嫌疑人、被告人父母的证人证言以及与年龄相关的其他证人证言、书证等。

2. 证明犯罪嫌疑人、被告人是否系累犯的证据包括：刑事判决书、刑事裁定书、释放证明等前科材料。

3. 证明犯罪嫌疑人、被告人系自首的证据包括：公安机关出具的到案情况说明、破案报告、报警案件登记表、接报案登记表；接受投案的相关组织的受案登记、笔录及证人证言；陪同投案的亲友证言，犯罪嫌疑人、被告人首次供述和辩解、被害人陈述等。

4. 证明犯罪嫌疑人、被告人有立功或重大立功的证据包括：犯罪嫌疑人的检举、揭发材料；根据犯罪嫌疑人、被告人检举、揭发他人犯罪的有关线索，侦破其他案件或破获其他重大案件的证明材料；有关组织出具的证明材料；相关证人证言等证据。

（二）酌定量刑情节

1. 120 急救中心电话记录、现场的证人证言、被害人陈述、现场监控视频等证据，证明事故发生后，犯罪嫌疑人、被告人是否积极组织、抢救被害人。

2. 赔偿协议、调解协议、和解协议、谅解书、收条、被害人陈述、被害人家属的证人证言、犯罪嫌疑人和被告人的供述等证据，证明犯罪嫌疑人、被告人案发后有无赔偿被害人或其家属的损失。

3. 行政处罚决定书、刑事判决书、刑事裁定书等证据，证明犯罪嫌疑人、被告人有无前科劣迹、案发前有无因违章行为、吸毒被行政处罚过。

4. 犯罪嫌疑人、被告人供述和辩解，是否具有一贯性，以判定是否系坦白、认罪态度。

5. 相关组织或人员出具的证明犯罪嫌疑人、被告人一贯表现的情况说明。

七、本罪在审查证据中应注意的问题

实践中，存在本罪与利用交通工具实施故意犯罪的界定问题。区分两者的关键就在行为人的主观罪过是故意还是过失，侵害的客体是不特定多数人的人身安全，还是特定人的人身安全。要运用法定的证据，证实行为人在当时的特定环境下，是否意图控制或者有效控制肇事交通工具，具体要收集和审查有助于证明下列几个方面的证据：（1）被害人与犯罪嫌疑人、被告人是否相识、有无利害关系、是否存在矛盾的证据；（2）行为人对"肇事"时间、地点、对象有无选择；（3）行为人在向人（群）冲撞时操作交通工具的行为是否有节制；（4）行为人是否积极采取了避免事故发生的措施，一般可通过事故现场勘查笔录（包括现场勘查图、照片），肇事交通工具（特别是安全装置、机件）性能检测报告、视听资料、鉴定意见等予以证实。

第四节　交通肇事罪出庭公诉要点

我国《刑事诉讼法》第189条规定："人民法院审判公诉案件，人民检察院应当派员出席法庭支持公诉。"对决定提起公诉的案件，人民检察院代表国家向人民法院提起公诉，并在开庭时派员以国家公诉人身份出庭支持公诉。在出庭公诉环节，需注意以下要点。

一、庭前准备要点

（一）确定公诉人

根据《人民检察院刑事诉讼规则》第390条规定，应当指派员额检察官出庭支持公诉，检察官助理可以协助员额检察官出席法庭。一般应当指派负责审查逮捕、审查起诉的员额检察官出庭。在司法实务中，交通肇事罪一般属于案情简单、事实清楚的案件，可以由员额检察官单独出庭，也可由检察官助理协助员额检察官出庭；对于重大、疑难、复杂或社会关注度高交通肇事案件，可以派出员额检察官办案组出庭。员额检察官应具备办案经验丰富、业务技能全面、能够冷静全面应对舆论的素质。

（二）全面熟悉案情，拟定出庭预案

1. 全面熟悉案情，梳理证据

根据证明内容，交通肇事案件一般有四类证据，一是证明被告人违反了交通运输管理法规的证据；二是证明发生了重大交通事故，致人重伤、死亡或公私财产遭受重大损失的证据；三是证明被告人的违章行为与重大事故的发生具有因果关系，被告人负同等责任以上的证据；四是证明被告人主观上系过失的证据。

2. 对案件可能引发的舆情有充分的预判

在交通肇事犯罪案件中，一般案件不会引发舆情，但是需要特别注意的是在被害人不服检察机关、法院的处理时以及社会影响较大的交通

肇事案件，在微信、微博等自媒体发达的当下，有时可能出现舆情甚至炒作，从而影响庭审。针对这类案件，公诉人应当在庭审之前，注重关注、收集相关的舆情信息，并提出应对方案。

3. 拟定出庭预案

出庭预案主要包括：讯问提纲、举证提纲、质证提纲、公诉意见书和辩论提纲。

（1）庭审讯问提纲。对于案情简单、被告人认罪认罚的案件，可以简单讯问；对于案情复杂、被告人不认罪认罚的案件，可以着重针对违章行为、交通事故如何发生、在即将发生事故前采取的措施等情况进行讯问。如系交通肇事后逃逸，被告人不供述案件，则可以以证据作为基础进行讯问，如归案情况、为何被告人车辆提取到被害人DNA等问题，利用其辩解的矛盾之处向法庭展示其辩解不合理处。法庭讯问应紧紧围绕起诉书指控的犯罪事实，突出重点，设置的问题都要有具备证据支撑的答案，没有确切答案对指控犯罪作用甚微甚至会起到反作用的提问不设置。

（2）举证提纲。举证的方式有多种，如一事一证举证方式、犯罪构成举证方式、证据种类举证方式等。对于举证提纲，在庭前应当进行合理设计，具体到交通肇事案件，对于案情简单、被告人认罪认罚的案件，可以采用按照证据种类的举证方式进行举证；对于案情复杂的案件，可以采用按照犯罪构成的举证方式，如先举证明发生了重大交通事故，致人重伤、死亡或公私财产遭受重大损失的证据，再举证明被告人违反了交通运输管理法规的证据，接着举证明被告人的违章行为与重大事故的发生具有因果关系，被告人负同等责任以上的证据，最后举证明被告人主观上系过失的证据。当然举证方式多样，具体的举证方式应当根据具体的案情具体设计。

（3）质证提纲。在拟定举证提纲之后，公诉人应当提前准备好被告人、辩护人可能针对证据提出问题的质证意见。

（4）法庭辩论提纲。法庭辩论提纲应当结合被告人的供述和辩解、辩护人在审查起诉阶段提交的辩护意见以及提前预判的辩护观点和争议焦点进行准备。具体到交通肇事案件，大致可以从以下几个方面进行准备：一是被告人具有违反交通运输管理法规的行为；二是被告人违反交通运输管理法规的行为与危害后果具有因果关系；三是被告人负本次交通事故同等以上责任（需要注意的是这里的事故责任属于刑法意义上的责任，不是行政法意义上的事故责任）；四是被告人对危害结果的发生具有预见的可能性，排除意外事件的可能性。

（5）公诉意见书。公诉意见书是公诉人在法庭审理过程中，当庭发表的揭露和指控被告人的发言，是对起诉书指控的罪名的构成要件，结合案件事实、证据及法律法规的规定，论证被告人的行为已经构成所指控的犯罪，应当承担刑事责任，并提出依法从重、从轻处罚的量刑情节和依据，同时对被告人行为的社会危害性进行必要的法制教育。当然，在具体发表公诉意见时，应当结合庭审情况对公诉意见进行必要的修改后发表。

4. 证人出庭作证准备

这里所指的证人是广义的证人，包括被害人、证人、鉴定人、有专门知识的人、侦查人员、鉴定人。在交通肇事案件中，一般案情简单、被告人认罪认罚的案件，没有必要让证人出庭作证。但对于案情复杂、交通肇事逃逸等案件，如果公诉人认为有必要请证人出庭作证，在庭前需要做好相关人员出庭的准备工作。一是消除证人出庭的顾虑，采取相应的保护措施，必要时可以采取隐秘措施；二是对拟出庭人员在庭前应当进行相关的指导或培训，帮助证人熟悉庭审程序，对辩护人提出的问题进行正面回答，尽可能用肯定的语气作答，避免被辩护人牵动情绪，避免与对方争吵，掌握回答辩方提问的应对技巧，告知证人对与案件无关的问题可以拒绝回答；三是告知证人描述所知晓的客观事实，而不是推测的事实等。

辩方申请的证人出庭的，公诉人在开庭前应当及时了解辩方证人的名单，并对证人进行最大限度的了解，掌握证人与双方当事人是否存在利害关系，对证人可能会作出不利于指控的证言进行预测，并做好应对方案。

（三）庭前会议

一般交通肇事案件并不需要召开庭前会议，实践中该类案件召开庭前会议并不十分普遍。但应当针对具体案件确定是否召开庭前会议，对于社会关注度高、后果极其严重、疑难复杂的交通肇事案件，可以召开庭前会议，解决非法证据排除、监控资料播放、举证方式、回避、管辖等方面的问题。

二、庭审应对要点

（一）宣读起诉书

起诉书是人民检察院代表国家指控犯罪，将被告人提交法庭审判的一个正式的司法文书，它是人民法院开庭审判案件的法律依据，公诉人宣读起诉书是支持公诉首要的活动。公诉人在宣读起诉书时，应保持姿势端正，语速适中，吐字清晰，声音洪亮。

（二）讯问被告人（询问证人）

讯问被告人（询问证人）可以结合庭前预案中讯问（询问）提纲，并结合具体的庭审情况，随时调整讯问（询问）的问题。在法庭讯问（询问）中要注意以下两点：

1. 突出重点，不要面面俱到，讯问要做到详略得当。对于被告人对事实、定性均无异议的，认罪认罚的，可以省掉讯问（询问）环节；对于被告人无异议的事实，则无必要重复讯问；着重讯问被告人有异议的事实。

2. 讯问（询问）主要是针对案件事实和过程，不急于争辩案件的定性。

（三）举证、质证

庭审举证以庭前准备的举证提纲为依托，依照庭审情况可予以适时调整。交通肇事罪可以采用以下方法进行举证：

1. 在举证方式上，根据案件的具体情况和证据状况，结合被告人的认罪态度，可以采用分组举证或者逐一举证的方式。对于案情简单，被告人认罪认罚的交通肇事犯罪案件，事实证据和量刑证据可以分开举证，在分别举证时可以按照证据的种类进行举证。案情复杂、证据数量较多交通肇事犯罪的案件，一般采用分组举证为主、逐一举证为辅的方式。对证据进行分组时，应当遵循证据之间的内在逻辑关系，可以将证明方向一致或者证明内容相近的证据归为一组，也可以按照证据种类进行分组，并注意各组证据在证明内容上的层次和递进关系。

2. 在举证顺序上，公诉人应当以有利于证明公诉主张为目的，可以根据案件的不同种类、特点和庭审实际情况，合理安排和调整。一般先出示定罪证据，后出示量刑证据；先出示主要证据，后出示次要证据；先举客观证据，后举主观证据；先举直接证据，后举间接证据。

3. 对于被告人不认罪案件，应当立足于证明公诉主张，通过合理举证构建证据体系，反驳被告人的辩解，从正反两个方面予以证明。重点一般放在能够有力证明指控犯罪事实系被告人所为的证据和能够证明被告人无罪辩解不成立的证据上，可以将指控证据和反驳证据同时出示。对于被告人翻供的，应当综合运用证据，阐明被告人翻供的时机、原因、规律，指出翻供的不合理、不客观、有矛盾之处。

4. "零口供"案件的举证，可以采用关键证据优先法。公诉人根据案件证据情况，优先出示定案的关键证据，重点出示物证、书证、现场勘查笔录等客观性证据，直接将被告人与案件建立客观联系，在此基础上构建全案证据体系。如交通肇事逃逸案件，从被告人车上提取到的被害人 DNA 的证据可以优先出示；辩点较多案件的举证，可以采用先易后难法。公诉人根据案件证据情况和庭前会议了解的被告人及辩护人的质证观点，先出示被告人及辩护人没有异议的证据或者分歧较小的证据，后出示控辩双方分歧较大的证据，使举证顺利推进，为集中精力对分歧证据进行质证作准备。

5. 依靠间接证据定案的不认罪案件的举证，可以采用层层递进法。公诉人应当充分运用逻辑推理，合理安排举证顺序，出示的后一份（组）证据与前一份（组）证据要紧密关联，环环相扣，层层递进，通过逻辑分析揭示各个证据之间的内在联系，综合证明案件已经排除合理怀疑。

（四） 法庭辩论

1. 发表公诉意见。实践中，公诉人的首轮发言被称作发表公诉意见。公诉人发表公诉意见，应参考出庭预案，根据法庭调查的情况，概述法庭质证情况、各证据的证明作用，并运用各证据之间的逻辑关系说明被告人的犯罪事实已经得到充分证明。根据被告人的犯罪事实，论证应适用的法律条款并提出定罪及从重、从轻、减轻处罚等意见。在交通肇事犯罪案件中，在发表公诉意见时，要充分论述被告人的违章行为与危害结果的因果关系，被告人所负事故的责任。

2. 法庭辩论。法庭辩论，是在法庭调查的基础上，控、辩双方就被告人的行为是否构成犯罪，以及犯罪的性质、罪行轻重、证据是否确实充分，以及如何适用刑罚等问题，进行互相辩论和反驳的一种诉讼活动。交通肇事犯罪案件中，法庭辩论主要集中在以下几个方面：（1）被告人是否有违反交通运输法规的行为；（2）被告人的违章因为与危害结果的因果关系；（3）被告人在事故中负何种责任；（4）被告人对事故的发生是否具有预见的可能性；（5）被告人是否属于"逃逸"；（6）关于法律适用的辩论、量刑情节的辩论。

第五节　交通肇事罪常见问题和应对

一、关于交通肇事罪中交通事故责任的认定

根据《解释》第2条规定，要构成交通肇事罪，需分清事故责任，只有行为人负全部责任、主要责任或者同等责任的情况下，才能构成交通肇事罪。这里所指的事故责任，应当是指刑事责任，而非行政上的责任。

（一） 道路交通管理法上的责任与刑事责任的关系

在实践中，如果发生交通事故，公安交通管理机关会依据《道路

交通安全法》第 73 条的规定制作交通事故认定书，划分事故责任。司法机关对行政机关作出的交通事故责任认定，一般情况下均直接采用，未再进行实质性审查。对于这一做法，有观点认为，公安机关交通管理部门的道路交通事故认定书，是根据道路交通安全法依法作出，具有法律效力。且公安机关交通管理部门对事故责任的划分更加专业，因此更具客观性。故在交通肇事刑事案件中，只需对公安机关交通管理部门作出的责任认定进行形式审查，而不需进行实质审查。

也有观点认为，公安机关交通管理部门只是根据交通运输管理法规认定责任，这种认定常常是出于交通管理的需要，属于行政责任，并不是刑法上的责任。因此，法院在审理行为人是否构成交通肇事罪时，不能直接采纳交通管理部门的责任认定，而应根据刑法所规定的交通肇事罪的构成要件进行实质性分析和判断。

我们认为，道路交通管理法的目的与刑法的目的存在明显区别，道路交通管理法上的责任，即行政责任，明显不同于刑事责任。也正因为如此，确定道路交通管理法上的责任，并不完全是为了确定刑事责任。所以，实践中刑事司法部门不应当直接根据道路交通安全法确定刑事责任，司法机关在审查交通事故责任时，并不能完全依据公安机关交通管理部门的交通事故认定书划分的事故责任，而应当根据行为人违反道路交通安全法的行为与事故发生的因果关系，认定行为人的责任。

关于道路交通管理法上的责任与交通肇事罪刑事责任的关系，主要表现为以下几种情形：有的道路交通管理法上责任基本上导致刑事责任；有的道路交通管理法上责任根本不可能导致刑事责任；有的道路交通管理法上责任只在行为构成交通肇事罪的前提下影响法定刑的选择与量刑，而不能成为行为人应当承担交通肇事罪刑事责任的根据；有的道路交通管理法上责任是否导致交通肇事罪的刑事责任，不可一概而论，取决于违章行为是否发生结果的原因，以及行为人对行为与结果是否存在刑法上的过失。

（二）交通肇事罪刑事责任的认定注意事项

司法机关在认定刑事责任时，不能仅以交通管理部门的责任认定为根据，而应当以交通肇事罪的构成要件为依据，认定行为人是否承担交通肇事罪的刑事责任，在认定时应当特别注意以下几点：

1. 在交通管理部门认定行为人负事故全部责任或者主要责任的情况下，司法机关必须分析行为人的违章行为是不是造成伤亡结果的原因；如果行为人违章行为并不是造成伤亡结果的原因，行为人不承担交通肇事罪的刑事责任。

2. 在交通管理部门认定行为人负事故全部责任或者主要责任的情况下，司法机关必须判断行为人对伤亡结果是否存在过失；

3. 在交通管理部门根据行为人的多项违章行为认定行为人负事故全部责任或者主要责任的情况下，司法机关必须判断各项违章行为在刑法上的意义与作用；换言之，即使违章行为造成了伤亡结果，且行为人在道交法上负全部责任或主要责任，但如果行为人在刑法上对伤亡结果仅负次要责任，也不应承担交通肇事罪的刑事责任。

4. 交通管理部门基于推定所认定的道路交通法责任，不能作为认定交通肇事罪刑事责任的根据。例如，当事人逃逸的案件，在造成现场变动、证据灭失，交通管理部门无法查证交通事故事实时，交通管理部门会根据相关法规推定逃逸的当事人承担全部责任。但是，司法机关在认定交通肇事罪时，必须查证交通事故的事实真相，而不能推定行为人应当承担刑事责任。

案例：被告人刘某勇于 2008 年领取驾驶证，准驾车型为 B2，于 2010 年 5 月受雇于高某英、王某负责拉矿粉。2010 年 11 月 25 日 13 时许，刘某勇驾驶重型半挂牵引车拉矿粉，途中西行驶至顺义区京平高速进京 22 公里处，适遇王某利驾驶北京东晟花园出租汽车有限公司轿车载乘张某玲、王某香、张某由东向西行驶，出租车前部与重型半挂牵引车右后部相撞，造成出租车内乘车人张某玲、王某香死亡，张某、王某利轻伤。事故后，被害人家属打电话报警，刘某勇在现场帮助抢救伤者，在急救车到达现场后，刘某勇因害怕追究法律责任搭乘其他车辆离开现场。当日 16 时许，民警将刘某勇抓获。经北京市公安顺义分局交通支队认定，刘某勇负事故主要责任，王某利负事故次要责任。北京市顺义区人民法院审理后认为，被告人刘某勇违反交通运输管理法规，驾车发生重大交通事故，造成2人死亡、2人轻伤的严重后果，负事故主要责任且肇事后逃逸，其行为已构成交通肇事罪，应予惩处。被告人刘某勇的犯罪行为给被害人及被害人亲属造成的经济损失应予合理赔偿。鉴于被告人刘某勇肇事后积极抢救伤者，到案后能如实供述自己的行为，结合本案具体情节，对其从轻处罚并宣告缓刑，判处有期徒刑3年，缓刑3年。

该案是一起典型的行刑衔接案件，在实践中由于不同的认识，导致对该案中交通事故责任的划分认定产生了较大分歧。一种意见认为，被告人刘某勇违反交通运输管理法规，在事故发生后逃逸，因此交通管理部门依据道路交通安全法的规定，推定其负事故主要责任于法有据。且交通管理部门是唯一有权认定事故责任的单位，故其作出的事故责任认定可以作为交通肇事罪的定罪依据。另一种意见认为，被告人刘某勇虽然在事故发生后弃车逃逸，但是其逃逸行为是事后行为，与交通事故本身不具有因果关系，因此不能以逃逸行为作为评价其在刑法上承担事故主要责任的依据。

我们认为，交通事故责任认定书的评价责任依据是道路交通安全法，即行政法规上的"责任"，而交通肇事罪中所评价的"责任"是刑法意义上的责任。二者适用的评价标准不同。因为在行政法的范畴中，基于行政管理的需要和对特殊法益的保护，是可以强制分配、推定行政相对人责任的。例如，对于交通肇事后逃逸使得事故责任难以划清的，可以推定逃逸者负全责。然而我们认为，这种推定不能适用于刑事法律。在评价刑事法律中当事人的责任时，必须要考虑行为与危害后果之间的因果关系，不能像行政法律那样将产生后果之后的行为评价为"责任"。因此，在办理交通肇事案件时，必须区分行政法律意义上的责任与刑事法律意义上的责任。

具体到本案中，交管部门确认刘某勇负事故主要责任的依据主要有以下几点：（1）驾驶车型与其准驾车型不符；（2）车辆未经年检；（3）超载行驶；（4）未按照交通信号灯行驶；（5）交通肇事后逃逸。

在这些违规行为中如第二种观点所言，交通肇事逃逸属于事后行为，不是发生事故的原因行为，因此不能以此为由认定被告人具有刑法意义上的责任。同时，虽然车辆未经年检，但是车辆本身没有机械故障，故未年检行为也未使该案中的总体风险升高，不能对该行为归责。此外，虽然行为人未按交通信号行驶，但这一行为发生在事故前很久的时间段，而且其是被追尾车辆，故该行为与事故本身也没有任何直接联系。因而上述两点原因均不是造成事故的原因。但是刘某勇无驾驶此类车型的资格以及超载驾驶是负本次事故主要责任的原因。

首先，从注意义务方面考虑，在认定过失犯罪中，通常情况行为人担负的注意义务是一种"一般人"在从事特定活动中所需尽到的必要注意义务。而在业务活动中，从事相关业务人员的注意义务就要高于"一般人"的标准，特别是在高风险作业的情形下，注意义务的标准就更高。在本案中，驾驶大型重载货车是一种高度危险作业，这就需要行为人在从事此类行业过程中所负有的注意义务要高于一般人的注意义务。被告人刘某勇在没有驾驶此类车辆资格的情形下，从事高危作业，本身就是严重违法行为，违背了该行业人员的基本注意义务。其次，从客观归责方面考虑，被告人刘某勇在无驾驶此类车型资格的情形下，驾车上路行驶，制造了"法所不容的风险"。在法律上，要求驾驶此类车型需要特定资格，说明该行为涉及重大公共安全，需要在法律上作出许可。行为人未取得资格而驾车上路的行为是法律所不允许的。被告人在制造风险的同时，还将这种风险予以实现，即被告人驾驶的车辆超载，导致其在行驶、制动以及变换车道过程中都要比正常载重车辆反应迟缓，以致根据车速鉴定证实，事故发生时，重型半挂牵引车的行驶速度低于60公里/小时。因此，前车由于超载导致速度过于缓慢也是本案后车发生追尾事故的原因。最后，由被告人制造并实现的风险是在可控范围之内。

因此，被告人刘某勇的行为是可以归责的。

二、关于交通肇事罪中"逃逸"的认定

根据《刑法》第 133 条和《解释》第 2 条的规定，交通肇事罪中的"逃逸"包含了两种不同性质的"逃逸"，即作为定罪情节的"逃逸"和作为量刑情节的"逃逸"。

（一）作为定罪情节的"逃逸"

《解释》第 2 条第 2 款规定："交通肇事致一人以上重伤，负事故全部或者主要责任，并具有下列情形之一的，以交通肇事罪定罪处罚：（一）酒后、吸食毒品后驾驶机动车辆的；（二）无驾驶资格驾驶机动车辆的；（三）明知是安全装置不全或者安全机件失灵的机动车辆而驾驶的；（四）明知是无牌证或者已报废的机动车辆而驾驶的；（五）严重超载驾驶的；（六）为逃避法律追究逃离事故现场的。"该规定的第六项表明，在致 1 人以上重伤，负事故全部或者主要责任的情况下，行为人的行为尚不构成交通肇事罪，但如果行为人"为逃避法律追究逃离事故现场"，则行为达到了犯罪的程度，即"逃逸"是交通肇事行为构成犯罪的一个构成要件。对于此种情形的"逃逸"，已在定罪部分予以评价，故不能再次适用刑法规定"逃逸"的情形，不能重复评价。

（二）作为量刑情节的"逃逸"

《刑法》第 133 条规定的三个法定刑档次中，关于第二档、第三档的法定刑规定分别是"交通运输肇事后逃逸或者有其他特别恶劣情节的，处三年以上七年以下有期徒刑""因逃逸致人死亡的，处七年以上有期徒刑"，这两档法定刑中，逃逸都是量刑情节。

1. "交通运输肇事后逃逸"的认定

对于第二档法定刑中的"逃逸"，《解释》第 3 条规定："'交通运输肇事后逃逸'，是指行为人具有本解释第二条第一款规定和第二款第（一）至（五）项规定的情形之一，在发生交通事故后，为逃避法律追究而逃跑的行为。"故根据该条规定，成立交通肇事罪"逃逸"的第二档情节加重犯，应具备三个条件：第一，行为人逃逸之前的交通肇事行

为已经符合基本犯罪构成要件，构成交通肇事罪。第二，行为人明知发生了交通事故而逃逸。如果行为人不明知发生了交通事故，很难说行为人的行为构成"逃逸"，而顶多只能够归属于事实上离开了犯罪现场而已。第三，行为人主观上具有"逃避法律追究"的目的。

有观点将"交通运输肇事后逃逸"总结为以下几种情形，相当具有参考价值：第一，交通肇事当场致人死亡的，或者当场致人重伤后逃逸而未发生死亡的；第二，被害人已当场死亡，行为人误认为没有死亡，而逃离现场，逃避法律追究的；第三，行为人致他人重伤后逃逸，不论其是否了解伤情，以及被害人是否可能死亡，也不论行为人主观上是否放任了被害人死亡，最终被害人是由于与行为人逃逸无关的其他原因而死亡的，即死亡与逃逸行为没有因果关系；第四，行为人给被害人造成了无可挽回的致命伤后，逃离现场，虽然他人立即将被害人送入医院，经抢救无效死亡，或者在送往医院途中死亡，亦即死亡是由交通肇事行为造成的（这种情况下只能构成本罪的基本犯），与行为人的逃逸行为没有因果关系。

在第二档法定刑中的"逃逸"的认定中，还有一个问题值得研究，即"逃逸"是否有时间和地点的限制。具体而言，交通肇事后逃逸是否仅限于行人在肇事后即从交通事故现场逃逸？如果行为人在肇事后并未逃离交通现场，但在案件办理的过程中逃避法律追究，能否认定为交通肇事后逃逸？

我们注意到，尽管《解释》第2条第2款第6项规定的是"为逃避法律追究逃离事故现场"，明确要求作为定罪情节的逃逸仅限于行为人在肇事后从交通事故现场逃逸的情形，但是《解释》第3条的规定却并未限制逃逸的时间和地点，只是规定"在发生交通事故后，为逃避法律追究而逃跑"。从这两条规定的字面差异来看，似乎作为量刑情节的"逃逸"相比作为定罪情节的"逃逸"含义更为宽泛，不仅包括行为人在肇事后逃离事故现场的情形，还包括在案件办理的过程中逃避法律追究的情形。

我们认为，对《解释》第3条的规定宜从相对狭义的范围理解，即作为量刑情节的"逃逸"仅限于肇事后从事故现场逃逸的情形，不能包括在案件办理的过程中逃避法律追究的情形。这是因为：

第一，《刑法》第133条之所以将"逃逸"作为法定刑升格的条件，是因为在交通肇事的场合，往往有需要救助的被害人，进而促使行为人救助被害人。由于行为人的先前行为（包括构成交通肇事罪的行为）使他人生命处于危险状态，产生了作为义务，不履行作为义务的行为，当然能够成为法定刑升格的根据。所以，应当以不救助被害人（不作为）为核心理解和认定逃逸。事实上，犯罪之后逃避法律追究的情形很多，并不仅限于交通肇事罪，刑法之所以只在交通肇事罪中将"逃逸"规定为法定刑升格的条件，其规范目的显然在于促使行为人救助被害人。

第二，在《刑法》第133条规定的第二档、第三档法定刑中，逃逸都是量刑情节，"交通运输肇事后逃逸"和"因逃逸致人死亡"之间显然具有递进关系，因而具有"因逃逸致人死亡"情节的，其法定刑较"交通运输肇事后逃逸"更重，所以，在这两种情节中，只有"逃逸"的含义一致，"交通运输肇事后逃逸"和"因逃逸致人死亡"之间的递进关系才具有合逻辑性。一般而言，"因逃逸致人死亡"只能发生在行为人逃离事故现场的场合，在案件办理的过程中，因行为人逃避法律追究一般不可能发生致被害人死亡的情况。所以，从"因逃逸致人死亡"中的"逃逸"仅限于行为人逃离事故现场，亦可反推出"交通运输肇事后逃逸"中的"逃逸"也仅限于行为人逃离事故现场的情形。

第三，在行为人的肇事行为构成交通肇事罪的情况下，行为人在肇事后未从事故现场逃逸，但在案件办理的过程中逃避法律追究的，如果行为人被依法关押而脱逃，此时应以交通肇事罪和脱逃罪并罚。如果行为人被取保候审为逃避法律追究而脱保，亦可作为从重处罚的情节，以交通肇事罪从重处罚。此时即可较好地解决行为人交通肇事后，在案件办理期间逃避法律追究情形的罪刑均衡问题，没有必要将这种情形牵强地解释为"交通运输肇事后逃逸"。

2. "因逃逸致人死亡"的认定

对于第三档法定刑中的"逃逸",《解释》第5条第1款规定:"因'逃逸致人死亡',是指行为人在交通肇事后为逃避法律追究而逃跑,致使被害人因得不到救助而死亡的情形。"

要适用"因逃逸致人死亡"的情形,就必须要查明逃逸与死亡结果之间存在因果关系。这种因果关系的认定,应当分析,根据被害人当时的受伤情况和时空条件,如果行为人及时救助则不会发生死亡结果,确实是肇事者的逃逸行为致使被害人未得到及时抢救而死亡,如果救助行为并不能阻止死亡结果的发生,即作为行为不具有防止结果的可能,或者死亡结果的最终发生,并非逃逸者逃逸行为所致,而是另外存在独立因果关系,那都不应将致人死亡的责任毫无根据地推至肇事者身上,逃逸事实只能按照"交通肇事后逃逸"这一规定处罚。

案例:被告人方某华于2010年2月8日10时许,无证驾驶时风牌小型方向盘式拖拉机由北向南倒车行驶,至北京市密云县密兴路大城子镇供电所西侧路段,适遇马某有驾驶两轮摩托车由东向西行驶,小型拖拉机与摩托车接触,造成马某有右侧额脑挫裂伤、蛛网膜下腔出血,右侧额颞硬膜下肿等损伤,经法医鉴定,马某有的损伤程度为重伤。发生事故后,被告人方某华将肇事车辆驶离事故现场逃逸。

二审北京市第二中级人民法院经审理认为,原审被告人方某华违反交通运输管理法规,无证驾驶机动车辆,致1人重伤,并负事故的全部责任且事后逃逸,其行为已构成交通肇事罪,鉴于方某华认罪态度较好,可以对其酌予从轻处罚,判处有期徒刑3年。

本案的主要问题是方某华驾驶车辆逃离现场,是否属于"肇事后逃逸",对此存在两种不同的意见。一种意见认为,方某华的行为构成交通肇事罪,但不属于"肇事后逃"。交通管理部门认定事故责任时,已经对"逃逸"情节进行了评价,以逃逸情节认定方某华承担事故的全部责任,且按照《解释》的规定,第2条第2款第1项至第6项为并列关系而非选择适用关系,也就是说,其无驾驶资格和肇事后逃逸均是定罪情节,在量刑时不能重复评价。

另一种意见认为，方某华的行为构成交通肇事罪，并且系"肇事后逃逸"。根据《解释》第3条规定，行为人的行为符合《解释》第2条第2款第1项至第5项情形之一，又有为逃避法律追究而逃跑的行为，则应当认定为"肇事后逃逸"。方某华无证驾驶机动车辆发生交通事故致1人重伤，符合《解释》第2条第2款第1项之规定且负事故全部责任，已经构成交通肇事罪，之后又具有逃跑的情节，因此其行为应当认定为交通肇事罪，且为肇事后逃逸。

我们认为，方某华的行为系"肇事后逃逸"，理由如下：

第一，在本案中，方某华没有驾驶资格，且在行驶中，违规倒车，从而导致与后方行驶的车辆发生碰撞，致使1人重伤，被害人马某有系正常驾驶，不存在违反交通规则的行为，且可以排除意外事件的可能性，故无论其是否逃逸，方某华都应当对事故负全部责任。

第二，"禁止重复评价原则"仅要求刑法对同一行为不得反复评价，而不排斥把同一行为先后作为认定行政责任与刑事责任的依据。在本案中，方某华"逃逸"，从而负事故的全部责任，仅是对其行政责任意义上的评价，而不是认定其在刑事责任中负全部责任的评价，故也不存在重复评价的问题。

在本案中，方某华"无驾驶资格驾驶机动车辆"和"为逃避法律追究逃离事故现场"。此时，应当先考察入罪条件，再考察量刑条件。无证驾驶致1人重伤，且负事故的全部责任，方某华构成交通肇事罪的全部条件均已经满足。此时，对方某华的逃逸情节，可以直接适用《解释》第3条之规定，认定其构成肇事后逃逸。

案例：周某杰于2000年10月24日19时前后，驾驶大货车为本单位某工地清运渣土。当其驾车行经海淀区阜石路阜永路口，在由南向东右转弯时，刮倒了骑自行车的鲁某富，右后侧车轮碾轧鲁某富的身体，致鲁某富当场死亡。被告人周某杰当时虽已感觉车身颠了一下，但其并没有停车，而是驾车离开事故地点，继续到工地拉渣土。当其在返程中再次经过事故地点时，见有交通民警正在勘查现场，即向单位领导报告自己可能撞了人了，并于同日向北京市海淀区公安交通管理部门投案自首。经北京市公安交通管理局海淀交通支队现场勘查认定，周某杰对此事故负全部责任。

北京市海淀区人民法院认为，被告人周某杰驾驶大型货车，在行驶过程中发现情况不及时，处理不当，造成1人死亡的重大交通事故，构成交通肇事罪。但是，被告人周某杰由于没有意识到交通事故的发生而离开现场，不能认定为"交通肇事后逃逸"，考虑到被告人周某杰案发后能够主动投案自首，具有自首的法定从轻情节，并且被告人周某杰在案发后，能够积极主动地赔偿被害人亲属的经济损失，判处有期徒刑1年6个月，缓刑2年。

本案涉及的主要问题是周某杰是否属于"交通肇事后逃逸"问题。

在本案中，被告人周某杰驾车行经海淀区阜石路阜永路口，由南向东右拐时，没有进行仔细观察，而挂倒了骑自行车的被害人鲁某富，致使右后侧车轮碾轧鲁某富的身体，致鲁某富当场死亡的后果。被告人周某杰的行为构成交通肇事罪应无疑义。那么，周某杰离开现场的行为，是否属于交通肇事后逃逸的加重情节呢？

我们认为，在交通肇事后，离开事故现场的情况下，行为人要构成交通肇事后逃逸必须符合以下两种情形。其一，行为人对发生交通事故及自己的逃逸行为必须有明确的认识；其二，行为人必须主观上具有逃避法律追究的故意。在本案中，周某杰的行为不构成交通肇事后逃逸，这是因为：（1）在交通事故发生后，被告人周某杰虽然离开了事故现场，但是，周某杰并没有认识到发生了交通事故。这可以从被告人在发生交通事故后，没有不合理地改变既定路线等异常行为中得到证明。另外，被告人对自己的逃逸行为也没有明确的认识。既然被告人对发生的交通事故没有认识，他离开现场的行为就不具有逃逸的性质。（2）被告人主观上不具有逃避法律追究的故意。在发生交通肇事的当时，被告人只是感觉到车身颠了一下，主观上并不知道发生了交通事故，其之后离开现场的行为是运送渣土的正常行为，而没有丝毫地逃避法律追究的意识。从被告人事后又驾车返回事故现场，见有交通民警在现场勘查即向单位领导报告，随后又向公安部门自首等一系列行为可以判断，被告人主观上不具有逃避法律追究的故意，不然就不会立即返回现场并向公安部门自首了。另外，从行为人的整个行为过程来看，被告人周某杰在肇事过程中虽感觉到车身颠了一下，但并没有停车，不知道事故发生，其后来也并没有不合理地改变既定路线等异常行为，在意识到可能肇事之后即向单位领导报告，随后又投案自首并主动赔偿被害人亲属的经济损失，这些都表明被告人离开现场的行为不是"交通肇事后逃逸"。

综上所述，我们认为在交通事故发生后，虽然被告人周某杰离开了现场，但其主观上没有逃避法律追究的故意，不能认定为"交通肇事后逃逸"。

三、校园、小区内的道路，是否属于公共交通管理范围

根据《解释》第 8 条的规定，在实行公共交通管理的范围内发生重大交通事故的，依照《刑法》第 133 条和《解释》的有关规定办理。在公共交通管理的范围外，驾驶机动车辆或者使用其他交通工具致人伤亡或者致使公共财产或者他人财产遭受重大损失，构成犯罪的，分别依照《刑法》第 134 条（重大责任事故罪）、第 135 条（重大劳动安全事故罪）、第 233 条（过失致人死亡罪）等规定定罪处罚。故确定公共交通管理范围对驾驶机动车辆致人伤亡或者公私财产遭受重大损失行为的定性至关重要。

公共交通管理范围内，应当是指纳入公安交通管理机关管理范围内的道路。所谓道路，根据《道路交通安全法》第 119 条规定，是指公路、城市道路和虽在单位管辖范围但允许社会机动车通行的地方，包括广场、公共停车场等用于公众通行的场所。对于公路和城市道路比较好理解，但现行法律法规对哪些是"虽在单位管辖范围但允许社会机动车通行的地方"未作明确规定，这就需要我们在遇到具体问题时综合判断。

一般而言，机关、企事业单位、厂矿、学校、封闭的住宅小区等内部道路均不属于公共交通管理范围。在上述区域道路上因使用交通工具致人伤亡，在排除行为人出于主观故意以及不能构成过失以危险方法危

害公共安全罪的情况下，如构成过失犯罪，需要定罪处罚的，不能按交通肇事罪处理。原则上讲，一般应首先考虑以过失致人死亡罪追究刑事责任，如该行为同时又符合重大责任事故罪或重大劳动安全事故罪的构成要件，则应按特别法条优于普通法条的适用原则，以重大责任事故罪或重大劳动安全事故罪等罪名追究刑事责任。

具体而言，有以下情形。

其一，在工厂、矿山、林场、建筑企业或者其他企业、事业单位内部交通范围内，一般不允许社会车辆通行，如该单位职工使用交通工具违章生产作业，而发生重大伤亡事故或者造成其他严重后果，应以重大责任事故罪追究刑事责任；如该职工使用交通工具但并非从事单位的生产作业，虽造成重大伤亡事故或者造成其他严重后果，仍应以过失致人死亡罪追究刑事责任。如果该单位用于生产、运输的交通工具不符合国家劳动安全规定，经有关部门或人员提出后，仍不采取措施，因而发生重大伤亡事故或者造成其他严重后果，应以重大劳动安全事故罪追究相关责任人的刑事责任；如不符合上述情况，虽因使用交通工具造成重大伤亡事故或者造成其他严重后果，仍应以过失致人死亡罪追究行为人的刑事责任。

其二，允许社会机动车通行的校园道路属于道路交通安全法规定的道路，即属于公共交通管理范围。

对小区内的道路是否属于公共交通范围内的道路，应当区分情况。具体而言，小区对社会车辆的管理方式有以下三种：

第一种是开放式管理，即小区管理者在小区进出口未设置卡点，或者虽设置卡点，但从未拦截，社会车辆无需任何手续即可自由进出并在小区内停放。

第二种是半开放半封闭式管理，即在小区进出口设卡拦截，社会车辆若要进出小区，需要受访业主的同意、登记车牌号或者交纳一定的停车、通行费用。

第三种是封闭式管理，即在小区进出口设卡拦截，非业主车辆一律不允许通行，或者征得受访业主同意后，来访车辆停放在小区指定区域。

其中，第一种管理方式下的小区道路属于典型的"允许"社会车辆通行的"公共交通管理范围内道路"；第三种管理方式下的小区道路则相反，不属于"道路"；

对于第二种管理方式下的小区道路的性质，应当进一步区分情况。如果来访车辆经业主同意后可停放，因其进出小区的条件建立在来访者与受访业主的亲友关系之上，对象相对特定，范围相对较小，不具有公共性，不属于允许社会车辆通行的地方；若社会车辆只要登记车牌号或者交纳一定费用，即可进出小区、在小区内停放，则其通行条件并无特定的人身依附关系，对象不特定，范围面向社会大众，属于允许社会车辆通行的地方。因为，对道路的认定关键在于对道路"公共性"的理解。而何谓"公共"，其最本质的特征在于对象的不特定性。

案例：2010年10月16日晚，李某铭大量饮酒后驾驶黑色大众迈腾汽车前往河北大学新校区接人。李某铭驾车驶入该校生活区南门后，驾车超速行驶（该校生活区内限速5公里/小时）。当李某铭驾车行至该校生活区易百超市门前时，将前面正在练习轮滑的陈某凤撞到车前机盖上后落地，亦将扶助陈某凤练习轮滑的张某晶撞倒在地。肇事后，李某铭继续驾车行至该校某宿舍楼，接上其朋友后驾车返回，途经事发地点仍未停车，行至生活区南门时被校保安人员拦停，后被带至公安机关。陈某凤因颅脑损伤，经抢救无效死亡；张某晶受轻伤。经鉴定，李某铭所驾汽车碰撞前的行驶速度为45—59公里/小时，李某铭血液酒精含量为151毫克/100毫升，系醉酒超速驾驶。经交通管理部门认定，李某铭负事故全部责任。

望都县人民法院认为，被告人李某铭违反交通运输管理法规，在校园内醉酒驾车、超速行驶，发生重大交通事故，致一人死亡、一人轻伤，负事故全部责任，且在交通肇事后逃逸，其行为构成交通肇事罪，且犯罪情节恶劣，后果严重，构成交通肇事罪。案发后，李某铭的近亲属积极代为赔偿被害方的经济损失，取得了被害方的谅解，且李某铭当庭自愿认罪，悔罪态度较好，对其可酌情从轻处罚，判处有期徒刑

6年。

被告人李某铭交通肇事路段河北大学新校区生活区道路是否属于道路交通安全法规定的"道路"，有两种意见：第一种意见认为，根据《道路交通安全法》第119条第1项关于"道路"的规定，本案的案发地点不属于公共交通管理的范围，不属于道路交通安全法规定的"道路"，本案属于发生在公共交通管理范围之外驾驶机动车辆过失致人伤亡的情况，应当以过失致人死亡罪定罪处罚。第二种意见认为，本案的案发地点属于道路交通安全法规定的"道路"，李某铭肇事地点为河北大学新校区生活区，河北大学管理委员会安保部出具证明证实了该校新校区生活区允许社会公共车辆通行，说明河北大学新校区生活区的道路属于道路交通安全法规定的"虽在单位管辖范围但允许社会机动车通行的地方"。李某铭醉酒后过于轻信自己的驾驶能力，在校园道路超速驾驶，发生交通事故致一人死亡、一人轻伤，负事故全部责任，其行为构成交通肇事罪。

我们认为，李某铭驾车肇事地点位于河北大学新校区生活区路段属于道路交通安全法规定的"道路"，李某铭醉驾肇事的行为构成交通肇事罪。虽1988年公布施行的《道路交通管理条例》第2条规定："本条例所称的道路，是指公路、城市街道和胡同（里巷），以及公共广场、公共停车场等供车辆、行人通行的地方。"以及最高人民法院2000年的《解释》将"道路"明确为实行公共交通管理的范围，将机关、企事业单位、校园、厂矿等单位内部管辖的路段排除在"道路"的范围之外。但2004年公布施行的《道路交通安全法》修改了"道路"的含义，扩大了公共交通管理的范围，将"道路"的范围明确为"公路、城市道路和虽在单位管辖范围但允许社会机动车通行的地方，包括广场、公共停车场等用于公众通行的场所"，把单位管辖范围内允许社会车辆通行的路段纳入"道路"范围。而本案肇事地点位于河北大学新校区生活区，虽属单位管辖范围，但系开放式园区，具有比较完善的社会服务功能，社会车辆只需登记车号就可以进出生活区南门，门口也设有限速5公里的交通标志，说明河北大学对其新校区生活区的路段是按照"道路"进行管理的，故该生活区内的道路属于道路交通安全法规定的"虽在单位管辖范围但允许社会机动车通行的地方"。

案例：2001年11月9日18时许，李某英无证驾驶一辆无牌号摩托车，在华北石油天津物资转运站大院内行驶时，将正在散步的张某琴撞倒。李某英随即同他人将张某琴送到医院，经抢救无效死亡。李某英在医院内被接到报警后前来的公安人员抓获。

西青区人民法院认为，被告人李某英无证驾驶无牌号摩托车，在非公共交通范围内，撞倒他人，致人死亡，且负全部责任，其行为已构成过失致人死亡罪，鉴于李某英在事故发生后，为抢救被害人而未能自动投案，到案后能够如实供述本人罪行，虽不能认定为自首，但应当作为酌定从宽量刑情节予以考虑，且李某英能够积极赔偿被害人损失，判处有期徒刑2年，缓刑2年。

最高人民法院《解释》第8条规定，在公共交通管理范围外，驾驶机动车辆或者使用其他交通工具致人伤亡或者致使公共财产或者他人财产遭受重大损失，构成犯罪的，分别依照《刑法》第134条重大责任事故罪、第135条重大劳动安全事故罪和《刑法》第233条过失致人死亡罪的规定定罪处罚。

所谓公共交通管理范围内，应当是指纳入公安交通管理机关管理范围内的道路。一般而言，机关、企事业单位、学校、封闭的住宅小区等内部道路均不属于公共交通管理范围。在上述区域道路因使用交通工具致人伤亡，在排除行为人出于主观故意以及不能构成过失以危险方法危害公共安全罪的情况下，如构成过失犯罪，不能按交通肇事罪处理，一般应当以过失致人死亡罪或重大责任事故罪或重大劳动安全事故罪定罪处罚。

本案被告人李某英无证驾驶一辆无牌号摩托车，在华北石油天津物资转运站大院内这一非公共交通管理范围内行驶时，将正在散步的张某琴撞死，不能以交通肇事罪追究刑事责任。但李某英的行为符合过失致人死亡罪的构成要件，应当以过失致人死亡罪追究其刑事责任。

四、如何区分酒驾下交通肇事罪与以危险方法危害公共安全罪

酒后驾车造成危害后果的行为，应认定为以危险方法危害公共安全罪还是交通肇事罪存在极大争议，这一问题不只与个案中具体事实相关，更重要在于对两罪之间关系的认识。

（一）交通肇事罪与以危险方法危害公共安全罪的区别

交通肇事罪是指违反交通运输管理法规，因而发生重大交通事故，致人重伤、死亡或者使公私财产遭受重大损失的行为。

以危险方法危害公共安全罪是指采用除放火、爆炸、决水、投放危险物质以外的且与上述手段危险性相当的危险方法，故意危害公共安全的行为。

交通肇事罪与以危险方法危害公共安全罪均规定在《刑法》第2章危害公共安全罪中，侵害客体均属公共安全范畴，对主体也无特殊要求，均系一般主体，这两个要件基本相同，两罪的区别主要在于两罪的客观构成要件及相应的主观心理。

以危险方法危害公共安全罪要求客观方面实施以放火、决水、爆炸、投放危险物质之外的其他方法危害公共安全的行为，主观上对实施此危害行为持故意的心理态度，包括直接故意与间接故意。交通肇事罪客观上需实施违反交通运输管理法规的行为，因此发生重大事故，违规行为和重大事故之间具有因果关系。主观方面，一般认为，行为人对违反交通法规是明知，但对危害结果的发生则是过失的心理态度，包括过于自信的过失与疏忽大意的过失。

（二）酒驾下交通肇事罪与以危险方法危害公共安全罪的区分

交通肇事罪与以危险方法危害公共安全罪虽然都是危害公共安全类犯罪，但两者的主观要件和客观要件均不相同，一般情况下，不难区分。但在酒后驾车，特别是醉驾、飙车情况下，发生严重交通事故后，

对行为人如何定性，是构成以危险方法危害公共安全罪还是交通肇事罪，则需要在具体案件中予以区分。

醉酒驾车肇事行为在何种情况下与放火、决水、爆炸等危害公共安全行为在性质上相当，要在具体案件中根据行为的时间、地点、方式、环境等情况来具体分析判断，不能单纯以危害后果来判断醉酒驾车肇事行为是否构成以危险方法危害公共安全罪。

最高人民法院 2009 年 9 月印发《关于醉酒驾车犯罪法律适用问题的意见》（以下简称《意见》）第 1 条规定，行为人明知酒后驾车违法、醉酒驾车会危害公共安全，却无视法律醉酒驾车，特别是在肇事后继续驾车冲撞，造成重大伤亡，说明行为人主观上对持续发生的危害结果持放任态度，具有危害公共安全的故意。对此类醉酒驾车造成重大伤亡的，应依法以以危险方法危害公共安全罪定罪。

根据上述意见的规定，酒后驾车肇事的行为分为三种情形：

第一种情形是醉酒驾驶肇事后，立即停止行驶，即所谓一次碰撞，除非有确实、充分的证据，一般情况下都是认定行为人对危害结果持过失态度，进而以交通肇事罪论处。

第二种情形是醉酒驾车肇事后，为避免造成其他危害后果采取紧急制动措施，但因惊慌失措，而发生二次碰撞，其主观罪过为过失。同时符合过失以危险方法危害公共安全罪和交通肇事罪的构成要件的，因二者对应的法条具有一般条款与特别条款的关系性质，以交通肇事罪定罪更为妥当。

第三种情形是醉酒驾车肇事后，继续驾车行驶，以致再次肇事，造成更为严重的后果，即也发生二次碰撞。这种情形明显反映出行为人不计醉酒驾驶后果，对他人伤亡的危害结果持放任态度，主观上具有危害公共安全的间接故意，应当构成以危险方法危害公共安全罪。

当然，关于罪过，应当结合行为人是否具有驾驶资质、是否正常行驶、行驶速度、车况路况、能见度、案发地点车辆及行人多少、肇事后的表现以及行为人关于主观心态的供述、相关证人的证言等情况，进行综合认定。

　　需要说明的是，仅发生一次冲撞行为还是有二次或者二次以上冲撞行为，只是体现行为人对危害后果所持意志状态的一个方面，不能将此作为区分交通肇事罪与以危险方法危害公共安全罪的唯一标准。对于仅发生一次冲撞行为的情形，并非绝对排除构成以危险方法危害公共安全罪的可能。对于具有以下情形之一，确有证据证实行为人明知酒后驾车可能发生交通事故，仍执意驾车，导致一次冲撞发生重大伤亡的，仍然可能依法构成以危险方法危害公共安全罪：（1）行为人曾有酒后驾车交通肇事经历的；（2）在车辆密集的繁华地段故意实施超速 50% 以上驾驶、违反交通信号灯驾驶、逆向行驶等严重威胁道路交通安全的行为；（3）驾车前遭到他人竭力劝阻，仍执意醉驾的；等等。这些情节在一定程度上反映出行为人对危害后果可能持放任心态。

　　案例：2009 年 10 月 31 日中午，被告人杜某在淮安市楚州区淮城镇豪城大酒店宴请他人，酒后与他人同到浴室洗浴休息。同日 17 时许，杜某经休息，认为驾车已无碍，遂驾驶一辆小型普通客车回楚州区流均镇。约 17 时 40 分，杜某驾车沿 306 县道（楚流路）由西向东行驶到 27km + 550m 处时，因对路面情况疏于观察，撞击到同向在路边靠右行走的被害人苏某泽、张某、徐某、苏某，致苏某泽、张某、徐某当场死亡，苏某受伤。杜某随即停车，拨打 110 电话报警。经鉴定，杜某血液酒精含量为 88 毫克/100 毫升。交通管理部门认定，杜某负事故的全部责任。

　　淮安市楚州区人民法院认为，被告人杜某具有 14 年驾龄，肇事时天色已晚，且是阴雨天气，能见度较低，且肇事后杜某立即采取刹车措施，并拨打报警电话，由此体现出其未对危害后果持希望或者放任态度，不能认定其行为构成以危险方法危害公共安全罪。杜某违反交通运输管理法规，因而发生重大事故，致 3 人死亡、1 人受伤，其行为构成交通肇事罪，判处有期徒刑 7 年。

　　本案是一起酒后驾车肇事造成三死一伤重大事故的刑事案件，在审理过程中对被告人杜某的行为定性有两种不同意见：一种意见认为，杜某明知酒后驾车违法、醉酒驾车会危害公共安全，无视法律醉酒驾车，造成三死一伤的重大伤亡结果，已危害不特定多数人的人身和财产安全，其行为构成以危险方法危害公共安全罪。另一种意见认为，杜某中午饮酒后并没有立即开车，而是休息到17时前后才开车，开车撞人后没有继续驾车冲撞，而是立即采取制动措施，表明其对可能发生的危害后果持轻信能够避免的过失心态，其行为构成交通肇事罪。

我们认为，杜某的行为构成交通肇事罪。具体理由如下：

第一，被告人杜某在主观上系过于自信的过失，而非间接故意。

主要是基于以下三点理由：（1）杜某为避免危害后果发生采取了一定的措施。杜某饮酒后并未立即开车，而是休息数小时后才开车，表明其已经认识到酒后开车对公共安全有较大的危险，并为避免发生这种危险而采取了一定的措施。虽然这项措施客观上没有完全消除醉酒状态，但反映出行为人主观上既不希望也不放任危害后果发生的心态。（2）当杜某意识到其驾驶的汽车撞人后立即采取了制动措施，并下车查看情况，发现确实撞到人后立即报警，表明其并非不顾危害结果的发生，而是对危害后果的发生持反对、否定的态度。（3）杜某的行车速度比较正常，从现场刹车印迹分析，肇事时车速为68—71公里/小时，不属于超速行驶，表明杜某不具有因醉酒后过于兴奋而超速驾车放任危害后果发生的故意。

第二，被告人杜某在客观上仅实施了一次撞击的行为。

2009年下发的《意见》第1条规定，行为人明知酒后驾车违法、醉酒驾车会危害公共安全，却无视法律醉酒驾车，特别是在肇事后继续驾车冲撞，造成重大伤亡，说明行为人主观上对持续发生的危害结果持放任态度，具有危害公共安全的故意。对此类醉酒驾车造成重大伤亡的，应依法以以危险方法危害公共安全罪定罪。从这一规定出发来分析，行为人发生二次或者二次以上冲撞的，行为人对其行为造成的后果持放任态度的可能性大，倾向认定为以危险方法危害公共安全罪；而行为人仅发生一次冲撞、造成严重后果的，行为人对其造成的后果持反对、否定的可能性大，故倾向认定为交通肇事罪。《意见》所配发的黎景全、孙伟铭醉酒驾车肇事案均是典型的醉酒驾车连续冲撞的案例。而本案被告人杜某仅发生一次冲撞。现场勘验、检查笔录证实，肇事车辆的制动痕迹从路边斜向路中，有一连续的长 26.3 米的刹车痕迹，之后肇车辆停驶，没有再发动。四名被害人被车撞倒的位置分布在制动痕迹起点前后，止于停车位置，其中三名被害人倒地的位置均在制动起点之后。这充分说明杜某驾车撞击被害人系一个连续不间断的过程，且其发现撞人后立即踩刹车制动，只实施了一次撞击行为，而非发现撞人之后停车再开再撞。多名目击证人亦证实这一情节。故对杜某宜以交通肇事罪论处。

五、交通肇事罪自首的认定

（一）关于自首制度的法律规定

我国《刑法》第 67 条规定，犯罪以后自动投案，如实供述自己的罪行的，是自首。对于自首的犯罪分子，可以从轻或者减轻处罚。其中，犯罪较轻的，可以免除处罚。

被采取强制措施的犯罪嫌疑人、被告人和正在服刑的罪犯，如实供述司法机关还未掌握的本人其他罪行的，以自首论。

从刑法的规定来看，自首的成立需具备两个条件，自动投案和如实供述自己的罪行。

所谓自动投案，是指犯罪分子犯罪以后，归案之前，出于本人的意愿而主动向司法机关或者个人承认自己的犯罪事实并自愿置于司法机关或个人的控制之下，接受进一步交代自己犯罪事实的行为。

如实供述自己的罪行，是指犯罪嫌疑人自动投案后，如实交代自己的主要犯罪事实。

（二）关于交通肇事罪中自首问题的理论争议

在理论和实践中，对于交通肇事罪中自首问题的认定一直存在讨论。对于交通肇事罪中是否存在自首问题，理论界主要存在否定论与肯定论两种不同的观点。

持否定论者认为，自首是不存在交通肇事罪中的。《道路交通安全法》第 70 条第 1 款规定，在道路上发生交通事故，车辆驾驶人应当立即停车，保护现场；造成人身伤亡的，车辆驾驶人应当立即抢救受伤人员，并迅速报告执勤的交通警察或者公安机关交通管理部门。因抢救受伤人员变动现场的，应当标明位置。乘车人、过往车辆驾驶人、过往行人应当予以协助。根据这条规定，肇事后主动报案、保护好现场、抢救被害人等行为属于道路交通安全法和其他交通法规等行政法所规定的行政义务，不应认定为自首，如果再次认定为自首，则属于重复评价。

持肯定论者认为，自首属于《刑法》总则的规定，除分则特别规定外，均应适用于《刑法》分则规定的所有犯罪，交通肇事罪和其他分则罪一样，可以成立自首，且不存在重复评价的问题。

我们认为，否定论提出的理由难以成立，《刑法》总则规定的自首制度，应当适用于《刑法》分则规定的每一个犯罪。除非《刑法》分则有特别规定，否则《刑法》总则的规定就必须适用于分则。因此，《刑法》第 133 条关于交通肇事罪的规定，并没有排除自首制度的适用。

在一起交通事故发生后，有可能同时存在行政责任和刑事责任。这两种责任并不相互否定和排斥。行政法规定的义务与自首并不矛盾，不能因为行为人的行为属于履行行政义务，就直接否认其为自首，实现了行政法的目的并不当然也实现了刑法的目的。《道路交通安全法》第 70 条对肇事者规定义务，是为了正确确定肇事者的责任（保护现场）和迅速救助受伤人员（立即抢救受伤人员）。而刑法规定自首的根据，一是因为行为人有悔罪表现，特殊预防的必要性减少（法律理由），二是为了减轻刑事司法的负担（政策理由）。所以，履行道路交通安全法规定的行政义务，并不意味着对自首的否认。

进一步来说，将肇事者履行《道路交通安全法》第 70 条规定的行政义务的行为认定为刑法上的自首，不存在重复评价问题。况且履行《道路交通安全法》第 70 条规定的行政义务的行为，也并不成立自首，因为自首还要求行为人如实供述自己的犯罪事实。如前所述，履行行政义务与成立自首不是等同关系。至为明显的是，行为人虽然保护现场、抢救伤者并报警，但并不承认自己是肇事者即并不如实供述自己的罪行的，纵然履行了行政义务，也不符合自首条件。所以，履行行政义务同时符合自首条件的，成立自首。既然履行行政义务与自首并非等同，那么，就不存在将履行行政义务的行为进行重复评价的问题。换言之，不履行《道路交通安全法》第70条规定的行政义务，所承担的是行政法的法律后果；况且，履行《道路交通安全法》第70条规定的行政义务，虽然可能避免其在行政法上承担更为严重的责任，但并没有成为行政处罚的从轻、减免情节，当然可能成为刑法上的从轻、减免情节（认定为自首），这里不存在所谓重复评价的问题。

肯定论者提出的交通肇事罪中成立自首已被大多数人所接受，但因交通肇事罪在立法上分为三个量刑档次，肯定论又分化为三种认识：

一是狭义说。交通肇事罪是一种特殊的过失犯罪，自首一般只存在于肇事后逃逸的情况中。

二是广义说。自首存在于交通肇事的各个阶段，贯穿三个量刑档次。肇事逃逸后自动投案的构成自首，而肇事后积极进行抢救并向有关机关投案的，也应当认定为自首。只要行为人肇事后有主动向有关机关或人员报案并听候处理的情节，就应认定为自首，予以从宽处理。肇事后畏罪潜逃，后又自动投案、如实供述罪行，并接受审判的，同样应认定为自首，只在从宽处罚的幅度有所不同。

三是折中说。交通肇事罪分为逃逸后的自首和肇事后能逃跑而不逃跑的自首。肇事后逃跑又自动归案的自首即狭义说中的主张；肇事后能逃跑而不逃跑的自首则窄于广义说的主张范围。逃跑后又自动归案的自首是一般情形，能逃跑而不逃跑的自首是例外。

狭义说和折中说的观点都在一定程度上认为行政法法定义务排斥自首的适用，将自首的适用禁锢于逃逸之后，上文已经论述过，交通肇事者履行行政义务与刑法上的自首规定既不矛盾，也无重复评价。折中说中所主张的"能逃跑而不逃跑的自首"不仅要考虑案发现场的具体情况，还要考虑当事人的主观心态。在实践中难以认定和操作。

2010年12月28日，最高人民法院发布《关于处理自首和立功若干具体问题的意见》，进一步规范了自首、立功的认定标准，不仅严格了认定程序，还明确了从宽处罚的幅度。

交通肇事后保护现场、抢救伤者、向公安机关报告的，因为这种情形符合《刑法》总则关于自首的规定，所以应当认定为自首。但是，《道路交通安全法》第 70 条规定交通肇事后应当保护现场、抢救伤者、向公安机关报告，犯罪嫌疑人实施的上述行为同时也是履行法定义务的行为，所以，对其是否从宽、从宽的幅度要适当从严掌握。至于交通肇事逃逸后自动投案，如实供述自己罪行的，应认定为自首，但应依法以较重法定刑为基准，视情况决定对其是否从宽处罚和从宽处罚的幅度。

《关于处理自首和立功若干具体问题的意见》表明，交通肇事后保护现场、抢救伤者、向公安机关报告并如实供述的情形符合《刑法》总则关于自首的规定，应当认定为自首。虽然自首行为的内容与道路交通安全法和其他交通法规所规定的行政义务有部分相同，但两者并不矛盾，而是同时进行的，不影响对自首行为的定性。由此可见，交通肇事罪中成立自首，并贯穿于三个量刑档次。交通肇事后保护现场、抢救伤者、向公安机关报告发生了交通肇事案件，承认自己肇事并如实供述的，应当认定为自首。而交通肇事逃逸后自动投案，如实供述自己罪行的，应认定为自首，但在量刑时应依法以较重法定刑为基准，视情况决定对其是否从宽处罚和从宽处罚的幅度。

六、关于交通肇事罪的共犯认定

（一）关于交通肇事罪共犯的法律规定

我国《刑法》第 25 条规定，共同犯罪是指二人以上共同故意犯罪；二人以上共同过失犯罪，不以共同犯罪论处；应当负刑事责任的，按照他们所犯的罪分别处罚。因交通肇事罪属于典型的过失犯罪，故根据上述规定以及刑法理论，交通肇事罪不成立共同犯罪。

2000 年最高人民法院《关于审理交通肇事刑事案件具体应用法律若干问题的解释》（以下简称《解释》）颁布，该解释第 5 条第 2 款规定："交通肇事后，单位主管人员、机动车辆所有人、承包人或者乘车人指使肇事人逃逸，致使被害人因得不到救助而死亡的，以交通肇事罪的共犯论处。"上述司法解释的规定，在司法实践中肯定了交通肇事罪的共犯。

（二）关于交通肇事罪成立共同犯罪的理论争议

《解释》关于交通肇事罪共犯的规定一颁布，刑法学界就立即展开了对这一规定评价的争论。迄今为止，关于交通肇事罪的共犯问题，学界有肯定论与否定论两种观点。肯定论认为，司机肇事引发交通事故是过失的，对肇事行为不存在按照共犯处罚的问题。但是，鉴于《刑法》第133条将逃逸这种故意实施的行为规定为交通肇事罪加重处罚的情节，而且在肇事后逃逸的问题上，肇事人主观上是故意的，其他人指使其逃逸，具有共同的故意，而且逃逸行为与被害人死亡之间具有因果关系，符合共犯的构成条件。肇事人对因逃逸致使被害人死亡这一结果的心态已经不是过失，而是故意（一般为间接故意）。肇事人将他人撞伤，这一行为导致产生救助被害人的法律责任，因逃跑而不履行此义务便构成了刑法上的不作为；逃跑时由于逃避法律追究心切而置被害人的死活于不顾，被害人因得不到救助而死亡，肇事人对死亡结果持放任心态是毫无疑义的。因逃逸致人死亡，是不作为形式的故意犯罪。有关人员出于不同动机指使肇事人逃逸时，对被害人的死亡结果实际上也是持放任态度。在客观上，肇事人逃跑是在有关人员"指使"下产生的，两者之间存在因果关系。有共同故意和共同行为，当然可以构成共同犯罪。"交通肇事后逃逸"的行为不仅仅是一个量刑情节，特定情况下，它还是定罪情节。尽管先前的致人重伤的肇事结果是由驾车者的行为所引起的，但是，此时尚不构成交通肇事罪。只有在行为人还具有逃逸而致使被害人死亡的情况下，才构成犯罪。即在这种场合下行为人之所以构成交通肇事罪，主要是因为行为人故意实施了不作为行为。因此，"单位主管人员、机动车辆所有人、承包人或者乘车人"在他人交通肇事后，教唆他人逃逸，致使被害人死亡的场合，他们之间具有共同的逃逸行为和逃逸故意，完全具备成立共同犯罪的条件，可以成立共同犯罪。

否定论认为，此处肇事者和指使逃逸者之间没有共同引起交通肇事结果的行为，只是在事后的逃逸行为这一点上，有共同的行为。但是，交通肇事之后的逃逸行为，在现行刑法中，只是一个量刑情节，本身并没有被单独看作交通肇事罪。交通肇事后，单位主管人员、机动车辆所有人、承包人或者乘车人指使肇事人逃逸，这是一种事后行为，与肇事人没有共同的肇事行为，行为人指使逃逸时的心理状态也不是交通肇事的过失，因而与肇事人在主观上也不具有共同肇事的共同过失，所以，不能成立交通肇事的共同犯罪。在单位主管人员、机动车辆所有人、承包人以及乘车人指使肇事人逃逸的情况下，单位主管人员、机动车辆所有人、承包人以及乘车人与肇事人只有"逃逸"的共同故意和"逃逸"的共同行为，而没有"肇事"的共同故意和"肇事"的共同行为，因为肇事是由肇事人自己违章驾驶所导致的，与单位主管人员、机动车辆所有人、承包人以及乘车人并无关系，即他们对肇事人违反交通运输管理法规并发生重大事故，主观上既无故意又无过失，客观上也没有教唆、帮助行为或共同的实行行为，对"肇事"是不应承担责任的。然而，在肇事后，正是由于指使肇事人的逃逸行为，最后导致被害人因得不到救助而死亡，所以单位主管人员、机动车辆所有人、承包人以及乘车人应对肇事人的逃逸行为和被害人的死亡结果承担责任。应分为两种情况认定：第一种情况，当单位主管人员、机动车辆所有人、承包人以及乘车人逃逸时对被害人的死亡结果持过失的心态时，应分别定罪，对肇事人定为交通肇事罪，对单位主管人员、机动车辆所有人、承包人以及乘车人定为过失致人死亡罪；第二种情况，当单位主管人员、机动车辆所有人、承包人以及乘车人指使肇事人逃逸，对被害人的死亡结果持放任态度时，对单位主管人员、机动车辆所有人、承包人以及乘车人应以间接故意杀人罪定罪，对肇事人以交通肇事罪和间接故意杀人罪并罚。无论哪种情况下，对单位主管人员、机动车辆所有人、承包人以及乘车人都不应以交通肇事罪共犯论处。对于司法解释所规定的这种情形，应视行为的性质与内容，认定指使者的行为构成窝藏罪（正犯）或者遗弃罪（教唆犯）；在逃逸致人死亡符合不作为的故意杀人罪的犯罪构成时，对死亡结果具有故意的指使者则是故意杀人罪的教唆犯。

目前，司法实践均以《解释》第5条第2款为依据，对指使肇事人逃逸的单位主管人员、机动车辆所有人、承包人或者乘车人以交通肇事罪共犯论处。

从刑法理论上分析，否定《解释》第5条第2款规定的重要理由之一是"交通肇事后逃逸"在交通肇事罪中只是量刑情节，不是定罪情节，故即使在交通肇事后的逃逸上指使者与被指使者之间存在共同故意和共同行为，也不能成为交通肇事罪的共犯。但是，如果我们仔细分析《解释》第2条的规定就会发现，在交通肇事致1人以上重伤（不包含3人以上重伤的情形），负事故全部或者主要责任的情况下，只有肇事人为逃避法律追究逃离事故现场的，才能构成交通肇事罪。因此，按照这一规定，交通肇事后逃逸致被害人死亡，就是定罪情节，而非量刑情节。尽管在这种情况下行为人之所以构成交通肇事罪，主要是因为行为人故意实施了不作为行为。但是，如果没有肇事者的肇事行为，行为人根本就不能认定为交通肇事罪。换言之，在这种情况下，之所以将一般是出于故意（包括直接故意和间接故意）逃逸而致被害人死亡的行为评价为作为过失犯罪的交通肇事罪，关键在于行为人对于发生交通事故的心态是过失的，即在这种情形下，交通肇事罪的实行行为仍然是交通肇事行为，而非逃逸行为。而将指使肇事人逃逸的人认定为交通肇事罪，则明显缺乏肇事这一基本行为。即使承认过失共同犯罪的观点，此种情况也属于承继的过失共同犯罪，这种承继的过失共同犯罪能否作为过失共同犯罪论处，仍存疑问。此外，尽管《刑法》第25条断然否定了过失共同犯罪的存在，在理论上可以商榷，但是，在现行刑法规定之下，以司法解释的形式承认有些过失犯罪存在共同犯罪的做法，是否符合罪刑法定原则，也大有可疑之处。

我们认为，《解释》第5条第2款的规定，旨在解决交通肇事案件具体存在的问题。但对其理论基础还有待学者进一步研究。

案例：2001年1月2日14时30分前后，被告人沈某根无证驾驶改装的装载着地毯的无牌照三轮摩托车，在浒崇线由北往南行驶至12km＋250m（崇寿六塘）处，因采取措施不当，与相同方向左转弯骑自行车的张某菊（女，35岁）相碰撞，致使张某菊向中心线东侧翻倒，被由南往北行驶的小货车左后轮碾轧，造成张某菊腹腔内大出血，经抢救无效死亡。经慈溪市交通部门道路事故责任认定，被告人沈某根负事故的主要责任。被告人沈某根所驾驶的改装无牌照正三轮车系被告人陈某华所有，被告人沈某根无证驾驶无牌车辆，系被告人陈某华指使。事故发生后，被告人沈某根、陈某华共赔偿被害人张某菊亲属经济损失3万元人民币。

慈溪市人民法院认为，被告人沈某根无证驾驶改装的无牌照三轮摩托车，违反了交通运输管理法规，并且在遇到骑自行车人时有注意采取措施，因而发生重大交通事故，致1人死亡，其行为已构成交通肇事罪，判处有期徒刑6个月，缓刑1年。被告人陈某华身为被告人沈某根所在单位的主管人员及车辆所有人，在明知被告人沈某根系无证驾驶无牌车辆的情况下，仍指使其违章驾驶，造成1人死亡的重大交通事故，其行为也构成交通肇事罪。

本案中涉及的一个主要问题就是单位的主管人员指使他人违章驾驶造成重大通事故的是否构成交通肇事罪的共犯。虽然我国刑法没有承认过失共同犯罪，但是，最高人民法院2000年制定的《解释》却承认了交通肇事罪这种过失犯罪可以构成共同犯罪。该《解释》第7条规定："单位主管人员、机动车辆所有人或者机动车辆承包人指使、强令他人违章驾驶造成重大交通事故，具有本解释第2条规定情形之的，以交通肇事罪定罪处罚。"根据该条规定，过失共同犯罪，是指两个以上的行为人负有防止违法结果发生的共同注意义务，由于共同的过失行为，导致违法结果发生的情形。要构成过失共同犯罪，应当具备以下条件：（1）各个行为人必须存在共同的注意义务。这种注意义务可以来源于法律的规定、职务上的要求或者自己先前行为所带来的义务等，但是要构成过失共同犯罪，各个行为人都必须存在共同的注意义务。如果各个行为人的注意义务是不同的，则只能各自独立地构成过失犯罪，而不能构成过失共犯。（2）各个行为人必须存在共同的过失。虽然各个过失行为人不存在故意共同犯罪中那种意思联络，但都过失地违反了共同的注意义务，存在对应当共同履行的注意义务共同懈怠的共同心理态度。正是这种共同过失的心理态度助长了各个过失行为人主观上的不注意，违反了共同的注意义务，最后才导致危害结果的发生。（3）各个行为人之间必须存在共同过失的行为。即各个行为人没有严格按照共同注意义务的要求实施自己的行为，而是采取了其他不适当的行为。（4）共同的过失行为造成一个共同的危害结果。即各个行为人的共同过失行为加在一起共同造成了一个共同的危害结果，因而各个行为人共同对这一危害结果承担责任。如果一个行为人的过失行为能够造成这一危害结果，其他行为人的行为对该危害结果没有联系，即不存在刑法上的因果关系，就不构成过失共犯。总之，要构成过失共同犯罪，也必须符合刑法上的主客观相统一的刑事责任原则。但是这里应当注意的是，在认定过失共犯时，应当将共同过失犯罪与基于各个行为人的过失而同时犯罪的"同时犯"加以区别。二者的主要区别在于：过失的同时犯，各个行为人之间的注意义务彼此是各自独立的，不存在共同的注意义务，过失的行为与行为之间不具有内在的联系，因而对过失的同时犯，应当适用各自处罚的原则，而应不适用共同犯罪的处罚原则。

根据以上过失共同犯罪的构成要件，我们认为，本案中被告人沈某根和陈某华的行为构成交通肇事罪的共犯。其主要理由是：（1）被告人具有共同的注意义务。《道路交通安全法》第16条规定，任何单位或者个人不得擅自改变机动车已登记的结构、构造或者特征；不得改变机动车型号、发动机号、车架号或者车辆识别代号；不得伪造、变造或者使用伪造、变造的机动车登记证书、号牌、行驶证、检验合格标志、保险标志等。《道路交通安全法实施条例》第2条规定，中华人民共和国境内的车辆驾驶人、行人、乘车人以及与道路交通活动有关的单位和个人，应当遵守道路交通安全法和本条例。根据上述规定，本案中被告人沈某根和陈某华都有依法管理和使用机动车的义务和防止发生交通事故的注意义务。（2）被告人有共同的违反道路交通管理法规的行为。《道路交通安全法》第16条规定，任何单位或者个人都不得擅自改变机动车的构造或特征，本案被告人陈某华却改装了三轮摩托车，因而存在违反道路交通管理法规的行为。同时，被告人陈某华在明知被告人沈某根无驾驶证以及自己的车辆是违章改装的情况下，仍指使被告人沈某根驾驶该车辆，其明显具有违反道路交通管理法规的行为。而本案被告人沈某根无证驾驶三轮摩托车，也具有违反道路交通管理法规的行为。因而在违章驾驶三轮摩托车上，两名被告人存在共同的违反道路交通管理法规的行为。（3）被告人具有共同的过失。本案被告人陈某华对于改装的三轮摩托车可能造成交通事故应当预见，但是由于过于自信能够避免，主观上存在过失；而被告人沈某根无证驾驶三轮摩托车应当预见自己的行为可能造成交通事故，但是轻信能够避免，其主观上也存在过失。（4）被告人的过失行为共同造成了共同的危害结果。由于两个被告人的共同过失，造成了被害人张某菊死亡的共同结果。由此可见，本案的两个被告人的行为符合过失共同犯罪的构成要件，因而应当认定为交通肇事罪的共犯。

附：交通肇事罪相关法律法规与司法规范性文件

1. 最高人民法院《关于审理交通肇事刑事案件具体应用法律若干问题的解释》（法释〔2000〕33 号）

2. 最高人民法院《关于醉酒驾车犯罪法律适用问题的意见》（法发〔2009〕47 号）

3.《中华人民共和国道路交通安全法》（2011 年 4 月 22 日）

4. 最高人民法院《关于审理道路交通事故损害赔偿案件适用法律若干问题的解释》（法释〔2012〕19 号）

5.《中华人民共和国道路交通安全法实施条例》（2017 年 10 月 7 日）

6. 最高人民法院、最高人民检察院、公安部《关于依法办理"碰瓷"违法犯罪案件的指导意见》（公通字〔2020〕12 号）

第三章 危险驾驶罪

第一节 危险驾驶罪概述

危险驾驶罪是我国 2011 年新增设的罪名，该罪的设立，有效地降低了交通事故、减少了安全隐患，醉驾属于犯罪的观念逐渐深入人心，醉酒等危险驾驶机动车的行为在一定程度上得到了遏制，罪刑威慑力得以发挥。

一、危险驾驶罪的概念

根据《刑法》第 133 条之一规定，危险驾驶罪是指在道路上驾驶机动车追逐竞驶，情节恶劣，或者醉酒驾驶机动车以及从事校车业务或者旅客运输，严重超过额定乘员载客或者严重超过规定时速行驶，或者违反危险化学品安全管理规定运输危险化学品，危及公共安全的行为。机动车所有人、管理人对从事校车业务或者旅客运输，严重超过额定乘员载客，或者严重超过规定时速行驶的；违反危险化学品安全管理规定运输危险化学品，危及公共安全的行为负有直接责任的，依照危险驾驶罪的规定处罚。

二、危险驾驶罪的罪名渊源

随着我国经济社会平稳快速发展，人民生活水平不断提高，机动车保有量也随之快速增长。机动车数量的快速增长，极大地方便了人们的出行，但违法驾驶机动车的现象也不断增多，一些恶性交通事故严重危害了道路安全和人民群众的生命财产安全，也引起了社会的广泛关注。

立法机关高度重视有关部门的意见和人大代表、政协委员的建议、提案，在充分论证并取得基本共识的基础上，决定在《刑法修正案（八）》中增设危险驾驶罪。2011 年 2 月 25 日公布的《刑法修正案（八）》第 22 条规定："在刑法第一百三十三条后增加一条，作为第一百三十三条之一：'在道路上驾驶机动车追逐竞驶，情节恶劣的，或者在道路上醉酒驾驶机动车的，处拘役，并处罚金。有前款行为，同时构成其他犯罪的，依照处罚较重的规定定罪处罚。'"2015 年 8 月 29 日公布的《刑法修正案（九）》第 8 条将《刑法》第 133 条之一修改为："在道路上驾驶机动车，有下列情形之一的，处拘役，并处罚金：（一）追逐竞驶，情节恶劣的；（二）醉酒驾驶机动车的；（三）从事校车业务或者旅客运输，严重超过额定乘员载客，或者严重超过规定时速行驶的；（四）违反危险化学品安全管理规定运输危险化学品，危及公共安全的。机动车所有人、管理人对前款第三项、第四项行为负有直接责任的，依照前款的规定处罚。有前两款行为，同时构成其他犯罪的，依照处罚较重的规定定罪处罚。"由此可见，《刑法修正案（九）》对危险驾驶罪进行了扩容，在醉酒危险驾驶和追逐竞驶危险驾驶外，又将从事校车业务或者旅客运输，严重超员或者严重超速的以及违规运输危险化学品型危险驾驶都纳入了危险驾驶罪的范畴。

由于危险驾驶罪是新设立的罪名，各级司法机关对本罪的司法实践仍处于发现问题、总结经验的阶段。司法实践中也存在醉酒危险驾驶案件较多，而追逐竞驶危险驾驶等其他危险驾驶案件较少的情况，有些地方的危险驾驶案件判处实刑的比例较低，而适用缓刑、免予刑事处罚及不起诉较多，同时也出现了若干法律适用的问题。这些都值得我们进一步探索和研究。

三、危险驾驶罪的犯罪构成

（一）危险驾驶罪的客体

危险驾驶罪的客体是道路交通运输安全。从《刑法》第 133 条之一的具体规定来看，危险驾驶罪规制的对象均为道路上的驾驶行为，可以肯定该罪规制的行为为交通领域的驾驶行为，具体而言，应为陆路交通领域驾驶机动车的行为。《刑法修正案（八）（草案）条文及草案说明》中指出："对一些社会危害严重，人民群众反响强烈，原来由行政管理手段或者民事手段调整的违法行为，建议规定为犯罪。主要是醉酒驾车、飙车等危险驾驶的犯罪"，可见该罪规制的行为为特定的驾驶机动车在道路上行驶的行为。

案例：被告人吴某某，男，长沙市人。2012 年 7 月 27 日晚 9 时 35分许，被告人吴某某和朋友在长沙市芙蓉区车站北路冰火楼吃饭后，驾驶小车途经芙蓉区火炬西路时，被交警当场查获。经鉴定，吴某某血液酒精含量 109.4 毫克/100 毫升。芙蓉区人民法院审理认为，被告人吴某某在道路上醉酒驾驶车辆，其行为危害了道路运输交通安全，已构成危险驾驶罪，依法应予刑事处罚。鉴于被告人吴某某血液酒精含量不高，其醉驾的距离和时间较短，且能自愿认罪，可从轻处罚，判决吴某某犯危险驾驶罪，判处拘役 1 个月，缓刑 1 个月，并处罚金人民币 1000 元。

（二）客观方面

危险驾驶罪客观方面表现为在道路上驾驶机动车追逐竞驶，情节恶劣的；在道路上醉酒驾驶机动车的；从事校车业务或者旅客运输，严重超过额定乘员载客或者严重超过规定时速行驶的；违反危险化学品安全管理规定运输危险化学品，危及公共安全的。具体而言，危险驾驶罪分为四种类型。

1. 追逐竞驶

一般来说，追逐竞驶，是指行为人无正当理由，在道路上高速、超速行驶，随意追逐、超越其他车辆，频繁、突然并线，近距离驶入其他车辆之前的危险驾驶行为。追逐竞驶属于危害公共安全的危险犯，要求具有高速、超速的竞驶行为，并且情节恶劣，才能构成犯罪。其一，本罪行为不要求发生在公共道路（公路）上，只需要发生在道路上即可。在校园内、大型厂矿内的道路上，以及在人行道上追逐竞驶的，因为对不特定或者多数人的生命、身体产生了危险，依然可能成立本罪。其二，追逐竞驶以具有抽象危险性的高速、超速驾驶为前提，缓慢驾驶的行为不可能成立本罪。但是单纯的高速驾驶或者超速驾驶并不直接成立本罪。其三，追逐竞驶要求以产生抽象的交通危险的方式驾驶，行为的基本方式是随意追逐、超越其他车辆，频繁并线、突然并线，或者近距离驶入其他车辆之前等。其四，追逐竞驶既可能是二人以上基于意思联络而实施，也可能是单个人实施。机动车驾驶人员出于竞技、追求刺激、斗气或者其他动机，在道路上曲折穿行、快速追赶行驶的，属于追逐竞驶。驾驶机动车针对救护车、消防车等车辆实施追逐竞驶行为的，可能成立本罪。其五，成立本罪要求情节恶劣。情节恶劣的基本判断标准是追逐竞驶行为的危险程度。追逐竞驶行为并不必然造成对交通安全的明显危险，只有其中情节恶劣的追逐竞驶行为，才会对交通安全造成相当程度的危险，有必要用刑罚进行制裁。目前司法实践中，由于对追逐竞驶是否属于情节恶劣认定存在理论研究不足，缺乏具体判断的司法标准。一般而言，可以是否具有与醉驾相当的抽象危险为基本判断标准。具体来说，应当根据竞驶行为发生的时空环境、追逐竞驶的动机、竞驶的路段与时间、道路上车辆与行人的多少、驾驶的速度与方式、驾驶的次数等进行综合判断。

2013 年 12 月 18 日，"两高一部"出台了《关于办理醉酒驾驶机动车刑事案件适用法律若干问题的意见》（以下简称《醉驾意见》），《醉驾意见》规定了醉酒驾车的 8 种从重处罚的情节，其中第 1、2、4、5、6 项规定的情形对于界定追逐竞驶均具有重要参考价值。同时结合竞驶型危险驾驶罪的特点来看，情节恶劣可以从以下几种情形考虑：其一，追逐竞驶行为造成交通事故，尚不构成交通肇事等其他犯罪的。其二，伴有多项违反道路交通安全法的行为。如无证驾驶的；连续多次闯红灯驾车行驶的；连续多次穿插前车的；超过规定时速 50% 的；驾驶存在安全隐患的机动车的；驾驶违规改装车辆或无号牌、使用伪造变造的号牌车辆追逐竞驶的等。其三，追逐竞驶主观恶性较大的。以前曾因追逐竞驶受过行政处罚或者刑事追究的；多人多次追逐竞驶的；酒后、吸食毒品后追逐竞驶的，无驾驶资格驾驶机动车的等。其四，在特殊时段路段追逐竞驶，或者驾驶特殊车型追逐竞驶的。在学校上课、下课时段追逐竞驶的；在车流量、人流量大的道路上追逐竞驶的；交通高峰期在城市繁华路段追逐竞驶造成交通堵塞或者引起公共恐慌的。其五，驾驶载有乘客的营运机动车追逐竞驶等。另外，追逐竞驶虽未造成人员伤亡或财产损失，但综合考虑超过限速、闯红灯、强行超车、抗拒交通执法等严重违反道路交通安全法的行为，足以威胁他人生命、财产安全的属于危险驾驶罪中"情节恶劣"的情形。在没有其他车辆与行人的荒野道路上追逐竞驶的行为，一般不应认定为情节恶劣。

案例：被告人张某某，男，上海市人；被告人金某，男，上海市人。2012年2月3日20时20分许，被告人张某某、金某相约到上海市浦东新区乐园路99号铭心赛车服务部会合。张某某驾驶无牌本田摩托车，金某驾驶套用车牌的雅马哈摩托车，一同自该服务部出发，行至杨高路、巨峰路路口掉头后，沿杨高路由北向南行驶，经南浦大桥至陆家浜路接人。二人约定出发后谁先到谁就在目的地等待。行驶途中，二人为寻求刺激，在多处路段超速行驶，部分路段甚至超速逾50%，且在多个路口闯红灯，曲折变道超越其他车辆，并相互追赶，以显示其驾车技能。二人行驶至陆家浜路河南南路口时，见有执法民警在，遂驾车沿河南路复兴东路隧道、张杨路逃离。民警接群众举报后，于2月5日将张某某抓获，张某某如实交代其与金某追逐竞驶的事实，并提供了金某的手机号码，2月6日，金某接公安机关的电话后投案自首，如实供述上述事实。上海浦东新区人民法院认为，被告人张某某、金某在道路上驾驶机动车追逐竞驶，情节恶劣，其行为均构成危险驾驶罪。考虑张某某到案后如实供述其所犯罪行，依法可以从轻处罚。金某接公安机关电话后主动投案，应当认定具有自首情节，依法可以从轻处罚，据此判决：被告人张某某犯危险驾驶罪，判处拘役4个月、缓刑4个月，并处罚金人民币4000元；被告人金某犯危险驾驶罪，判处拘役3个月，缓刑3个月，并处罚金人民币3000元。

本案主要问题是如何认定《刑法》第133条之一规定的追逐竞驶情节恶劣。目前，尚无有关追逐竞驶的立法解释和司法解释、对其认定需要在司法实践中不断探索、总结经验。一方面，对追逐竞驶的认定应当坚持主客观相统一原则，结合行为人的主观心态和客观行为综合判断。就主观方面而言，虽然刑法未将行为人的动机和目的作为该罪的构成要件，但追逐竞驶的行为特征决定了实践中行为人多出于竞技、寻求刺激、挑衅泄愤等动机，或者基于赌博牟利等目的，而在道路上驾驶机动车追逐竞驶，故对行为人动机和目的的考察有助于对其行为性质的判断。就客观行为而言，通常表现为以一辆或者多辆机动车为追逐目标，伴有超速行驶连续违反交通信号灯、曲折变道超车等违章驾驶行为。另一方面，是否情节恶劣应当重点考察追逐竞驶行为对道路交通安全造成的危险程度。本案中，被告人张某某、金某二人为寻求刺激，相约在城市道路上比拼车技，并实施了超速行驶违反交通信号灯、曲折变道超车等行为，符合《刑法》第133条之一规定的追逐竞驶的主客观特征。另外张某某、金某二人在道路上驾驶机动车追逐竞驶，具有以下情节：一是驾驶的机动车系无牌、套牌的大功率改装摩托车；二是高速驾驶，在多处路段超速50%以上；三是具有多次闯红灯、曲折变道穿插前车的违章驾驶行为；四是驾驶路段为市区主干道，沿途有多处学校、公交地铁站点、居民小区等人员密集区域，且事发于周五晚上，车流、人流密集；五是在民警设卡拦截盘查时驾车高速逃离。综合上述情节，可以认定二被告人追逐竞驶行为对道路交通安全造成了紧迫的危险，属于《刑法》第133条之一规定的情节恶劣。

2. 醉酒驾驶

醉酒驾驶，是指醉酒状态下在道路上驾驶机动车的行为。根据《醉驾意见》，在道路上驾驶机动车，血液酒精含量达到80毫克/100毫升以上的，属于醉酒驾驶机动车，以危险驾驶罪定罪处罚。醉酒驾驶机动车，具有下列情形之一的，依照《刑法》第133条之一第1款的规定，从重处罚：（1）造成交通事故且负事故全部或者主要责任，或者造成交通事故后逃逸，尚未构成其他犯罪的；（2）血液酒精含量达到200毫克/100毫升以上的；（3）在高速公路、城市快速路上驾驶的；（4）驾驶载有乘客的营运机动车的；（5）有严重超员、超载或者超速驾驶，无驾驶资格驾驶机动车，使用伪造或者变造的机动车牌证等严重违反道路交通安全法的行为的；（6）逃避公安机关依法检查，或者拒绝、阻碍公安机关依法检查尚未构成其他犯罪的；（7）曾因酒后驾驶机动车受过行政处罚或者刑事追责的；（8）其他可以从重处罚的情形。本罪是抽象的危险犯，不需要司法人员具体判断醉酒行为是否具有公共危险。一方面，抽象的危险犯实际上是类型化的危险犯，司法人员只需进行类型化的判断即可。另一方面，没有抽象危险的行为，不可能成立本罪。例如，在没有车辆与行人的荒野道路上醉酒驾驶机动车的，因为不具有抽象的危险，不应以本罪论处。醉酒驾驶既不是亲手犯，也不是身份犯。教唆他人醉酒驾驶的，成立教唆犯；明知他人即将驾驶机动车，而暗中在其饮料中掺入酒精，驾驶者不知情而驾驶机动车的，对掺入酒精者应以间接正犯论处。

案例：被告人胡某，男，陕西省神木市人。2018年10月1日23时许，被告人胡某外出与朋友饮酒后驾驶小型轿车从店塔镇燕峁村出发，沿店塔镇榆神高速引线由北向南行驶至车辆监测站西路段处撞上路边钢制护栏，致车辆受损。肇事后，被害人刘某报警，被告人胡某在现场等候公安民警到来将其带回调查。神木市公安局交通警察大队认定，被告人胡某负此次事故的全部责任。经神木市公安司法鉴定中心对胡某进行血液酒精含量检测，结果为248.4毫克/100毫升，属醉酒驾驶机动车。

本案经神木市人民法院一审，榆林市中级人民法院二审审理认为，被告人胡某违反法律规定，明知酒后驾车有潜在危险却仍在醉酒的状态下驾驶机动车上路行驶，并发生交通事故，其行为已构成危险驾驶罪，应予以惩处。被告人胡某明知他人报案并在现场等候公安民警到来，归案后又如实供述其罪行，属自首，依法可对其从轻处罚。据此判决胡某犯危险驾驶罪，判处拘役两个月，并处罚金人民币4000元。

3. 超员、超速行驶

超员、超速行驶，是指从事校车业务或者旅客运输，严重超过额定乘员载客，或者严重超过规定时速行驶的行为。本类型危险驾驶罪属于抽象危险犯。依照国务院《校车安全管理条例》的规定，"校车"是指用于接送接受义务教育的学生上下学的机动车。本罪中的校车既包括依照国家规定取得使用许可的校车，也包括没有取得使用许可的违章从事接送学生业务的校车。从事旅客运输的车辆，是指从事公路客运、公交客运、出租客运、旅游客运等从事旅客运输的车辆，既包括具有营运资格的车辆，也包括非法从事旅客运输的车辆。一般超员、超速的行为不成立本罪，只有严重超员、超速才成立本罪。本罪的成立不以发生人员伤亡等后果为要件。

根据《校车安全管理条例》第 34 条规定，校车载人不得超过核定人数，不得以任何理由超员。学校和校车服务提供者不得要求校车驾驶员超员、超速驾驶校车。第 35 条对校车的行驶速度予以明确，即载有学生的校车在高速上最高时速不得超过 80 公里，在其他道路上最高时速不得超过 60 公里。道路交通安全法律法规规定或者道路上限速标志、标线标明的最高时速低于前述规定的，从其规定。载有学生的校车在急弯、陡坡、窄路、窄桥以及冰雪、泥泞的道路上行驶，或者遇有雾、雨、雪、沙尘、冰雹等低能见度气象条件时，最高时速不得超过 20 公里。显然，这是出于对校车行驶安全的需要所作出的专门安排。对于从事旅客运输的普通机动车来说，《道路交通安全法》也有禁止超员、超速的规定。该法第 49 条规定：机动车载人不得超过核定的人数，客运机动车不得违反规定载货。第 42 条对行驶速度做出规定，即机动车上道路行驶，不得超过限速标志标明的最高时速。在没有限速标志的路段，应当保持安全车速。夜间行驶或者在容易发生危险的路段行驶，以及遇有沙尘、冰雹、雨、雪、雾、结冰等气象条件时应当降低行驶速度。对违反规定超员超速的，《道路交通安全法》第 92 条和第 99 条分别规定了相应的法律责任，公路客运车辆载客超过额定乘员的，处 200 元以上 500 元以下罚款，超过额定乘员 20% 的，处 500 元以上 2000 元以下罚款。机动车行驶超过规定时速 50% 的，由公安机关交通管理部门处 200 元以上 2000 元以下罚款。国务院 2012 年发布的《关于加强道路交通安全工作的意见》对超速也有明确的规定，普通道路上驾驶机动车超过规定时速的 50% 为严重超速，而高速公路上这一标准相应降低，为超过时速的 20% 。因此根据上述法律法规，对从事校车业务或者旅客运输，超过核定载客人数 20% 或者超过规定时速 50% ，可以作为严重超员超载的认定标准。

案例：被告人蒋某某，男，广西平南县人。2018 年 6 月 27 日 7 时 50 分，被告人蒋某某受雇驾驶核载 5 人的小型普通客车搭载平南县大安镇金太阳幼儿园师生 13 人由武林镇罗云村往金太阳幼儿园行驶，途经平南县平安大道时，被执勤的公安民警查获。

本案经平南县人民法院一审，贵港市中级人民法院二审审理认为，被告人蒋某某从事校车业务，严重超过额定乘员载客，危害公共安全，其行为已构成危险驾驶罪，依法应受到刑事处罚，原判认定蒋某某的犯罪事实清楚，证据确实、充分，定罪准确，审判程序合法。因蒋某某归案后认罪态度较好，已充分认识到自己行为的社会危害性，悔改表现积极，根据本案的实际情况和上诉人的悔改表现可对其适用缓刑。据此判决：被告人蒋某某犯危险驾驶罪，判处拘役两个月，缓刑 3 个月，并处罚金人民币 3000 元。

4. 违规运输危险化学品

违规运输危险化学品，是指违反危险化学品安全管理规定运输危险化学品，危及公共安全的行为。本类型危险驾驶罪属于具体危险犯，要求具有违规运输危险化学品的行为，并且危及公共安全，才能构成犯罪。根据 2011 年国务院发布的《危险化学品安全管理条例》第 3 条，危险化学品，是指具有毒害、腐蚀、爆炸、燃烧、助燃等性质，对人体、设施、环境具有危害的剧毒化学品和其他化学品。根据《危险化学品安全管理条例》规定，从事危险化学品道路运输的，应当取得危险货物道路运输许可，并向工商行政管理部门办理登记手续；危险化学品道路运输企业应当配备专职安全管理人员；危险化学品道路运输企业的驾驶人员、装卸管理人员、押运人员、申报人员、集装箱装箱现场检查员应当经交通运输主管部门考核合格，取得从业资格；运输危险化学品，应当根据危险化学品的危险特性采取相应的安全防护措施，并配备必要的防护用品和应急救援器材；用于运输危险化学品的槽罐以及其他容器应当封口严密，能够防止危险化学品在运输过程中因温度、湿度或者压力的变化发生渗漏洒漏；槽罐以及其他容器的溢流和泄压装置应当设置准确、起闭灵活；通过道路运输危险化学品的，应当按照运输车辆的核定载质量装载危险化学品，不得超载；危险化学品运输车辆应当符合国家标准要求的安全技术条件，并按照国家有关规定定期进行安全技术检验；运输危险化学品途中因住宿或者发生影响正常运输的情况，需要较长时间停车的，驾驶人员、押运人员应当采取相应的安全防范措施，等等。由于《刑法》第 133 条之一没有将所有违反危险化学品安全管理规定的运输危险化学品的行为一并犯罪化，而是设置了危及公共安全的规定，因此，如何认定危及公共安全，将直接影响本罪的认定。

当前，学术界主流观点的公共安全是指多数或者不特定人的生命、健康和重大公司财产安全。所谓危及公共安全，是指有害于或者威胁到多数或者不特定人的生命、健康和重大公私财产安全，具体为行为人的行为对交通道路上其他车辆、行人、公私财产安全或者周围的环境随时可能产生重大的危险，例如随时可能发生爆炸、有毒气体泄漏等危险。因此判断违规运输危险化学品是否危及公共安全，可以从以下两个方面考虑：第一，按照一般人的经验，结合具体案件中的各种情况进行判断。违反运输环节有关安全运输规定的具体要求运输危险化学品，必然会产生危害公共安全的抽象危险，如果再结合案件的具体情况，从一般人的经验出发，综合考虑所运输的危险化学品的种类、危险特性、数量，运输违反安全运输规定的具体内容和严重程度，可能造成的损害后果等因素，能够得出违规运输危险化学品的行为以及对多数或者不特定人的生命、健康或者重大公私财产安全造成实害的密切可能性的结论，即应肯定违规运输行为已经危及公共安全。第二，根据专业标准或者科学法则，对有科学依据证明即使符合一般人经验可能产生具体危险，但在科学上必然不会产生具体危险的，应当否定违规运输行为危及公共安全。这就需要行为人自己提出证据证明其本人的违规运输行为依照科学法则，并不存在危及公共安全的具体危险。

案例：被告人康某某，男，天津市蓟州区人；被告人苏某某，男，天津市蓟州区人；被告人代某某，男，天津市蓟州区人。被告人康某某、苏某某、代某某三人系朋友关系。康某某因与他人有经济纠纷，2017 年 6 月 23 日下午，在蓟州区小刘料场内，在明知苏某某未取得危险化学品运输许可证的情况下，仍伙同苏某某将该料场内一油罐车内 4.6 吨汽油卸到苏某某改装的福田农用运输车上，苏某某无驾驶资格证驾驶该车沿津围公路由南向北行驶至与一线穿公路交口处左转后，行驶至蓟州区下窝头镇侯井刘村代某某租赁的一厂房处，将车内汽油卸到代某某停放在该处的一辆小型汽车上，苏某某驾车返回小刘料场，再次将油罐车内 5.7 吨汽油卸到其所驾农用运输车上，苏某某驾车沿津围公路由北向南行驶至该镇莫庄子村头车场内。同年 6 月 24 日代某某在未取得危险化学品运输许可证的情况下，在苏某某授意下将其车内 4.6 吨汽油运至杨津庄镇小扈家庄村一空场处。苏某某在运输汽油过程中，康某某在无驾驶资格的情况下全程驾车跟随。经天津市公安局物证鉴定中心检验，涉案车辆内液体均为汽油。案发后，涉案汽油被公安机关收缴。三名被告人经公安机关电话传唤主动到案，到案后如实供述了自己罪行。另查，被告人苏某某驾驶的福田农用运输车核定载质量 990kg，代某某所驾驶的小型汽车核定载质量为 1434kg。

天津市第一中级人民法院二审审理认为，被告人苏某某、代某某违反危险化学品安全管理规定运输危险化学品，被告人康某某在明知苏某某无运输危险化学品资质的情况下，仍指使其运输危险化学品，三名被告人的行为危害了公共安全，均已构成危险驾驶罪，应予惩处。苏某某、代某某所驾驶车辆在运输汽油时均超过车辆核定载质量 50% 以上，故对三名被告人均可从重处罚；康某某曾因犯罪被判处刑罚，属有前科，对其可酌情从重处罚；三人经公安机关电话传唤主动到案，到案后如实供述犯罪事实，系自首，依法可以从轻处罚。据此判决：被告人康某某犯危险驾驶罪判处拘役 4 个月，并处罚金人民币 1 万元；被告人苏某某犯危险驾驶罪判处拘役 1 个月，并处罚金人民币 1 万元；被告人代某某犯危险驾驶罪判处拘役 4 个月，缓刑 8 个月，并处罚金人民币 1 万元。

案例：被告人万某某，男，海西蒙古族藏族自治州人。2015 年 12 月 16 日，被告人万某某与余某某（另案处理）在无任何运输危险化学品相关资质及手续的情况下，受雇于马某某，利用"天龙东风"牌伪装罐车拉运原油，当车行驶至 315 国道 1183 公里处（2015 年 12 月该路段日均车流量为 2566 辆次）被查获。被告人万某某在网上追逃期间，主动到公安机关投案。经鉴定，该伪装罐车拉运原油为纯原油，纯油量 17.54 吨。万某某、余某某在未取得拉运危险化学品从业资格的情况下拉运原油，且该车辆不符合国家标准要求的安全技术标准，未按国家有关规定定期进行安全技术检验，未悬挂或喷涂符合国家标准要求的安全指示标志，极易造成人员中毒或发生火灾爆炸的风险。

茫崖矿区人民法院经审理认为，被告人万某某在无运输危险化学品的相关运输证件下，违反危险化学品安全管理规定运输危险化学品，危害公共安全，其行为已构成危险驾驶罪。鉴于被告人万某某能主动投案，积极缴纳罚金 3000 元，确有悔罪之意，可对其从轻处罚。经查，对其适用缓刑对所居住社区没有重大不良影响及再犯罪的危险，可依法宣告缓刑，据此判决：被告人万某某犯危险驾驶罪，判处拘役 3 个月，缓刑 6 个月，并处罚金 3000 元。

案例：被告人刘某，男，黑龙江省杜尔伯特蒙古族自治县人；被告人孙某某，男，辽宁省铁岭市清河区人。2016 年 4 月间，被告人孙某某将购买的白色时代牌轻型厢式货车非法改装为加油车，在未取得危险货物道路运输许可的情况下，雇用没有危险化学品道路运输从业资格的被告人刘某驾驶该车辆在天津港附近为过往车辆加柴油。2016 年 10 月 8 日 0 时许，刘某驾驶该车辆装载自制加油罐存储柴油约 1395 升，由天津市滨海新区天津开发区第九大街行驶至天津港海铁二路北侧，刘某将该车辆停在路边并在车内休息，后被民警查获。公安机关依法扣押刘某驾驶的该车辆、装载的自制加油罐及罐内存储的柴油约 1395 升，刘某当场被民警传唤到案，供认上述涉案事实。2016 年 11 月 18 日，孙某某到公安机关投案，供认上述涉案事实。经对涉案柴油进行检测，闪点（闭口）小于 40 度，属于危险化学品。

天津市滨海新区人民法院审理认为，被告人刘某违反危险化学品安全管理规定在道路上驾驶机动车运输危险化学品，危及公共安全，其行为已构成危险驾驶罪；被告人孙某某作为机动车辆的实际管理人，违反危险化学品安全管理规定，雇用刘某驾驶机动车辆在道路上运输危险化学品，危及公共安全，与刘某构成共同犯罪，应当按照危险驾驶罪处罚。刘某是被孙某某雇用的驾驶人员，其在共同犯罪中的罪责相对孙某某较轻，酌情从轻处罚。刘某到案后如实供述自己的犯罪事实，是坦白，依法从轻处罚。孙某某犯罪以后自动投案，如实供述自己的犯罪事实，是自首，依法从轻处罚。为维护社会公共安全和国家交通管理秩序，保障人民的生命健康和财产安全，根据刘某、孙某某犯罪的事实、犯罪的性质、情节和对于社会的危害程度，据此判决：一、被告人刘某犯危险驾驶罪，判处拘役 1 个月 15 日，并处罚金人民币 5000 元；二、被告人孙某某犯危险驾驶罪，判处拘役 1 个月 15 日，并处罚金人民币 5000 元。

（三）危险驾驶罪的主观方面

危险驾驶罪的主观方面虽然存在故意说与过失说的争论，但目前学界一般认为应属故意。从认识因素上看，行为人明知自己危险驾驶行为会发生危害社会的结果；从意志因素上即希望或者放任危害结果的发生。

案例：被告人朱某舟，男，广东省深圳某汽车用品有限公司法定代表人。2011 年 7 月 8 日 3 时朱某舟醉酒后驾驶马自达牌轿车行驶至本市东城区安定门东大街时被民警查获。经抽血检测鉴定，被告人朱某舟血液内酒精含量为 98.9 毫克/100 毫升。法院审理认为：被告人朱某舟违反法律规定，在道路上醉酒驾驶机动车，其行为危害了公共安全，已构成危险驾驶罪，依法应予刑事处罚。鉴于被告人朱某舟能自愿认罪，可从轻处罚，判决朱某舟犯危险驾驶罪，判处拘役 1 个月，并处罚金人民币 1000 元。

本案的主要问题是认定《刑法》第 133 条之一所规定的醉酒驾驶罪的主观方面。醉酒驾驶构成危险驾驶罪并不要求特定的情节或结果，是典型的抽象危险犯。本罪的客观方面表现为醉酒驾驶，至于醉酒的评判标准，有主观标准和客观标准。我国刑法历来用的是客观标准，根据国家标准《车辆驾驶人员血液、呼气酒精含量阈值与检验》（GB19522）的规定，驾驶人血液中的酒精含量大于（等于）20毫克/100毫升、小于80毫克/100毫升的行为属于饮酒驾车，含量大于（等于）80毫克/100毫升的行为属于醉酒驾车。因此，只要驾驶人血液中的酒精含量大于（等于）80毫克/100毫升，就构成醉酒驾驶。本案中朱某舟驾车时血液内酒精含量为98.9毫克/100毫升，已经超过80毫克/100毫升这一醉酒的标准，其驾车时处于醉酒状态这一客观事实已经得到证实，构成危险驾驶罪客观方面的要件已经具备。此时判断朱某舟是否构成危险驾驶罪，关键在于对其是否具有故意的主观罪过进行规范性评价。首先要判断朱某舟对危险结果的发生是否有预见义务和预见能力，这是行为能够被刑法评价的前提，不具备这种前提就不可能具备刑法意义上的主观罪过。朱某舟作为一名心智正常的驾驶者，对于醉酒驾车可能引发危险状况的预见义务显而易见。且通过其在饭馆里休息4个小时左右再上路的客观事实也体现出其主观上已经预见到了危险状态可能发生。虽然进行了短暂的休息、认为已经神志清醒后驾驶车辆上路行驶，但此时其仅是对自己神志清醒的判断，而非对醉酒状态的排除，也就是说，此时朱某舟仍明知自己处于醉酒状态，即仍然预见到了酒后其身体"不适"状态下驾车行为的危险性。那么，朱某舟的主观心态究竟是间接故意，对危害结果的发生持放任态度，还是过于自信的过失，对危害结果的发生持否定态度呢？朱某舟饮酒后并没有立即驾车回家，而是休息了近4个小时后才驾驶车辆，其对危害结果的发生采取了一定的防范措施，但仅仅三四个小时的休息，从生活经验的角度来讲，也不足以使醉酒的人不再处于醉酒状态，达到正常的身体、思想、心理状态，更无科学依据可谈。因此，朱某舟的短暂休息行为，没有足够的生活和科学依据让其相信危害后果可以避免，其驾车上路的行为表明对危害结果的发生持放任态度，属于间接故意，符合醉酒驾车罪主观方面的要求，构成危险驾驶罪。

（四）危险驾驶罪的主体

本罪的犯罪主体为一般主体，即年满 16 周岁具有刑事责任能力的自然人。一般是直接驾驶车辆的行为人，机动车所有人、管理人对严重超员、超速行驶负有直接责任的，以本罪论处。例如，机动车所有人、管理人强令、指使驾驶人员超员、超速行驶的，或者明知驾驶人员超员、超速行驶而放任的，应以本罪论处。概言之，所谓"负有直接责任"，是指超员、超速行驶的状态能够归属于机动车所有人、管理人的作为或者不作为的情形。

第二节　危险驾驶罪审查要点

由于危险驾驶罪案件适用拘留的羁押期限相对较短，为了在法定期限内依法、及时审结，对危险驾驶案件审查应当因案制宜，分类办理。对于事实清楚，犯罪嫌疑人、被告人认罪、适用法律无争议的案件，在继续履行法律监督职责的基础上，实行轻案快办，轻案快审，才能真正提高诉讼效率，有效节约司法资源。

一、危险驾驶罪的一般审查要点

危险驾驶罪的一般审查要点即审查犯罪事实是否清楚，证据是否确实、充分。换言之要审查定罪量刑的事实是否都有证据证明，据以定案的证据是否均经法定程序查证属实，综合全案证据，对所认定的犯罪事实排除了合理怀疑。

（一）有确实充分的证据证明发生了危险驾驶的犯罪事实

1. 证明危险驾驶案件发生的主要证据包括：报案登记、接受刑事案件登记表、立案决定书、传唤通知书、取保候审决定书、拘留证、破案报告、证人证言、被害人的陈述、犯罪嫌疑人的供述和辩解等证据。

2. 证明被侵犯的对象系道路交通运输安全的主要证据包括：道路交通事故认定书、机动车辆信息查询表、被害人陈述、现场勘验检查笔录、道路监控视频、测速鉴定意见、伤情鉴定、财物损失估价报告、司法鉴定意见、证据保全清单、扣押物品清单、罚没油品入库交接清单、理化检验报告、闪点检测报告、危险化学品目录等。

（二）有确实充分的证据证明危险驾驶的行为是犯罪嫌疑人实施的

1. 证明犯罪嫌疑人违反法律规定驾驶车辆追逐竞驶的证据：犯罪嫌疑人的供述、现场监控录像、监测报告及鉴定意见、道路交通事故认定书、接受刑事案件登记表、查获经过、机动车辆信息查询表、机动车行驶证、机动车驾驶证及查询证明、户籍证明等。

2. 证明犯罪嫌疑人在道路上醉酒后驾驶车辆的证据：犯罪嫌疑人的供述、现场监控录像、酒精检验鉴定意见、道路交通事故认定书、接受刑事案件登记表、机动车辆信息查询表、机动车行驶证、机动车驾驶证及相关证人证言、户籍证明等。

3. 证明犯罪嫌疑人驾驶校车或旅客运输车辆严重超载或超速行驶的证据：犯罪嫌疑人的供述、其所在公司的注册资料、公司的职责范围、劳动合同、鉴定意见、查获经过、现场勘验检查笔录、现场图及照片、现场监控录像、机动车辆信息查询表、机动车行驶证、驾驶证及证人证言、户籍证明等。

4. 证明犯罪嫌疑人违反化学物品管理规定运输危险化学品，危及公共安全的证据：犯罪嫌疑人的供述、其所在公司的注册资料、公司的职责范围、劳动合同、从事危险化学品行业工作协议、现场监控录像、鉴定意见、查获经过、扣押清单、证据保全清单、罚没油品入库交接清单、理化检验报告、闪点检测报告、危险化学品目录、行政处罚决定书、机动车辆信息查询表、机动车行驶证、机动车驾驶证及相关证人证言、户籍证明等。

（三）有确实充分的证据证明犯罪嫌疑人具有危险驾驶的主观故意

1. 对证明犯罪嫌疑人主观故意的证据审查，应当结合犯罪嫌疑人的个人身份证明、犯罪嫌疑人关于所从事职业的供述、公司关于犯罪嫌疑人的职业及职责范围说明、公司有关负责人的证人证言，结合国家关于危险驾驶的有关规定，证实犯罪嫌疑人的主观明知。

2. 审查犯罪嫌疑人的前科材料、行政处罚材料等证明犯罪嫌疑人是否属于明知故犯。

3. 对于犯罪嫌疑人实施的危险驾驶行为的证据审查，应当结合犯罪嫌疑人的供述、证人证言，重点审查检验鉴定意见、道路交通事故认定书、伤情鉴定意见、财物损失估价报告等，明确犯罪嫌疑人在实施犯罪时的积极作为。

（四）有确实充分的证据证明危险驾驶行为造成了"情节恶劣"或危及公共安全的后果。

1. 犯罪嫌疑人的供述证明本人的危险驾驶行为造成了"情节恶劣"等严重后果。

2. 检验鉴定意见、道路交通事故认定书、查获报告、伤情鉴定意见、财物损失估价报告、调解书、相关案件起诉书和判决书等证明犯罪嫌疑人的危险驾驶行为，造成了"情节恶劣"或危及公共安全的严重后果。

3. 证人证言、查获报告等证明犯罪嫌疑人的危险驾驶行为，造成了"情节恶劣"或危及公共安全的严重后果。

二、醉酒驾驶机动车刑事案件的审查重点

由于实践中醉酒驾驶刑事案件数量居高不下，甚至占据了危险驾驶罪中的绝大部分，因此将此类案件作为危险驾驶罪审查的一个重点。针对此类型案件的办理和证据收集，国家也出台了很多具体的规定。《公安机关办理醉酒驾驶机动车犯罪案件的指导意见》（以下简称《醉驾案件指导意见》）对此类案件的调查取证做出了详细的规定，是规范此类犯罪案件取证工作的具体程序性规定。《醉驾案件指导意见》的出台对此类案件的证据收集和固定更具有指导意义。根据上述意见精神，在审查醉酒驾驶机动车刑事案件调查取证方面，应当重点审查：

1. 公安机关是否及时进行呼气酒精含量检验或者进行血样抽取。由于醉驾案件取证工作的时效性非常突出，因此公安人员一旦发现驾驶人有酒后驾驶机动车的嫌疑，应当立即进行呼气酒精测试。对于涉嫌醉酒驾驶机动车、当事人对呼气酒精测试结果有异议、拒绝配合呼气酒精测试以及涉嫌饮酒后、醉酒驾驶机动车发生交通事故的，应当立即提取血样检验酒精含量。因此，应当重点审查呼气酒精含量检验或抽取血样时是否严格遵循有关程序性规定。

2. 是否依法收集证实犯罪嫌疑人与醉酒驾驶机动车行为具有关联性的证据。审查犯罪嫌疑人对醉酒驾驶的动机和经过，其是否如实供述，并听取了其轻罪或无罪的辩解。

审查公安机关是否收集到犯罪嫌疑人醉酒驾驶车辆的车牌、车辆型号、所有人的有关信息，以及涉嫌醉酒驾驶人的个人身份信息、驾驶资格、驾驶证件、违法犯罪记录等情况；是否及时收集对于能够证明犯罪嫌疑人是否有醉酒驾驶行为的相关证人，如同车人、现场目击证人、饮酒场所人员及被害人的陈述；是否收集到相关场所、道路的监控录像等。

3. 公安机关的取证过程是否完整、客观。是否及时制作现场调查记录，完整记录查获醉酒驾驶机动车嫌疑人的经过，人员和车辆基本特征，呼气酒精测试和提取血样过程，采取强制措施及固定其他证据的情况。审查整个过程是否进行了录音、录像或者拍照固定。

4. 公安机关的送检程序是否规范、合法。公安人员是否全程监控当事人血样提取过程，确保证据收集合法、有效。提取的血样是否当场进行封存，并立即送县级以上公安机关检验鉴定机构或其他公安机关认可的具备鉴定资质的鉴定机构进行血液酒精含量检验。因特殊情况不能立即送检的，是否按规定低温保存，并经上级公安机关交通管理部门负责人批准，在3日内进行送检。

三、加强法律监督，准确适用强制措施

办理危险驾驶案件，司法机关可以根据具体情况，对犯罪嫌疑人、被告人依法适用刑事强制措施。然而实践中在对于犯罪嫌疑人、被告人

应否羁押及如何采取强制措施上存在较多不规范甚至违法的情况，对此，检察机关更应当依法履行监督职责。

1. 如何准确适用取保候审强制措施

根据《刑事诉讼法》第67条第1款的规定，对于可能判处管制、拘役或者独立适用附加刑的犯罪嫌疑人、被告人，可以取保候审，因此对于危险驾驶的犯罪嫌疑人、被告人，可以适用取保候审强制措施。取保候审是限制被适用者人身自由的强制措施，其严厉程度与危险驾驶犯罪的社会危害性及犯罪嫌疑人的人身危险性相适应。对于危险驾驶案件，一般情况应当考虑适用取保候审强制措施。但是，取保候审措施强制力较弱，一旦犯罪嫌疑人、被告人在传讯的时候不及时到案甚至逃跑，就容易影响诉讼活动的顺利进行和有效打击犯罪。因此如何适用取保候审强制措施，有效保证诉讼顺利进行，应当重点审查、注意以下问题：一是加强对犯罪嫌疑人的教育和警戒，使其认识到违反取保候审规定的严重后果。二是对采取提供保证人担保的，应当严格审查保证人是否符合法定条件及履行保证人的能力，告知保证人应当履行的保证义务和违反义务的后果。三是应当结合犯罪的情节、后果，犯罪嫌疑人的人身危险性等综合考虑保证诉讼正常进行的需要，合理确定收取的保证金数额。四是对于犯罪嫌疑人、被告人违反取保候审规定的，应当部分或全部没收保证金；保证人未履行义务的，处以罚款，构成犯罪的，依法追究刑事责任，并可视情节责令犯罪嫌疑人具结悔过、重新缴纳保证金、提出保证人，或者予以监视居住、逮捕。

对于实践中出现的被取保候审的危险驾驶罪犯在判决生效后难以收押执行的问题，根据《刑事诉讼法》第264条规定，被判处拘役的罪犯，由公安机关执行，执行机关应当将罪犯及时收押。《公安机关办理刑事案件程序规定》第301条第2款规定，对判处拘役的罪犯，由看守所执行。因此检察机关要认真履行监督职责，加强与公安机关、法院的沟通协调，确保公安机关看守所严格执行《刑事诉讼法》及相关规定，及时将罪犯收押。

2. 如何正确适用刑事拘留强制措施

《醉驾案件指导意见》规定，对犯罪嫌疑人企图自杀或者逃跑、在逃的，或者不讲真实姓名、住址，身份不明的，以及确需对犯罪嫌疑人实施羁押的，可以依法采取拘留强制措施。根据上述规定，对于危险驾驶的犯罪嫌疑人，当其有阻碍诉讼活动顺利进行的紧急情况时，可以适用刑事拘留强制措施。除了上述指导意见明确列举的情形之外，还有三种情况，也可以适用刑事拘留。一是犯罪嫌疑人在查获现场拒绝或者阻碍公安人员依法执行职务，影响案件调查的。二是犯罪嫌疑人没有固定住所，不便采取取保候审、监视居住措施，不采取临时羁押措施可能影响案件办理的。三是犯罪嫌疑人违反取保候审、监视居住规定，情节严重，需要逮捕的，可以先行拘留。刑事拘留的期限一般为3日。如果危险驾驶的犯罪嫌疑人、被告人在取保候审过程中违反规定，情节严重的，可以依法适用逮捕措施，可以先行拘留，此时的刑事拘留可以延长至4日到7日。

需要注意的是，实践中存在违反法律规定延长刑事拘留期限的情况，由于刑事拘留的期限较短，公安机关为防止犯罪嫌疑人、被告人脱逃，影响诉讼顺利进行，遂以危险驾驶犯罪嫌疑人属于流窜作案、多次作案、结伙作案的重大犯罪嫌疑人，需提请检察机关审查批准逮捕为由，延长刑事拘留羁押期限至30日，对此检察机关应当严格履行法律监督职责。

3. 如何准确适用监视居住

《刑事诉讼法》第74条第2款规定，对于符合取保候审条件，但犯罪嫌疑人、被告人不能提出保证人，也不交纳保证金的，可以监视居住。因此，对于危险驾驶案件，对犯罪嫌疑人、被告人不能直接适用监视居住措施，而只有对违反取保候审规定，有必要监视居住，或者符合取保候审条件，但不能提出保证人、也不交纳保证金的犯罪嫌疑人、被告人，才可以监视居住。但是司法实践中由于监视居住需要占用一定的人力、物力，司法机关往往不愿采取监视居住措施，而存在违反法律规定直接对犯罪嫌疑人适用刑事拘留或者逮捕措施的情况，对此也应加强审查和监督。

4. 如何准确运用逮捕措施

危险驾驶罪的法定刑为拘役，不符合"可能判处徒刑以上刑罚"的逮捕适用条件。因此，对于涉嫌危险驾驶罪的犯罪嫌疑人、被告人不能直接适用逮捕。但是，如果行为人在取保候审、监视居住的过程中，违反有关规定情节严重的，根据刑事诉讼法的有关规定，可以适用逮捕。对于违反取保候审、监视居住规定，情节严重的情形，最高人民法院《关于适用〈中华人民共和国刑事诉讼法〉的解释》第 164 条、第 165 条，《人民检察院刑事诉讼规则》第 102 条，《公安机关办理刑事案件程序规定》第 135 条、第 136 条均做出了规定。

然而实践中仍然存在较多违法逮捕的情况。特别是案件进入法院审理阶段后，刑事拘留期限届满，面临被告人不在押、不到案的情况，为了保证审判活动的顺利进行，有的法院在不符合法定逮捕条件的情况下对危险驾驶被告人决定逮捕。对此，检察机关应履行监督职责，严格按法律规定对被告人适用逮捕，对不符合逮捕条件的，在拘留期限届满时应及时变更为取保候审或者监视居住的强制措施。

四、创新工作机制，准确适用轻案快审快办

基于危险驾驶罪轻案的特殊性质，为优化司法资源配置，提高工作效率，实现繁简分流，对于危险驾驶案件一般都可以适用简易程序进行审理，原则上应当尽快完成侦查、审查起诉和法庭审判。

首先，公安机关应当轻案快侦。《醉驾案件指导意见》规定，公安机关应当严格办理醉驾案件时限要求，能够当场提取的应当立即固定提取证据，提取的血样一般应当立即送检，鉴定机构应当在 3 日内出具检验报告，案件事实清楚，证据确实充分的，应当在查获犯罪嫌疑人之日起 7 日内侦查终结，并移送人民检察院审查起诉。

其次，检察机关应当轻案快办。对于危险驾驶类案件，检察机关可以创新工作机制，配置专门团队，简化办案程序，在讯问犯罪嫌疑人、听取辩护人意见、审查报告及文书的制作、量刑建议发表等方面可以进

一步简化，甚至以格式化形式进行处理，同时结合被告人、犯罪嫌疑人的认罪态度，积极开展认罪认罚从宽制度的适用，以期达到加快案件流转节奏，减少办案期限的效果。

最后，法院可以适用速审速裁。对于一般的危险驾驶案件可以适用简易程序审理，在案件受理后 20 日内审结，符合条件的危险驾驶案件可以建议适用轻微刑事案件快速审理机制的，尽量简化程序，甚至实行集中开庭审理。

第三节　危险驾驶罪常见问题和应对

我国关于危险驾驶罪的刑事立法运用了危险犯的模式，在保障交通安全方面取得显著的成效，但也存在一些不足，如关于道路的认定、机动车的界定、醉酒型危险驾驶罪是否可以出刑及如何出刑、危险驾驶罪自首的认定等法律适用上存在理解不一，造成危险驾驶罪裁判失范。因此，在审查危险驾驶案件的过程中，司法工作人员应根据相关的法律、司法解释等规定，并结合在案证据，重点关注以下问题。

一、如何认定危险驾驶罪的"道路"

（一）一般共识：《道路交通安全法》界定道路的理解

在道路上行驶是危险驾驶罪客观构成要件的重要组成部分，是否在道路上行驶也关系到本罪的适用范围，因此，如何认定属于道路将直接影响到危险驾驶罪与非罪的判断。然而，实务中对危险驾驶罪中道路的界定说法各异，值得进一步研究。虽然目前对道路的界定说法不一，但学界的分歧主要集中在除《道路交通安全法》界定的道路之外，危险驾驶罪中的道路是否还应包括其他情形。根据《道路交通安全法》第 119 条规定，道路是指公路、城市道路和虽在单位管辖范围但允许社会机动车通行的地方，包括广场、公共停车场等用于公众通行的场所。《醉驾案件指导意见》第 1 条也明确规定，道路适用道路交通安全法的有关规定。根据《城市道路管理条例》，城市道路是指城市供车辆、行人通行的，具备一定技术条件的道路、桥梁及其附属设施。城市道路需要满足三个条件：第一，位于城市之内，既包括县城，也包括设区市的各区。第二，该道路不属于单位管辖，可供社会机动车辆通行，若为单位管辖范围内，则由单位负责其交通秩序，不属于城市道路。第三，可供机动车、行人通行，其既包括仅供机动车通行的道路如高架桥，还包括机动车、行人均可通行的道路。需特别注意的是，仅供自然人或非机动车通行的道路如步行街和甬道因为仅供行人或非机动车通行的区域不存在交通，当然也不会有交通秩序，因此不属于《道路交通安全法》中所指的城市道路。而条文中包括广场、公共停车场等用于公众通行的场所，应理解为对道路的特别列举，此处的公众通行应需具备公共交通的内涵，不应包括仅提供给自然人或非机动车通行。

对于《道路交通安全法》中的道路存在较多疑难的是对公路及虽在单位管辖范围但允许社会机动车通行的地方等的理解。

1. 对公路的理解。公路应以《公路法》为主要依据，应理解为全国公路路网中通达各区域并达到相应技术标准的路段。被称为公路的路段必须满足两个条件：其一，只有规划在公路路网中的路段才能称之为公路，这是为规范公路的建设和管理设置的条件。其二，必须达到技术等级标准的路段才能称之为公路，这是为公路满足相应机车通行速度和通行流量要求设置的条件。根据《公路法》第 6 条的规定，公路按其在公路路网中的地位分为国道、省道、县道和乡道。在公路的认定中，村镇街道、农村路段尚存在模糊之处。

2. 虽在单位管辖范围但允许社会机动车通行的地方的理解。所谓单位管辖范围，是指在该单位有权负责管理单位内路段的部分交通秩序。其中单位管辖所指的公司必须满足以下条件：其一，该单位管辖范围内有可供机动车通行的路段，这是存在交通的前提，该条件排除了没有实际办公场所的单位和办公场所限于写字间等无路段可供管辖的单位。其二，该单位必须配备了相应的管理人员，具有管理单位内交通秩序的基本条件。其三，该单位的管辖只能是本单位住所所在区域的具体管辖。所谓允许社会机动车通行，首先是允许本单位的机动车通行为主，自然属于相对封闭区域，因此并不否认允许社会机动车通行。其次从《道路交通安全法》立法的目的看，允许社会机动车通行的深层次原因即在该单位管辖内的路段具有公共性，仍然属于公共交通的一部分，虽然其主要通行的车辆是本单位车辆，但只要该单位内的路段允许社会机动车通行，该路段便具有公共交通要求的公共性。

案例：2012 年 9 月 17 日晚，被告人王某某在湖南省湘潭市××酒楼宴请他人时大量饮酒，后王某某驾驶黑色丰田汽车前往湘潭大学北校区接人。当王某某驾车驶入该校南门后，因王某某酒后驾驶，同车的刘某某提醒其慢速行驶，王某某称没事继续驾车行驶。当日 21 时 30 分许，王某某驾车行至该校生活区心连心超市门前时，将前面正在行走的陈某某撞倒在地。肇事后，王某某被校保安人员拦停，后被带至公安机关。陈某某经鉴定为轻微伤。经鉴定，王某某血液酒精含量为 151 毫克/100 毫升，系醉酒超速驾驶。经交通管理部门认定，王某某负事故全部责任。湘潭市某区人民法院认为，被告人王某某违反交通运输管理法规，在校园内醉酒驾车，发生交通事故，致一人轻微伤，负事故全部责任。案发后，王某某的近亲属积极代为赔偿被害方的经济损失，取得了被害方的谅解，且王某某当庭自愿认罪，悔罪态度较好，对其可酌情从轻处罚。依照《刑法》第 133 条之一规定，某区人民法院以被告人王某某犯危险驾驶罪，判处拘役两个月，并处罚金 2000 元。

本案主要问题是校园道路是否属于道路交通安全法规定的"道路"。法院审理认为允许社会车辆通行的校园道路属于《道路交通安全法》规定的"道路"。主要理由如下：1. 2004 年公布施行的《道路交通安全法》修改了"道路"的含义，扩大了公共交通管理的范围，将"道路"的范围明确为公路城市道路和虽在单位管辖范围但允许社会机动车通行的地方，包括广场、公共停车场等用于公众通行的场所。这样，就把单位管辖范围内允许社会车辆通行的路段纳入"道路"范围，以更好地维护这些路段的交通秩序，保护肇事者和受害者的合法权益。2. 本案肇事地点位于湘潭大学校生活区，属于典型的单位管辖范围。

该区具有比较完善的社会服务功能，社会车辆只需登记车号就可以进出南门，门口也设有限速的交通标志，说明湘潭大学对其新校区生活区的路段是按照"道路"进行管理的。公安机关收集的车辆监控录像和门卫的证言等证据显示，社会车辆实际上不经登记也可通行。故该生活区内的道路属于《道路交通安全法》规定的"虽在单位管辖范围但允许社会机动车通行的地方"。被告人王某某违反交通运输管理法规，在校园道路醉驾并发生交通事故，致一人轻微伤，负事故全部责任，其行为构成危险驾驶罪。

案例：被告人廖某某，男，广西壮族自治区上思县某局司机。2011年6月11日18时许，廖某某下班后将其单位三菱汽车开回其居住小区停放，然后乘坐三轮车外出与同事吃饭。当日21时许，廖某某酒后坐三轮车回到小区，发现三菱汽车停放的位置离其居住单元楼有一段距离，决定将车开到其居住的楼下停放。廖某某驾驶车辆行驶约50米到其楼下，在倒车入库时汽车尾部与停放在旁边的上思县思阳镇龙江半岛花园的汽车前部发生碰撞。发生事故后，被撞车主报警，公安人员赶到后将廖某某抓获，并认定廖某某负事故全部责任。经鉴定，廖某某血液的酒精含量大于300毫克/100毫升。案发后，廖某某赔偿被害人损失人民币800元。上思县人民法院认为，被告人廖某某违反道路交通安全法规，在道路上醉酒驾驶机动车，其行为构成危险驾驶罪。廖某某醉酒驾驶机动车，血液中酒精含量远超出醉酒驾驶标准，达到300毫克/100毫升以上，且在驾驶中与他人车辆发生碰撞，负事故全部责任，应当酌情从重处罚。鉴于廖某某是为了挪车而在小区内醉酒驾驶机动车，到案后能如实供述自己的罪行，且积极主动赔偿被刮车辆车主损失，认罪态度较好，依法可以从轻处罚。据此以被告人廖某某犯危险驾驶罪，判处拘役3个月，并处罚金人民币2000元。一审宣判后，被告人廖某某不服提出上诉。广西壮族自治区防城港市中级人民法院经公开审理后裁定驳回上诉，维持原判。

本案在审理过程中，对于被告人廖某某醉酒驾驶机动车的地点是否属于危险驾驶罪罪状规定的"道路"，存在分歧意见。法院审理认为廖某某醉驾的地点属于道路，其行为构成危险驾驶罪。主要理由如下：危险驾驶罪属于行政犯，如果没有特别需要扩张或者限制解释的理由，对概念性法律术语的规定应当与其所依附的行政法规保持一致。小区是居民聚居的生活场所，居住的人数众多，且随着社会的发展，小区的规模越来越大，小区内车辆通行的路段往往也是行人和非机动车通行的地方，在小区内醉驾对公共安全具有较大的危险性。如果在《道路交通安全法》规定之外，另以"是否作为公共路段穿行"作为认定道路的标准，将不利于保障小区内生活的人民群众人身财产安全。故对小区道路的认定应当与《道路交通安全法》的规定精神保持一致，以是否"允许社会车辆通行"作为判断标准。另外对道路的认定关键在于对道路"公共性"的理解。而何谓"公共"，其最本质的特征在于对象的不特定性。无论单位对其管辖范围内的路段、停车场采取的管理方式是收费还是免费、车辆进出是否需要登记，只要允许不特定的社会车辆自由通行，就属于道路。本案中，在案证据证实，案发地小区物业服务中心与开发商签订的合同约定的是非封闭式管理，实际执行的也是开放式管理，小区非住户车辆可以自由出入小区、在小区内停放，因此，该小区道路具有公共性，属于《道路交通安全法》规定的"道路"。被告人廖某某在该小区内醉酒驾驶机动车，属于在道路上醉酒驾驶，其行为构成危险驾驶罪。

（二）其他应当视为道路的路段

对于《道路交通安全法》中道路范围纳入危险驾驶罪客观构成要件中的道路争议不大，但对于《道路交通安全法》规定的道路之外，还存在许多可供通行的路段如何界定仍有争议。《道路交通安全法》规定的道路之外的路段包括以下几类：（1）村镇街道，即村镇中未纳入公路网，但具备定技术标准，可供机动车通行的路段；（2）封闭单位的路段，即只能依托于本单位成员资格进入的单位路段，这些路段往往都处于管理严格的单位，如中小学校园、政府机关大院、高档住宅小区等；（3）只供自然人通行的路段，如大学校园内学生教学楼、公寓楼下特别设置阻拦设施的路段，步行街，步行广场，城市、村镇、单位楼房之间的甬道等，这些路段之所以仅允许自然人及非机动车通行，有时甚至仅允许自然人通行，是因为其中人流密度太大，作为交通的用途风险过高；（4）村镇小路，即农村和乡镇中除乡镇公路、村公路、村镇街道之外的路段，如机耕道、田间小道、泥土路；（5）不供通行的路段，如正在修建的未开通的公路；（6）私人专属区域，如私人别墅、私人小院、私人车库等。

从犯罪客体上来看，危险驾驶罪保护的道路交通运输安全秩序并不仅限于《道路交通安全法》的道路上形成的交通秩序。从与《道路交通安全法》的协调来看，危险驾驶罪将客观方面的道路作广义的理解方能实现与《道路交通安全法》中未上道路醉酒驾驶需追究刑事责任的要求相衔接。那么，除了《道路交通安全法》中道路的范围，本罪的道路至少还应包括村镇街道及封闭单位管辖范围内可供机动车行驶的路段。

1. 村镇街道应属于道路的范围。城市街道之所以作为城市道路，是因为城市街道上人流量大，车流量也大，道路技术标准高，可供车辆快速通行，同时在城市街道上驾驶机动车的风险也较高。之前，我国村镇建设比较落后，村镇中通行条件较好的一般限于穿行于该区域的公路。但如今集镇和部分农村的经济水平发展较快，特别是集镇街道的建设更加完善，在集镇街道上通行的状况已和城市差别不大，其交通风险程度也逐渐提高，因此，集镇街道上的驾驶行为需要按照城市道路的标准规范，当然在集镇街道上的危险驾驶行为也应以危险驾驶罪论处。村组街道一般出现在经济发展较好且人口较多的村组，村组大都通行了公路，有些房屋靠着公路两旁建成，该路段属于公路的部分而不能作为街道。但在规模较大的村组，可能出现与公路交叉的水泥街道，这些路段都可以直接通行机动车，将发展成熟的村组街道作为道路的一部分也是必然的趋势。另外，村组中有许多较大的公共区域如禾场，其通行条件好，人员聚集多，特别有许多孩童在该公共区域玩耍，该区域同时允许通行机动车，在该区域醉酒驾驶机动车的行为违反了陆路交通秩序，也对交通安全造成很大的危险，符合危险驾驶罪的构罪条件，故该区域也应属于危险驾驶罪中道路的范围。

案例：被告人谢某某，男，北京市人。谢某某于 2011 年 7 月 11 日 0 时许，在北京市顺义区仁和镇河南村西口处，酒后驾驶一辆红色金陵无牌照摩托车，后被公安机关查获。经法医鉴定，谢某某血液检材中酒精含量为 144.7 毫克/100 毫升。北京市顺义区人民法院认为，被告人谢某某在道路上无证醉酒驾驶机动车，其行为侵犯了公共交通安全，构成危险驾驶罪，谢某某案发后明知他人报警而在现场等候，到案后能如实供述犯罪事实，系自首，且当庭认罪，悔罪，依法可以对其从轻处罚，顺义区人民法院据此判决谢某某犯危险驾驶罪，判处拘役 2 个月，并处罚金 1000 元。

本案的主要问题是乡间小道能否被认定为危险驾驶罪罪状中的道路。审理认为，随着汽车时代的到来，危险驾驶行为的数量直线上升，这一现象带来的潜在威胁和现实危险迫使立法者对危险驾驶行为的社会危害性重新作出评价。危险驾驶以一定危险状态的产生作为构成犯罪的基本要件。立法将危险驾驶行为限定发生在道路这一特定空间场域，其保护的不仅是特定事故的受损害方（在发生交通事故的情况下），而且包括不特定多数人的生命、健康或者重大公司财产的安全。因此，在明确这一立法意图的基础上，对危险驾驶罪道路的理解应重点把握驾驶行为发生地是否具有公共性，只要具有公共性，就应当认定为道路。本案发生在北京市顺义区仁和镇河南村西口处，公安机关经过实地调查，为该地的公共性出具了相关证明，"谢某某危险驾驶案发地为空旷地，可以通行社会车辆，根据《道路交通安全法》第 119 条第 1 项之规定，符合道路范畴"。因此，将被告人谢某某在此地发生的醉驾行为定性为危险驾驶罪，是符合立法规定的。

2. 封闭单位管辖范围内可供机动车行驶的路段应属于道路的范围。所谓封闭单位管辖的路段，指的是只能依托本单位成员资格进入的单位路段。该路段的交通不属于公共交通范围，且该路段的交通秩序主要由该单位维护。《道路交通安全法》也将其排除出道路的范围之外，故有许多学者主张将该路段不应作为危险驾驶罪中的道路，在其上发生的醉酒驾驶等危险驾驶行为应排除出危险驾驶罪。

不可否认，封闭单位管辖的路段中交通秩序主要由该单位维护，其上也不存在公共交通，但是，本单位对其管辖范围交通秩序的管理职责是有限的，且对某些不需上道路的驾驶行为的管理权，交通管理部门并没有让渡给单位。单位对交通秩序的维持及违规行为的处罚只有很小的权限，其管理手段更多的是提醒和警告，并不享有行政处罚权。因此，单位对本单位内交通秩序的管理措施非常有限，并不足以单独阻止重大违法驾驶行为的发生。而从交通管理部门将交通秩序的部分管理职责让渡给单位的理由来看，其对本单位的管理更加方便，交通管理部门为了行政资源的节约而将部分管理权让渡给单位，从《道路交通安全法》上来看，许多上道路才构成违法的驾驶行为，交通管理部门并不予干涉。但对于部分不需上道路就构成违法的驾驶行为，交通管理部门并未将管理权让渡给单位，况且单位本身的管理能力难以遏制这些驾驶行为造成更大的损害，故这些行为只能由交通管理部门以行政处罚甚至诉诸刑事处罚才能有效规制。另外，虽然单位内不供社会机动车行驶的路段非公共场所，但危险驾驶罪所保护的客体是特定的道路交通秩序，只要驾驶行为违反了本罪保护的特定道路交通秩序，即成为可能构成本罪的理由，况且在封闭单位内部危险驾驶的行为，对交通安全造成的威胁并不会比公路上小，而单位本身没有能力和处罚权限对这些行为进行管理，无法控制该行为带来的危险。再者，将封闭单位管辖范围内供社会机动车行驶的路段纳入本罪中道路的范围在实践中也是行得通的。由于单位内部管理人员负责一般交通秩序的维持，实践中可以通过加强单位工作人员和交通管理部门的配合，实现对本罪规范的危险驾驶行为及时、有效的打击。

3. 只供自然人通行的路段在特殊情形下可属于道路的范围。只供自然人通行的路段如甬道、步行街、步行广场，虽然不是道路，其也不存在交通秩序，通常理解上不应属于危险驾驶罪道路的范围。但这些路段往往人流量特别大，在该路段进行危险驾驶的行为对公众安全的威胁极大，其社会危害性比在公路上危险驾驶的行为要大得多。危险驾驶罪对步行街等区域尚未发生实害的危险驾驶行为必须予以规制，当危险驾驶行为人从公路或其他道路上闯入附近的步行街时，可以其在公路上就存在危险驾驶行为为由将其作为危险驾驶罪处理。但是，在某些特殊情形下，若将只供自然人通行的路段排除在本罪道路的范围，将产生刑事立法的遗漏。这种遗漏可能出现在如下情形中：当危险驾驶人在只供自然人通行的路段启动机动车，尚未离开该路段时便停止；或者驾驶人闯入该路段后才喝酒或追逐竞驶，但未造成实害。当出现以上情形时，司法实践中就必须将该路段作为道路理解，才能实现对该类极其严重的危险驾驶行为的处罚。

二、超标电动自行车是否属于机动车

（一）实践中存在的分歧

司法实践中，对于汽车、货车等常见车型认定为机动车没有异议，但对于以动力装置驱动且设计最高时速、空车质量、外形尺寸超出有关国家标准，达到或者接近机动车标准的电动自行车等交通工具是否属于机动车，存在较大争议。

一种观点认为超标电动自行车属于机动车。主要理由是：第一，不符合国家标准的电动自行车不属于非机动车。《道路交通安全法》第119条第3项、第4项规定：机动车是指以动力装置驱动或者牵引，上道路行驶的供人员乘用或者用于运送物品以及进行工程专项作业的轮式车辆。非机动车是指以人力或者畜力驱动，上道路行驶的交通工具，以及虽有动力装置驱动但设计最高时速、空车质量、外形尺寸符合有关国家标准的残疾人机动轮椅车、电动自行车等交通工具。根据《道路交通安全法》的规定，机动车、非机动车在逻辑上是非此即彼的排斥关系。既然符合国家标准的残疾人机动轮椅车、电动自行车等交通工具是非机动车，则超标电动自行车不属于非机动车。第二，超标电动自行车符合机动车类别中摩托车的技术条件。2018年1月1日施行的《机动车运行安全技术条件》（强制性国家标准 GB7258 - 2017）将摩托车界定为由动力装置驱动，具有两个或者三个车轮的道路车辆，并将电驱动最大设计车速不大于 20 公里/小时、具有人力骑行功能，且整车整备质量外廓尺寸、电动机额定功率等指标符合国家标准规定的两轮车辆等四类车排除在外。其中，最大设计车速不大于 50 公里/小时的属于轻便摩托车，最大设计车速大于 50 公里/小时的属于普通摩托车。根据该规定，超标电动自行车已达到轻便摩托车甚至普通摩托车的技术条件，故属于机动车。第三，出于安全保障需要，有必要将超标电动自行车认定为机动车。实践中，这些超标电动自行车速度较快，安全性能较低，加之一些驾驶员无视道路交通安全法律、法规，导致交通事故频发，超标电动自行车已成为继摩托车之后事故最多发的车型之一。为有力保障道路交通安全和人民群众人身财产安全，对醉酒驾驶超标电动自行车的行为应当按犯罪处理。

另一种观点认为不宜将超标电动自行车认定为机动车，在道路上醉酒驾驶超标电动自行车的，不构成危险驾驶罪。主要理由是：第一，对"机动车"等概念性法律术语的理解应当与其所对应的行政法规保持一致，不能随意扩大解释。目前，对于超标电动自行车是否属于机动车，相关行政法规并未作出明确规定。虽然根据机动车国标对摩托车的规定，部分超标电动自行车符合摩托车的技术条件，似属机动车，但机动车国标并未明确规定超标电动自行车属于机动车，只是规定符合国家标准的残疾人机动轮椅车、电动自行车不属于摩托车。第二，将超标电动自行车作为机动车进行规定和管理存在较多困难。一是当前尚不具备将超标电动自行车规定为机动车的现实条件。2009 年 6 月 25 日制定的《电动摩托车和轻便摩托车通用技术条件》（强制性国家标准 GB24157 – 2009，以下简称摩托车国标）本拟于 2010 年 1 月 1 日施行，但其关于最大设计车速为 20—50 公里/小时的属于轻便摩托车的规定，遭到电动自行车生产厂商和消费者的抵制。因目前生产和销售的大部分电动自行车的最大设计车速已超过 20 公里/小时，如果将这部分电动自行车作为轻便摩托车进行管理，会导致大量生产厂商被迫停业停产整顿甚至转产，也会增加消费者的出行成本，导致购买力大幅下降。2009 年 12 月 15 日，国家标准化管理委员会不得不专门就电动摩托车相关标准实施事项下发通知，决定暂缓实施摩托车国标等 4 项国家标准中涉及电动轻便摩托车的内容，并表示将加快电动自行车国家标准的修订工作。2012年 5 月 11 日，机动车国标发布后，再次引发关于超标电动自行车是否属于机动车的争议。同年 8 月 14 日，国家标准化管理委员会在与公安部、工业和信息化部、交通运输部、中国轻工业联合会、中国自行车协会等部门代表和有关专家参加的座谈会上达成一致意见，国家标准《电动自行车通用技术条件》的修订要适应产业发展的新形势，其不受限于机动车国标等现有国家标准相关条款的规定。在《电动自行车通用技术条件》新标准出台后，国家标准化管理委员会将及时梳理和调整相关国家标准，保持国家标准之间的一致性。因此，超标车的性质仍需留待电动自行车国标修订完善时予以明确。二是将超标电动自行车作为机动车进行管理难度较大，且超标电动自行车在机动车道上行驶存在较大安全隐患。根据机动车管理的相关规定，机动车在上路行驶前，应当通过公安机关交通管理部门的登记审查，获得机动车登记证书、号牌和行驶证，投保机动车交通事故责任强制保险，机动车驾驶人还应当考取机动车驾驶证。这些工作需要投入大量的人力、物力和时间。超标电动自行车且证照齐全，就可以在机动车道上行驶。但如果有大量超标电动自行车与汽车、摩托车在有限的机动车道上抢行，无疑会造成一种无序状态，大大增加交通事故发生的概率。第三，公众普遍认为超标电动自行车不属于机动车，此类醉酒驾驶或者追逐竞驶的行为人往往不具有相关违法性认识。与故意杀人抢劫强奸等自然犯不同，危险驾驶罪是行政犯，对行为人违法性认识的要求更高。不仅要求行为人认识到自己是在驾驶的事实，还要求行为人认识到驾驶的车辆属于法律意义上的机动车。由于国家既未对超标电动自行车的法律属性作出明确规定，又未对其按照机动车进行管理，在此情况下要求普通公众认识到超标电动自行车属于机动车，既不现实，也不妥当，甚至有些强人所难。

（二）超标电动自行车不宜认定为机动车

电动自行车因其方便快捷，已成为人们常用的重要交通工具之一。由于大部分电动自行车都存在超标现象，如果将醉酒驾驶超标电动自行车等行为一律作为犯罪处理，将会大大扩大刑法的打击面。这样的效果并不好，毕竟驾驶电动自行车的绝大多数行为人都是没有前科劣迹的普通公民，一旦被贴上"犯罪人"的标签，对其工作、生活和家庭影响较大，甚至会出现影响社会稳定的不和谐因素。

实践中存在由交通管理部门出具情况说明或者鉴定意见，称涉案的超标电动自行车属于机动车。然而，这种做法既不能证明行为人认识到自己驾驶的电动自行车属于超标电动自行车，更不能证明行为人认识到超标电动自行车属于机动车。况且，在相关行政法规未明确规定超标电动自行车属于机动车的情况下，地方交通管理部门或者鉴定机构认定超标电动自行车属于机动车，超出了其权限范围。当然，一些地方醉酒驾驶超标电动自行车的现象较为严重，发生多起交通事故，也确实需要高度重视超标电动自行车存在的安全隐患。这需要相关主管部门采取有力措施，规范电动自行车的生产和消费市场，修改完善电动自行车运行安全技术条件，适当提高电动自行车的最大设计车速。必要时，可以考虑将其中一部分符合摩托车技术条件的超标电动自行车作为机动车进行管理。但在有关部门明确将超标电动自行车纳入机动车产品目录进行规范之前，司法机关不宜因醉酒驾驶超标电动自行车的行为对道路交通安全构成较大威胁，就将其认定为犯罪。

案例：被告人林某，男，湖南省某市人。2012年10月3日19时许，被告人林某醉酒驾驶一辆电动自行车，行至某村路口时被当场查获。经鉴定，林某血液酒精含量为179.04毫克/100毫升。某市人民法院认为，被告人林某在道路上醉酒驾驶机动车，其行为构成危险驾驶罪。公诉机关指控的罪名成立。林某归案后如实供述自己的罪行，认罪态度较好，可以从轻处罚。据此，依照《刑法》第133条之一第1款、第67条第3款之规定，某市人民法院以被告人林某犯危险驾驶罪，判处拘役2个月，并处罚金人民币2000元。一审宣判后，被告人林某未提出上诉，公诉机关亦未抗诉，该判决已发生法律效力。

尽管本案法院以危险驾驶罪判处刑罚，但是否恰当，值得商榷。如前所述，目前对于超标电动自行车是否属于机动车，相关行政法规并未作出明确规定，更不应该随意扩大解释。本案被告人林某到案后认罪，且未提出上诉，并非因为其认为自己驾驶的电动自行车属于机动车，而是基于"醉酒驾车一律要受刑事处罚"的错误认识。故不能因为林某认罪，就简单认为其具有危险驾驶的违法性认识。综上考虑，类似本案情形，作无罪处理更为妥当。

三、醉酒型危险驾驶罪如何出刑

醉酒危险驾驶入刑在司法实践中存在的难题不多，但其是否可以出刑以及如何出刑却争议颇多。

（一）醉酒驾驶行为不应一律入刑

虽然目前我国法律规定醉酒驾驶行为应当受到法律的追究，但并不是存在醉酒驾驶行为就应一律认定为犯罪。应当看到，在我国的刑事立法框架下，某行为被确定为犯罪后，还可以通过不起诉等方式不予刑事处罚，故我国的刑事立法存在入罪后但不入刑的空间。醉酒型危险驾驶罪规制的对象是醉酒驾驶的行为，在酒文化底蕴深厚的我国，醉酒驾驶行为可算是大众型的行为，在许多人眼里已经司空见惯，然而该行为令道路交通安全面临极大威胁。刑法设立醉酒型危险驾驶罪的目标是消减醉酒驾车对道路交通安全的威胁，其最终的追求是在公众心中形成醉酒绝不开车的观念，维护交通秩序。为有效发挥刑法的功能，立法上采用了抽象危险犯的模式将醉酒驾驶行为一律入罪，但在醉酒驾驶行为入罪后，司法可以选择循序渐进，有选择地出刑。主要从以下几个方面考量：

1. 从社会治理的考虑

交通秩序的维护是社会治理的内容，运用刑罚对醉酒驾驶行为进行处罚只是社会治理的一种方式。除了刑法和刑罚的运用，交通秩序的维护还可以通过有关教育、宣传等政策的制定来实现，由此，对于公众进行规则意识及道德感的培养，往往能收到更理想的社会治理效果。教育宣传等政策的制定和实施需要耗费更多的智慧、劳力和费用，而刑罚却能立竿见影地看到效果，为国家提供社会治理的捷径。社会公众之所以对醉酒驾驶行为一律入刑存在较高的期待，主要原因在于认为若给醉酒驾驶行为留下不入刑的空间，容易出现保护部分人群免受刑罚的避风港。回应公众的质疑，堵住行政或司法腐败的漏洞，是司法上将醉酒驾驶一律入刑的重要考虑因素，然而，这同时也更大地限制了公众的权利和自由。国家治理醉酒驾车，并不能依赖于刑罚的严厉。刑罚也只是教育途径之一，虽然运用简便，但刑罚的运用也必然伴随着公众权利的缩减。国家需要发挥更多的智慧，拓展更广的途径教育公众遵守交通规则，只在必要的时候才寻求刑罚权的威严。国家刑罚权运用规制某一行为要综合考察：一方面，生活中是否有实施该行为的必要，是否让公众感到自己的自由受到限制；另一方面，如果不运用国家刑罚权，是否会让公众感觉到不安。具体到醉酒驾驶行为，立法中将其入罪是回应社会中醉酒驾驶引发的交通事故频发，严重威胁到公共安全的问题。司法中是否将其一律入刑，涉及国家在社会治理中运用刑罚权的必要限度。故从社会治理的角度考虑，不宜将醉酒驾驶的行为一律入刑，应更加努力地发挥教育、引导等政策的作用，从各个方面培养公众的道德意识。

2. 从立法与司法关系考虑

我国立法者在设计醉酒驾驶罪的法条时，将醉酒驾驶行为以抽象危险犯的模式纳入刑法规制，并通过删去《道路交通安全法》与醉酒驾驶行为有关的拘留及罚款处罚条款等技术性调整，将醉酒驾驶行为一律入罪。但从立法与司法关系的角度看，这并不意味着司法中也必须将醉酒驾驶行为一律入刑。立法是一般性的规定和指导，其目的是为社会确立共同的行为规范；司法是具体的法律的实施，通过对法律的运用和把握，将其规定现实化。立法关注社会整体的法秩序，是宏观的基面；司法关注具体个案中法的运用，是微观的层面。从立法的角度来说，将醉酒驾驶行为一律入罪体现了总体上对该行为的严厉打击；而从司法的角度，个案中的醉酒驾驶行为并不一定都存在较大的社会危害，司法需要关注个案的正义，在立法规定的权限幅度内对不同的情形采取不同的措施，而对构成法定刑为"拘役、并处罚金"的醉酒驾驶罪运用职权不起诉、免予刑事处罚或判处缓刑，也在司法的权限幅度之内。故只有对不同的醉酒驾驶行为予以不同对待，将不具社会危害或社会危害很小的醉酒驾驶行为出刑，在醉酒型危险驾驶罪的司法适用上才能维护个案的正义，提高公众对法律的认可并保障立法的权威。

3. 从执法与司法关系考虑

执法和司法同属法的实施，司法的效果受到执法的制约，治理醉酒驾驶行为的关键并不在于司法上将所有醉酒驾驶行为一律入刑，而在于交通执法力度的加强。刑法在醉酒驾驶行为的治理中发挥作用的途径是法的现实化，对违反刑法规定的醉酒驾驶行为进行处理，让公众感到法的威慑，实现其一般预防的机能。而要追求法的现实化，必然依赖一线警察严肃查处醉酒驾驶行为，该类行为如果不主动查处，除非有交通事故才能发现。执法者对醉酒驾驶行为的查处是醉酒驾驶案件的最主要来源。执法上醉酒驾驶行为是否充分查处，决定了刑法中醉酒型危险驾驶罪的现实化程度，也决定了刑罚一般预防机能的实现。司法中将所有醉酒驾驶行为一律入刑，还是将某些醉酒驾驶行为出刑，对刑法中有关醉酒驾驶罪的现实化没有决定性影响。若执法松弛甚至选择性执法，只有少数醉酒驾驶者被查处，即使将所有醉酒驾驶行为一律入刑，受案件来源的限制，也无法有效地体现刑法对醉酒驾驶行为的严厉态度，反而造成个案的不公。若执法严密，社会中大量的醉酒驾驶行为都被抓获，司法中对情节显著轻微或其他特别情形的犯罪予以出刑，能保证司法在个案中的公正，也不会在总体上影响刑法的实现。因此，从执法与司法关系的角度来看，运用刑法治理醉酒驾驶行为的关键在于执法力度的加强，司法上不将被查处的醉酒驾驶行为一律入刑不会对醉酒驾驶罪的现实化产生根本的影响，反而可以实现司法的公正及灵活运用。

4. 从公众的行为习惯养成考虑

治理醉酒驾驶行为的理想状态是促使公众养成"醉酒绝不开车"的行为习惯，但公众行为习惯的养成需要一个长期的过程，不能靠短期的高压政策，应循序渐进地进行。公安部曾于2012年先后出台相关规定对"闯黄灯"行为进行处罚就属典型的例子。公安部出于尽责尽职目的处罚闯红、黄灯的措施不得不尴尬收场，究其原因，在于公安机关并未注意公众行为习惯的养成需要循序渐进，不能依赖严厉的处罚，而要通过宣传教育来改变观念。处罚"闯黄灯"的实例可以启发我国目前对醉酒驾驶行为的治理，要达到改变公众行为习惯的效果，主要应通过宣传教育等方式，不能全部依赖重罚。首先要持续保持刑法威慑，循序渐进地促成公众"醉酒绝不开车"的习惯，应当保障公众对危险驾驶罪立法的认可和尊重，这也要求司法适用中进行精确化处刑，对情节严重的犯罪分子从重处罚，对情节轻微的予以出刑，以实现司法正义。另外，从比较的视野来看，域外大量运用缓起诉等追诉停止手段处理交通犯罪案件也是在不对其出罪的前提下，通过刑法及刑事诉讼法的运用将其出刑，以达到罪刑相适应的司法公正要求。从司法资源分配的角度来看，若醉酒驾驶行为一律入刑，由于危险驾驶罪的量刑幅度明确且单一，只有拘役并处罚金，法院醉酒驾驶案件的受理及处刑量将持续处于高位状态，将过分占用有限的司法资源。从处刑均衡的角度来看，更为严重的交通肇事罪在实践中不起诉率和缓刑宣告率都较高，若醉酒驾驶行为一律入刑，将导致处刑不均衡。

（二）醉酒驾驶行为如何出刑

醉酒型危险驾驶罪可以运用《刑法》第13条但书"情节显著轻微危害不大"出刑。

2017年5月1日最高人民法院《关于常见犯罪的量刑指导意见（二）（试行）》（以下简称《量刑指导意见》）规定："对于醉酒驾驶机动车的被告人，应当综合考虑被告人的醉酒程度、机动车类型、车辆行驶道路、行车速度、是否造成实际损害以及认罪悔罪等情况，准确定罪量刑。"也就是说，在醉驾型危险驾驶罪的刑事审判中，需要综合考虑被告人的醉酒程度、机动车类型、车辆行驶道路、行车速度以及是否造成实际损害，来具体认定危险是否存在以及危险程度的大小。这是对此前醉酒型危险驾驶罪存在的不良的司法行政化倾向的一种及时的纠正。如果司法判决依据的仅仅是行政上的酒精含量阈值检验，一旦达此标准就不存在不构成犯罪的情况，根本不去考量危险的有无，不去考量责任因素，不去考量犯罪情节是否显著轻微，不去考量犯罪情节是否轻微不需要判处刑罚，那就违背了现代刑法一贯坚持的责任主义原则，违背了我国刑法的总则性规定。《量刑指导意见》还规定："对于情节显著轻微危害不大的，不予定罪处罚；犯罪情节轻微不需要判处刑罚的，可以免予刑事处罚。"这就意味着，对于醉酒型危险驾驶罪可以适用，也可以适用刑法总则第 37 条关于免予刑事处罚的规定。

根据目前司法实践，"情节显著轻微，危害不大"的情形可以从以下几个方面予以考虑：（1）驾驶人血液酒精含量刚刚超过 80 毫克/100 毫升；（2）行驶在车流及人流较小路段的，如较偏僻的路段、较空旷的路段、公共或地下停车场；（3）行驶于深夜等车流及人流稀少时段；（4）发现自己难以操控机动车后及时停止驾驶的；（5）驾驶距离较短的，如在停车场移动车位等。另外，有关行为人主体及主观方面等情节也可作为判断个案中是否存在"情节显著轻微危害不大"的情形参考，如：（1）有自首情节的；（2）归案后认罪态度较好的；（3）配合交警执法的；（4）属于未成年人或老年人的；（5）驾驶记录良好，没有违章记录等。由于实践中具体案件纷繁复杂，即便出现上述情形，还需要综合各种情况来判断行为人是否存在"情节显著轻微危害不大"，具体到个案中可以考虑行为人的醉酒驾驶的行为是否存在社会利益盈余。醉酒驾驶行为是否存在社会利益盈余的判断，可以从两方面着手：一方面，从行为人本身的控制能力判断，在行为人本身的控制能力方面，可以允许行为人提出反证的请求，以证明自己存在良好的驾驶行为控制能力，如测试身体平衡性、走 S 线等。需要指出的是，可以根据医学的依据，明确绝对的醉酒标准，强制推定行为人在达到该标准后不可能存在良好的驾驶的绝对醉酒行为控制能力，以防权力寻租，比如设置 200 毫克/100 毫升的绝对醉酒标准。另一方面，从行为情状来判断当时其醉酒驾驶行为社会利益状况及风险性大小。

案例：2011 年 7 月 27 日凌晨 1 时 35 分许，被告人吴某某驾驶汽车途经深圳市龙岗区龙园路龙园大门路段时，被交通警察当场查获。经鉴定，吴某某血液中的酒精含量为 89.4 毫克/100 毫升。另查明，吴某某的女儿吴某绮于 2010 年 12 月 1 日出生，病历材料显示 2011 年 7 月 27 日至 28 日其因发热在龙岗区中心医院就诊。深圳市龙岗区人民法院认为，被告人吴某某在道路上醉酒驾驶机动车，其行为构成危险驾驶罪。吴某某血液中的酒精含量不高，其醉驾的距离和时间较短，且未造成实际危害后果。经查，案发当晚吴某某系因听到未满周岁的女儿生病，心里着急而自行驾车回家，故其体现的主观恶性不深。吴某某归案后积极配合司法机关办案，庭审中对自己的错误亦有深刻认识。综合以上情节，判处吴某某免予刑事处罚。

本案被告人吴某某在道路上醉酒驾驶机动车的事实清楚、证据确实充分，以危险驾驶罪定罪不存在争议。但在量刑上，吴某某具有多个法定、酌定从轻处罚情节，对其能否适用《刑法》第37条规定的"犯罪情节轻微不需要判处刑罚的，可以免予刑事处罚"存在认识分歧。法院审理后认为，本案被告人吴某某具备多个法定或者酌定从轻处罚的量刑情节：一是未发生实害后果，社会危害性较小。吴某某血液酒精含量为89.4毫克/100毫升，刚达到醉驾标准，且其醉驾时间在凌晨1时许，行驶路线非城市主干道，路上车辆行人稀少，相比于醉酒程度高或者在交通繁忙时段和路段的醉驾行为，发生交通事故的风险较低，对道路公共安全造成的威胁很小。二是主观恶性较小。案发当晚，吴某某由其司机驾车送至酒店参加同学聚会，说明其对酒后驾车的危险性已有一定认知，并作了相应防范。聚会结束后，吴某某派司机去送同学回家，在此期间突然得知未满周岁的女儿发高烧，情急之下没有选择打车或者乘坐其他交通工具回家，而是选择自己醉驾，其救女心切可以得到社会公众广泛理解和宽容，亦是人之常情，故其主观恶性与其他持侥幸心理的醉驾行为人相比要小。三是行为人的人身危险性较小。吴某某具有正当职业，以往表现较好，无犯罪前科，是初犯，且到案后如实供述罪行，庭审中具有认罪、悔罪表现。四是本案不存在从重处罚量刑情节。鉴于吴某某并非主动停止醉驾，而系被查获而停止醉驾，被查获时已行驶约1.8公里，综合考虑，可以认定吴某某的醉驾行为属于"犯罪情节轻微"的情形。故依照《刑法》第37条的规定，依法对吴某某宣告有罪，但免予刑事处罚，既深入贯彻了宽严相济刑事政策依法从宽精神，也体现了罪责刑相适应原则。

四、关于危险驾驶罪自首的认定问题

自首的认定问题历来是个难题。根据《刑法》第 67 条第 1 款的规定，犯罪以后自动投案，如实供述自己的罪行的，是自首。因此，判断自首需要考察"自动投案"和"如实供述自己罪行"两个因素。实践中，由于大部分危险驾驶案件是当场被查获的，因此存在危险驾驶案件自首难以认定的问题。危险驾驶具有当场性和及时性的特点，实践中出现的危险驾驶案件，嫌疑人的查处均在酒醉之后或者在醉酒驾车和人员、车辆发生碰撞之后，才被设卡或报警，交警发现进行检测之后立案。如何判断嫌疑人的行为构成自首，应当结合案发后的现场情况、嫌疑人个人人身受限情况等进行综合判断：

一是在交警设卡检查时，行为人主动上前交代自己当天喝酒的事实，经过检查为醉酒的，应当认定为自首，因为这个行为具有自首的两个特征：主动性和坦白性。在认定这一自首问题中还存在行为人被检查后发现醉酒的不可避免性特点，这里也要区分对待：一种情况是，行为人在发现前方已经有交警设卡进行检查，无可逃避，上去主动交代的，应放宽这个主动投案的前提，因为自首的立法本意在于鼓励行为人主动交代自己的犯罪事实，以减少诉累，尽管行为人在一定的情形之下，有被迫性质，但是依然鼓励主动交代的情形，毕竟危险驾驶是属于危害公共安全的抽象犯罪，对于自首前提应当予以放宽。另一种情况是，在发生碰撞事故后，主动等候交警前来，并在 110 报警电话中或者主动向前来的交警讲清自己喝酒的事实的，也应当认定为自首。因为在这个时候，行为人有时间有空间脱离现场，有条件规避而不规避，因此，行为人的行为具有主动性特点。当然在实务中，还应当区分行为人在现场等候交警前来，不是为了交代自己醉酒驾驶，而是为了等交警帮助解决事故的赔偿的，即使在交警到场后，仍然不交代自己醉酒的事实的情形，这种情况当然不能予以认定。

二是在行为人被第三方控制的情况下，主动向公安机关交代自己醉驾的事实的，也应当认定自首。此时不能认为行为人被第三方控制就没有自首的权利，应当具体问题具体分析，一种情况是碰撞后的第三方控制，不能离场，交警到场，主动交代的，应当认定为自首；另一种情况是车辆发生碰撞后，被第三方发现是醉酒驾驶，然后被控制，这种情况下，和群众扭送公安机关没有区别，因此，不能认定为自首。

案例：被告人黄某某，男，苏州市人。2011 年 5 月 1 日晚，被告人黄某某酒后驾驶未经检验合格的二轮摩托车，行驶至苏州市相城区黄桥街道旺盛路与兴旺路交叉路口由北向西右转弯时，与由西向北左转弯骑电动自行车的王某某相撞。经鉴定，黄某某血液酒精含量为 143 毫克/100 毫升。经责任认定，黄某某负事故主要责任。案发后，黄某某在明知对方当事人报警的情况下，留在现场等候处理，归案后如实供述犯罪事实。苏州市相城区人民法院认为，被告人黄某某违反交通运输管理法规，在道路上醉酒驾驶机动车，其行为构成危险驾驶罪。黄某某在明知他人报警后，留在现场等候处理，归案后如实供述犯罪事实，系自首，依法可以从轻处罚。黄某某在发生轻微交通事故后积极主动赔偿被害人的经济损失，可以酌情从轻处罚。据此以被告人黄某某犯危险驾驶罪，判处拘役 1 个月，并处罚金 1000 元。

本案的主要问题是黄某某醉酒驾驶是否能够认定自首的问题。法院审理后认为，根据《刑法》第 67 条第 1 款的规定，判断被告人是否具有自首情节，需要考察"自动投案"和"如实供述自己的罪行"两个因素。首先，关于"自动投案"的认定实践中，醉酒驾驶案件中自动投案的情形与其他刑事案件中的常见情形有一定区别。通常情况下，"自动投案"是被告人在其犯罪事实或者其本人未被司法机关发觉，或者虽被发觉但尚未受到讯问、未被采取强制措施时，主动、直接向司法机关或者所在单位等投案，或者经亲友规劝陪同投案、送其投案。由于醉驾案件一般在公安机关交通管理部门例行检查时案发，或者在发生交通事故后因当事人、群众报警而案发，故被告人主动、直接到司法机关投案自首的情形极少。对于公安机关例行检查的，即使犯罪嫌疑人在被公安人员询问、呼气酒精检查之前主动交代醉酒驾驶的，也不构成自首。因为在此种情形下，虽然犯罪嫌疑人交代具有一定的主动性，但其归案具有被动性，即使其不主动交代，公安人员通过检查也能发现其醉驾的犯罪事实，故应当认定为坦白。对于报警后案发的，具体区分为两种情况：一种情况是发生交通事故后，犯罪嫌疑人主动报警，这属于典型的自动投案。另一种情况是他人报警。对于他人报警的，犯罪嫌疑人在明知他人报警的情况下，仍自愿留在现场等候警方处理，即"能逃而不逃"，且无拒捕行为的，才能视为自动投案。如果犯罪嫌疑人根本不知道他人已经报警而留在现场，或者在得知他人报警后欲逃离现场，但因对方当事人控制或者群众围堵而被动留在现场的，则不能认定为自动投案。犯罪嫌疑人得知他人报警后逃离现场，事后迫于压力又主动到公安机关交代犯罪事实的，可以认定为自动投案。本案中，被告人黄某某在得知对方当事人报警后，在人身未受到控制情况下选择了未逃离现场，自愿留在现场等候警方处理，属于典型的"能逃而不逃"情形，应当认定为"自动投案"。其次，关于"如实供述自己的罪行"的认定。根据最高法相关司法解释精神，"如实供述自己的罪行"，是指犯罪嫌疑人自动投案后，如实交代自己的主要犯罪事实。所谓主要犯罪事实，是指对认定犯罪嫌疑人的行为性质有决定意义的事实、情节（即基本犯罪构成事实）以及对量刑有重大影响的事实、情节（即重大量刑事实）。对于醉驾型危险驾驶案件，基本构成要件事实包括：在驾车之前是否饮酒，是否驾车上路行驶、驾驶何种车型。其中，是否饮酒是最基本的构成事实，不管犯罪嫌疑人是在见到公安人员后主动交代饮酒事实，还是在公安人员根据其精神状态怀疑其饮酒并对其进行讯问时承认饮酒事实，均属于如实供述自己的罪行。如果犯罪嫌疑人虽然承认饮酒的事实，但不配合甚至采取暴力手段抗拒对其进行呼气酒精含量测试或者血样收集，同样不能成立"如实供述自己的罪行"。还有的犯罪嫌疑人在交通肇事后逃逸，待血液中酒精含量极低或者检不出酒精含量后才投案，并否认醉酒驾驶，只承认自己是肇事者，亦不属于"如实供述自己的罪行"。本案中，被告人黄某某在公安人员到来后，主动交代其在驾车前饮酒的事实，并配合公安人员对其进行呼气酒精含量测试和抽取血样，应当认定其如实供述自己的罪行。

五、危险驾驶罪与相关犯罪的关系

我国《刑法》第 133 条之一第 3 款规定，对危险驾驶罪同时构成其他犯罪的，按照处罚较重的规定定罪处罚，该规定涉及危险驾驶罪的罪名转化问题。

（一）追逐竞驶危险驾驶罪与相关犯罪的关系

追逐竞驶行为既包括为追求刺激的追逐竞驶，也包括不以追求刺激为目的的追逐竞驶。为追求刺激的追逐竞驶行为多表现为相约飙车，也有少数在道路上行驶时临时起意的追逐竞驶；不以追求刺激为目的的追逐竞驶行为多为在道路上行驶时临时起意的追逐竞驶。同为临时起意的追逐竞驶，区分是为追求刺激的目的还是不为追求刺激的目的如报复、拦截，关键在于判断个案中是否存在针对对方的恶性竞驶行为，如一车对另一车恶意地逼近、靠近时一车突转方向盘拦住对方路线令对方失控等。为追求刺激目的和为报复、拦截目的的追逐竞驶行为在性质上存在较大差异：为报复、拦截目的追逐竞驶行为的危险性远大于前者；且为追求刺激的追逐竞驶，属于必要的共同犯罪，没有实行过限的前提下，双方按同一罪名处罚；而不为追求刺激的追逐竞驶，各自对自己的行为承担责任。追逐竞驶行为极少情况下触发相当于放火、爆炸程度的公共危险。因为追逐竞驶行为人大都为适格的驾驶员，其注意力大多集中于与目标车辆竞驶，若引发交通事故，其自己也将成为事故的受害方。虽然追逐竞驶、情节恶劣的行为引发交通事故的概率也非常大，但由于驾驶员本身具备一定的控制和驾驶能力，即使发生事故也很少引发相当于放火、爆炸程度。

1. 为寻求刺激的追逐竞驶行为

为寻求刺激的追逐竞驶行为多表现为相约飙车的行为，该类行为所构成的追逐竞驶危险驾驶罪属于必要的共同犯罪，构成本罪必须有两个或两个以上参与竞赛或飙车的行为人。为寻求刺激追逐竞驶的行为人对实害结果的发生一般为过于自信的过失。在行为人对实害结果为过失心态的情况下，若发生重大事故，符合交通肇事罪的构成要件时，寻求刺激追逐竞驶的行为应认定为交通肇事罪；若尚未发生重大事故，但已出现具体危险，寻求刺激追逐竞驶的行为应认定为危险驾驶罪。

　　实践中也存在为追求刺激的追逐竞驶人犯意转化的情形。其对实害结果的心态从过于自信转化为间接故意，此时发生实害就不能再适用交通肇事罪。行为人为追求刺激追逐竞驶虽然无不宣称自己认为可以控制驾驶风险而不产生实害，但总存在一些情况行为人的自信是没有依据的。其自信不存在依据从而认定为间接故意的心态有两种情况：一是行为人发生致人轻伤以上或撞车的交通事故后，其对自己驾驶行为的自信便失去依据，主观心态由过于自信的过失转化为间接故意。由于危险性达不到与放火、爆炸相当的程度，其侵犯的客体不宜认定为第114条以危险方法危害公共安全罪的公共安全，故其间接故意的心态是对于道路上具体个人而言。如果此时行为人仍然继续保持之前的驾驶方式追逐竞驶，若造成他人轻伤以上、死亡、重大财物毁损等后果，宜分别认定为故意伤害罪、故意杀人罪及故意毁坏财物罪，其与本来构成的危险驾驶罪为想象竞合犯，从一重处断。二是行为人发生符合交通肇事罪构成的重大事故的后果时，继续保持之前的驾驶方式追逐竞驶，其主观心态也应认定为已转化成间接故意，且行为人没有采取措施防止损失扩大、继续追逐竞驶时应认定为存在逃逸情节。由于2000年11月最高人民法院发布的《关于审理交通肇事刑事案件具体应用法律若干问题的解释》（以下简称《交通肇事解释》）中明确了交通肇事罪逃逸的加重处罚办法，故应以交通肇事后逃逸进行处理，如果在继续保持之前驾驶方式追逐竞驶时造成他人轻伤以上、死亡、重大财物毁损等后果，宜分别认定为故意伤害罪、故意杀人罪及故意毁坏财物罪，其行为人与本来构成的交通肇事后逃逸的犯罪数罪并罚。需要说明的是，如果追逐竞驶的过程中只有一方出现了犯意转化，因超出了追逐竞驶共同犯罪的实行限度，与其竞驶的另一方不应承担犯意转化方超出实行限度行为的刑事责任，仅认定为危险驾驶罪即可。

　　2. 为报复或拦截的追逐竞驶行为

　　为报复或拦截的追逐竞驶行为绝大多数为临时起意，由于某种原因如斗气、争执引起，且随着时间的推移，报复或拦截者的情绪将越发高涨以致失去理智，其比单纯寻求刺激的追逐竞驶行为更具危险性甚至暴力性。为报复或拦截的追逐竞驶可以双方互相报复或拦截，也可仅一方对另一方进行报复或拦截。其与为刺激而追逐竞驶的行为根本区别在于为追求刺激参与追逐竞驶的行为人之间较为和睦，多为熟悉、关系较好的人；为报复或拦截的行为人之间多为敌对关系。为报复或拦截而进行的追逐竞驶行为类似于斗殴，只不过斗殴仅涉及个人之间的法益，而为报复或拦截的追逐竞驶行为不仅涉及追逐竞驶双方的法益，更关系到竞驶型危险驾驶罪主要保护的道路交通安全法益。

为报复或拦截的追逐竞驶行为中，进行报复或拦截的追逐竞驶行为人，对被拦截的一方和道路上的其他车辆或他人造成实害后果的主观方面是不同的：一方面，其对被拦截一方的人身损害等实害结果持间接故意的心态。因其明知采取危险的驾驶方式紧逼对方极易导致对方的车辆失控，且其对被拦截一方是敌对的态度，故其对报复或拦截而采取的追逐竞驶行为将导致对方车辆失控乃至生命健康受侵害的结果至少是间接故意的态度。另一方面，其对道路上其他车辆或他人造成实害结果应认定为过于自信过失的心态，因其他车辆或他人并非行为人的报复或拦截目标，其并不愿意看到无辜者被自己撞致死伤，且行为人在报复或拦截对方车辆的过程中也会采取必要的措施尽量避免无辜者受害，故其对其他车辆或他人造成实害的心态为过失。有关此类追逐竞驶行为的认定，当未出现符合其他犯罪构成的实害结果时，一般对实施了报复或拦截的追逐竞驶行为定为危险驾驶罪。当出现符合其他犯罪构成的实害结果时，则宜按情况的不同区别对待，主要有以下几种情况：其一，仅对被报复或拦截的一方造成轻伤以上后果或严重财产损失的，按危险驾驶罪和故意伤害罪、故意杀人罪或故意毁坏财物罪的想象竞合犯处理，从一重罪处断；其二，仅对其他车辆或他人造成重伤以上后果或严重财产损失的，仅定为交通肇事罪；其三，既造成被报复或拦截的一方轻伤以上后果或严重财产损失，又造成其他车辆或他人重伤以上后果或严重财产损失，按交通肇事罪和故意伤害罪、故意杀人罪、故意损坏财物罪的想象竞合犯，从一重罪处断。

该类追逐竞驶行为人也存在犯意转化的场合，当报复或拦截的行为人造成其他车辆严重损坏或他人轻伤以上实害后果后，仍然继续其追逐竞驶行为的，应认定为行为人对其他车辆或他人损害的心态由过于自信的过失转化为间接故意，此后的追逐竞驶行为中若再出现他人轻伤以上后果或数额较大财物情形的，应认定为故意伤害罪、故意杀人罪或故意毁坏财物罪，与危险驾驶罪属于想象竞合犯。需要注意的是，危险驾驶罪是继续犯，若在行为人追逐竞驶的过程中先后构成故意伤害罪、故意伤人罪、过失致人重伤罪、过失致人死亡罪的，应当数罪并罚。

案例：2011 年 5 月 11 日 12 时许，被告人彭某某驾驶桑塔纳汽车行驶至北京市某县密溪路阳光大桥红绿灯处时，被侯某某（另案处理）驾驶的宝来汽车别挡。后二人驾车在密溪路上高速追逐、相互别挡，驶入该县溪翁庄镇溪翁庄村后仍然相互追逐。二人在别挡过程中，同时撞上溪翁庄镇中学路边停放的帕萨特汽车，致使三车均遭到不同程度的损坏。彭某某下车后持砖头砸坏侯某某驾驶的宝来汽车的前挡风玻璃。经鉴定，帕萨特、桑塔纳、宝来汽车损坏修复价格分别为人民币 28000 元、4800 余元、6300 元。人民法院认为，被告人彭某某在道路上驾驶机动车追逐竞驶，情节恶劣，危害公共安全，其行为构成危险驾驶罪。鉴于彭某某认罪态度较好，对其依法可以从轻处罚。据此以被告人彭某某犯危险驾驶罪，判处拘役 4 个月，并处罚金人民币 2000 元。

本案的主要问题是追逐竞驶造成交通事故尚不构成交通肇事罪的，是构成危险驾驶罪还是以危险方法危害公共安全罪。法院审理认为，彭某某虽实施了危险驾驶行为，并造成一定的财产损失，但该行为尚未达到与放火、决水、爆炸、投放危险物质等行为相当的危害程度，应当认定其行为构成危险驾驶罪。理由如下：第一，危险驾驶罪是抽象危险犯，只要行为人实施了刑法规定的危险驾驶行为，即认为其行为对交通安全造成了社会一般人均能认识到的危险。行为人在实施危险驾驶行为时一般都明知存在潜在的危险，正因为如此，就危险驾驶行为本身而言，行为人都是持故意的意志。然而，值得注意的是，行为人对危险驾驶行为持希望或者放任的意志，并不意味着行为人对危险驾驶行为造成的危害结果也持希望或者放任的意志。汽车本身是一种危险性较大的交通工具，违反道路交通安全通行规定的驾驶行为，不仅会对他人生命财产安全造成危险，也会对驾驶人本人的生命财产安全造成危险。本案中，被告人彭某某在驾驶途中因与侯某某驾驶的宝来汽车发生别挡，出于争强好胜的斗气心理，临时起意追逐对方车辆，其碰撞到停放在路边的其他车辆后即停止驾驶行为，并下车持砖头砸坏宝来汽车的前挡风玻璃，由此体现出其主观上并不希望或者放任其危险驾驶行为对他人人身财产造成损害，因此，不符合以危险方法危害公共安全罪的主观构成特征。第二，追逐竞驶行为构成以危险方法危害公共安全罪的，要求该行为具有与放火、决水、爆炸、投放危险物质等行为相当的危险程度。所谓相当的危险程度，既可以体现在该行为对不特定多数人的人身财产安全所带来的潜在危险相当，也可以体现在所造成的现实危害后果相当。作为以危险方法危害公共安全罪构成要件的行为本身具有相当的不可控性，即一旦发生危险，侵害的对象、范围、严重程度具有不可控性。本案中，彭某某在车流量相对不大的城镇道路上与他人追逐竞驶，导致双方车辆共同撞上路边停放的其他车辆，仅是一般的交通事故，其危险驾驶行为尚不具有与放火、决水、爆炸及投放危险物质相当的危险程度，因此不符合以危险方法危害公共安全罪的客观特征。此外，交通肇事罪轻于以危险方法危害公共安全罪，如果对追逐竞驶造成交通事故的行为认定不构成交通肇事罪，但认定构成以危险方法危害公共安全罪，从举轻以明重的角度分析，在定罪逻辑上难以自圆其说。综上，被告人彭某某实施追逐竞驶行为的主观意志和客观危险程度，认定其行为构成危险驾驶罪是正确的。

（二）醉酒型危险驾驶罪与相关犯罪的关系

1. 对实害结果持故意态度的醉酒驾驶行为

醉酒驾驶行为对实害结果持故意态度既包括出于报复社会的目的，也包括非出于报复社会的目的。出于报复社会的目的而醉酒直接驾驶机动车去撞人的，其对实害结果所持态度，较为明确。而是否存在行为人对实害结果持间接故意的并无报复社会的目的而醉酒驾驶的情形，学界存在争议。我们认为，即使醉酒后驾驶的行为人均不愿意看到交通事故的发生，且会尽自己所能避免，也不能当然否认行为人对实害结果的间接故意心态。对于实害结果的发生是否间接故意应该从以下两方面综合判断：一方面，判断行为人醉酒驾驶行为危险性的大小，行为人控制车辆的能力、行驶路段车流人流的大小、具体行车方式如是否逆行等都可以作为判断因素，行为人控制车辆的能力需结合体内酒精浓度和行为人身体平衡状态判断；另一方面，判断行为人是否采取了相应措施控制风险，如是否控制在合理速度行驶，是否有清醒且有驾驶经验的同伴同行等，且这些措施是否能有效防止交通事故的发生。

案例：2010 年 4 月 17 日 20 时 40 分许，被告人陆某酒后驾驶别克汽车，由南向北行驶至南通市某县掘港镇人民路南闸桥北尾时，撞击到同向骑自行车的被害人申某，致申某跌坐于汽车前方。陆某停车后，因害怕酒后驾车被查处，不顾多名路人的呼叫和制止，又启动汽车前行，将跌坐于车前的申某及其所骑自行车拖拽于汽车车身之下。陆某在明显感觉到车下有阻力并伴有金属摩擦声，意识到车下可能有人的情况下仍未停车，将申某及其自行车拖行 150 余米，直至汽车右轮冲上路边隔离带时，才将申某及自行车甩离车体。后陆某继续驾车逃离现场。被害人申某因严重颅脑损伤合并创伤性休克，经抢救无效于次日死亡。经鉴定，陆某血液酒精含量为 163 毫克/100 毫升，属醉酒状态。案发后，陆某向公安机关投案，并赔偿被害方经济损失人民币 53 万元，被害方出具了谅解书。一审法院认为，被告人陆某在第一次撞击被害人后，已经制动刹车，但其为逃避醉酒驾车的处罚，强行驾车逃跑。陆某在逃跑时明知汽车有可能再次撞击被害人，且在汽车起步后感觉汽车遇有明显阻力，听到刺耳的金属摩擦声音，并有多名路人向其叫喊，此时其完全能够意识到被害人可能在其车下，却不计后果，驾车前行 150 余米，最终导致被害人被拖拽、挤压致死。陆某对被害人死亡后果的发生持放任的态度十分明显，应当认定其罪过形式为间接故意。据此，一审法院以被告人陆某犯故意杀人罪，判处无期徒刑，剥夺政治权利终身。一审宣判后，被告人陆某不服，向江苏省高级人民法院提出上诉。江苏省高级人民法院经审理认为，原判定罪准确，量刑适当，审判程序合法，遂裁定驳回上诉，维持原判。

本案的主要问题是醉酒驾驶致人死亡案件中如何区分交通肇事罪和间接故意杀人罪？法院审理认为：第一，被告人先后实施了两个行为，即交通肇事行为和肇事后驾车拖拽被害人，致被害人死亡的行为。区分交通肇事罪和故意杀人罪的要点之一在于判断行为人实施了交通肇事一个行为还是交通肇事和故意杀人两个行为。本案中，现场多名目击证人证实，陆某驾车冲撞到同向骑自行车的被害人后，被害人因戴着头盔，受伤不严重倒地后便坐了起来。陆某停驶片刻后突然发动，向被害人撞去，将被害人及其所骑的自行车拖拽在汽车下并拖行了150余米，直至汽车右轮冲上路边隔离带时，才将被害人及自行车甩离汽车体。后陆某继续驾车逃离现场。尸体鉴定意见证实，被害人系严重颅脑损伤合并创伤性休克死亡，左侧头面部损伤系与路面摩擦过程中形成。上述情况说明，陆某醉酒后驾车撞倒被害人的行为，仅是一般的交通肇事，被害人并未严重受伤。发生交通肇事后陆某踩刹车停止行驶，此时交通肇事这一行为已经完成。如果陆某就此停止驾驶，在被害人未受重伤的情况下，其行为性质仅是违反行政法的交通肇事行为，即使被害人受重伤，其行为也只构成交通肇事罪。但此后陆某又实施了启动汽车向前行驶，拖行被害人的行为，该后行为独立于前行为，且直接导致被害人死亡，应当从刑法上单独评价。第二，被告人在主观意志上对被害人的死亡结果持放任态度而非反对、否定态度。区分交通肇事罪和故意杀人罪的另一要点是判断行为人能否认识到其行为的性质，进而据此认定行为人的意志状态。本案中，被告人陆某驾车时处于醉酒状态，经鉴定其血液酒精含量为163毫克/100毫升，但从其行为和供述看其辨认能力和控制能力并未受到酒精的严重影响，能够认识到其行为的性质且其后行为是在对前行为分析、判断的基础上作出的。具体体现在以下情节：一是陆某冲撞到被害人时，采取了紧急刹车措施，并作了片刻停留，其自己亦供述听到车外有人说撞了人，因害怕酒后开车撞人处罚严重而想驾车逃逸，没有下车查看，亦没有挂倒挡，就在原地向右打方向盘朝前开，说明其已经认识到自己醉酒驾驶行为已经发生肇事后果。二是陆某在对醉酒驾驶发生肇事后果具有一定认识的基础上，对其继续驾车前行拖拽被害人可能导致被害人死亡的危害后果亦具有一定认识。陆某供称，车刚起步时就听到有人在叫，说撞人了，其加大油门往前开时，感觉到汽车遇有明显阻力，很吃重，要用力加油门才能走动，并听到怪声，像铁在地上拖。其向右打方向盘，想把撞到的东西甩掉，汽车上了路东的花圃隔离带后，没有了吃重感和怪声。该供述与现场多名目击证人证实汽车拖拽被害人及其自行车时发出刺耳的金属摩擦声，以及群众大喊"停车""车底下有人"的情节相印证，说明陆某根据汽车的行驶状态和群众的呼喊声，能够认识到被拖拽于汽车底下的"东西"极有可能就是被害人及其自行车，但其为尽快逃离现场而不去求证，放任危害后果的发生，甚至为将"东西"甩掉将车开上路边隔离带。这种不顾被害人死活的意志状态，符合间接故意的心理特征。综上，被告人陆某在实施交通肇事行为后，为逃避法律追究，明知有异物被拖拽于汽车底下，继续驾车行驶可能会导致被害人死亡结果的发生，而继续驾车逃逸，放任这种危害结果的发生，并最终导致被害人死亡，其后行为属于间接故意杀人，其行为构成故意杀人罪。同时，根据后行为吸收先行为、重行为吸收轻行为的刑法原理，可以对陆某以一罪论处。

需要注意的是，危险驾驶罪是继续犯，若在行为人实施醉酒驾驶后又继续实施其他故意犯罪的，应当数罪并罚。

案例：2012 年 12 月 8 日 23 时许，被告人于某酒后驾驶汽车行驶至无锡市江海西路会岸路口的公安局交通治安分局山北治安查报站（以下简称山北查报站）时遇民警检查。于某拒不配合检查，欲弃车逃离，被民警带至山北查报站内进行检查。在山北查报站内，于某推搡、拉扯民警，阻碍民警对其检查，将民警俞某某警服撕破，致俞某某受轻微伤。经鉴定，于某血液酒精含量为 206 毫克/100 毫升。案发后于某赔偿俞某某人民币 2900 元。无锡市北塘区人民法院认为，被告人于某以暴力方法阻碍国家机关工作人员依法执行职务，其行为构成妨害公务罪。于某醉酒驾驶机动车，其行为又构成危险驾驶罪。对其所犯数罪依法应当并罚。于某到案后如实供述罪行，且赔偿被害人经济损失，可以酌情从轻处罚。据此以被告人于某犯妨害公务罪，判处拘役 5 个月；以犯危险驾驶罪，判处拘役 2 个月，并处罚金人民币 2000 元；决定执行拘役 6 个月，并处罚金人民币 2000 元。

本案的主要问题是醉酒驾驶并抗拒执法检查的，是应当从一重处还是数罪并罚？本案在审理过程中，对被告人于某的行为分别构成危险驾驶罪和妨害公务罪没有异议，但就对于某是从一重处还是数罪并罚存在不同认识。法院审理认为：第一，在道路上醉酒驾驶机动车的行为不适用危险驾驶罪从一重罪处罚的规定。根据《刑法》第 133 条之一第 2 款之规定，只有当被告人实施的危险驾驶行为符合危险驾驶罪构成要件的同时，又符合其他犯罪构成要件的，才依照处罚较重的规定定罪处罚。本案中，被告人于某在醉酒后仅出于驾驶机动车的目的在道路上驾驶汽车，没有发生重大事故，该行为仅符合危险驾驶罪的构成要件，不符合其他犯罪的构成要件，故不能适用刑法该条款的规定。第二，醉酒驾驶并抗拒检查的行为在刑法上应当评价为两个独立的行为，而非一个行为。通常认为，符合构成要件的各个自然行为至少在其主要部分互相重合时才能认定是一个行为。本案中，于某的行为不具有单一行为的一致性特征。如果于某采取驾驶汽车冲撞的方式抗拒检查，则驾驶行为与抗拒检查行为互相重合，具有一致性特征。然而事实是，于某的醉酒驾驶行为和抗拒检查行为相继发生，其下车后抗拒检查时醉酒驾驶行为已经终结，相互间不存在任何的重合。同时，于某醉酒驾驶和抗拒检查的行为系出于不同的犯罪动机。于某在道路上醉酒驾驶汽车只是为了实现其从甲地到乙地的交通运输目的；而其抗拒公安机关执法人员检查，则是因为害怕醉驾行为受到处罚而采取积极对抗的方式逃避法律追究。两者的动机明显不同。可见，于某醉酒驾驶行为和抗拒检查行为虽然有一定关联，但在性质上是相互独立的两个行为，并非单一行为。第三，醉酒驾驶并抗拒检查，符合数罪构成要件的，应当数罪并罚。本案中，于某明知在道路上醉酒驾驶机动车具有危险性，仍在醉酒状态下驾驶汽车在城市高速路上行驶，置公共安全于不顾，其行为构成危险驾驶罪。该行为造成的危险状态一直持续到被执勤民警拦下为止。此时，于某的危险驾驶行为已经构成犯罪既遂。此后于某弃车逃跑，被民警抓获并带至检查站依法检查时，其推搡、拉扯民警，阻碍检查，并将民警打成轻微伤，这一系列举动已经超出危险驾驶罪的行为范畴，属于妨害公务罪中阻碍国家机关工作人员依法执行职务的行为，扰乱了国家管理秩序。综上，于某在不同故意的支配下，先后实施了两个不同行为，分别符合危险驾驶罪和妨害公务罪的构成特征，应当按照数罪并罚的原则予以处罚。

2. 对实害结果持过失态度的醉酒驾驶行为

对实害结果持过失态度的在醉酒驾驶行为总数中占绝大部分，在对实害结果持过失态度的行为人中，其醉酒驾驶不存在报复社会或直接故意杀害他人的目的，且就其危险性及驾驶路段判断也不具有间接故意心态。在这部分不能被推定为具有间接故意心态的行为人中，其行为至多是在高度醉酒的状态下行驶于人流及车流不大的路段，或者未达高度醉酒状态下行驶于人流或车流较大的路段，无论何种情况，都不应认定为其醉酒驾驶使行为存在相当于放火、爆炸程度的危险，故对实害结果持过失态度的醉酒驾驶行为一般不会侵犯到刑法所保护的公共安全法益。对实害结果持过失心态的该类行为中，若发生了重大事故的实害，符合交通肇事罪犯罪构成的宜按交通肇事罪处理；若未发生重大事故的实害，应认定为危险驾驶罪。若行为人被查处时有妨碍公务的行为，构成妨害公务罪的，应与前罪数罪并罚。

此类行为也存在犯意转化的情况，当行为人造成他人轻伤以上后果或发生交通事故后，仍然继续保持醉酒驾驶行为的，因此判断行为人对自己不会造成实害结果的自信缺乏根据，其主观心态已由过于自信的过失转化为间接故意，此后若再发生致人重伤以上后果或毁坏财物数额较大的，应分别认定为故意杀人罪、故意伤害罪、故意毁坏财物罪，与危险驾驶罪属想象竞合犯，从一重罪处断。若造成重大事故后驾车逃逸的，按有关规定定罪量刑。

案例：2009 年 10 月 31 日中午，被告人杜某在淮安市某酒店宴请他人，酒后与他人同到浴室洗浴休息。同日 17 时许，杜某经休息，认为驾车已无碍，遂驾驶自己的小型普通客车回楚州区流均镇。约 17 时 40 分，杜某驾车沿 306 县道（楚流路）由西向东行驶到 27.5 公里处时，因对路面情况疏于观察，撞击到同向在路边靠右行走的被害人苏某某、张某、徐某、苏某等四人，致苏某某、张某、徐某当场死亡，苏某受伤。杜某随即停车，拨打 110 电话报警。经鉴定，杜某血液酒精含量为 88 毫克/100 毫升。交通管理部门认定，杜某负事故的全部责任。法院认为，被告人杜某具有 14 年驾龄，肇事时天色已晚，且是阴雨天气，能见度较低，且肇事后杜某立即采取刹车措施，并拨打报警电话，由此体现出其未对危害后果持希望或者放任态度，不能认定其行为构成以危险方法危害公共安全罪。杜某违反交通运输管理法规，因而发生重大事故，致三人死亡、一人受伤，其行为构成交通肇事罪。虽然杜某具有当庭自愿认罪、赔偿被害人部分经济损失等酌情从轻处罚情节，但其醉酒驾车造成严重后果，社会影响恶劣，不足以从轻处罚。据此以被告人杜某犯交通肇事罪，判处有期徒刑 7 年。

本案的主要问题在于对酒后驾驶造成重大伤亡的案件，如何区分交通肇事罪与以危险方法危害公共安全罪。法院审理认为，杜某中午饮酒后并没有立即开车，而是休息到 17 时前后才开车，开车撞人后没有继续驾车冲撞，而是立即采取制动措施，表明其对可能发生的危害后果持轻信能够避免的过失心态，其行为构成交通肇事罪。理由如下：第一，被告人杜某在主观上系过于自信的过失，而非间接故意。其一，杜某为避免危害后果发生采取了一定的措施。杜某饮酒后并未立即开车，而是休息数小时后才开车，表明其已经认识到酒后开车对公共安全有较大的危险，并为避免发生这种危险而采取了一定的措施。虽然这项措施客观上没有完全消除醉酒状态，但反映出行为人主观上既不希望也不放任危害后果发生的心态。其二，当杜某意识到其驾驶的汽车撞人后立即采取了制动措施，并下车查看情况，发现确实撞到人后立即报警，表明其并非不顾危害结果的发生，而是对危害后果的发生持反对、否定的态度。

其三，杜某的行车速度比较正常，从现场刹车印迹分析，肇事时车速为68—71公里/小时，不属于超速行驶，表明杜某不具有因醉酒后过于兴奋而超速驾车放任危害后果发生的故意。第二，被告人杜某在客观上仅实施了一次撞击的行为。2009年下发的最高人民法院《关于醉酒驾车犯罪法律适用问题的意见》第1条规定，行为人明知酒后驾车违法、醉酒驾车会危害公共安全，却无视法律醉酒驾车，特别是在肇事后继续驾车冲撞，造成重大伤亡，说明行为人主观上对持续发生的危害结果持放任态度，具有危害公共安全的故意。对此类醉酒驾车造成重大伤亡的，应依法以以危险方法危害公共安全罪定罪。从该规定分析，行为人发生二次或者二次以上冲撞的，行为人对其行为造成的后果持放任态度的可能性大（在惊慌失措情形下为避免后果发生二次碰撞的除外），倾向认定为以危险方法危害公共安全罪。而本案被告人杜某仅发生一次冲撞。现场勘验、检查笔录证实，肇事车辆的制动痕迹从路边斜向路中，有一连续的长26.3米的刹车痕迹，之后肇事车辆停驶，没有再发动。四名被害人被车撞倒的位置分布在制动痕迹起点前后，止于停车位置，其中三名被害人倒地的位置均在制动起点之后。这充分说明杜某驾车撞击被害人系一个连续不间断的过程，且其发现撞人后立即踩刹车制动，只实施了一次撞击行为，而非发现撞人之后停车再开再撞。多名目击证人亦证实这一情节。综上，被告人杜某的行为应当构成交通肇事罪。

（三）危化型危险驾驶罪与相关犯罪的关系

《刑法修正案（九）》增设危化型危险驾驶罪将违反危险化学品安全管理规定运输，危及公共安全的行为作为犯罪处理，从而强化对危险化学品安全运输的管理，遏阻危险化学品所具有的危险特性对公共安全造成损害。从我国刑法的有关规定来看，除针对违规运输危险化学品构成的危险驾驶罪外，尚有《刑法》第125条关于运输爆炸物以及毒害性、放射性、传染病病原体等危险物质所构成的"非法运输爆炸物罪"和"非法运输危险物质罪"，以及《刑法》第136条关于违反爆炸性、易燃性、放射性、毒害性、腐蚀性物品的管理规定，在运输环节发生重大事故，造成严重后果所构成的"危险物品肇事罪"。这三个罪名也涉及运输环节中违反相关安全管理规定的某些危险行为，但各罪分别侧重的运输行为的性质和内容又各不相同，因此，如何区分成为司法实践中的问题。

首先，尽管危化型危险驾驶罪和非法运输爆炸物罪、非法运输危险物质罪、危险物品肇事罪均属对危险物质运输行为的调整，但所针对的犯罪对象却又并不相同。危化型危险驾驶罪的犯罪对象是"危险化学品"，而非"危险物质"。根据《危险化学品安全管理条例》的定义，"危险化学品"专指具有毒害、腐蚀、爆炸、燃烧、助燃等性质，对人体、设施、环境具有危害的剧毒化学品和其他化学品。就种属关系而论，"危险化学品"是"危险物质"的下属类别，只是部分"危险物质"。判断是否属于"危险化学品"通常根据"危险化学品目录"比对即可。而"非法运输爆炸物罪"犯罪对象仅限于"爆炸物"，"非法运输危险物质罪"的犯罪对象为"毒害性、放射性、传染病病原体等危险物质"，"危险物品肇事罪"的犯罪对象"爆炸性、易燃性、放射性、毒害性、腐蚀性物品"，这两类危险物品（物质）均包括但不限于"危险化学品"。

其次，危化型危险驾驶罪与其他三个罪名的实行行为的性质和内容不尽相同。"非法运输爆炸物罪"与"非法运输危险物质罪"中运输爆炸物或者危险物质的行为属于"非法运输"，而危化型危险驾驶罪与"危险物品肇事罪"中运输危险化学品或者危险物品的行为只是"违规运输"。"非法运输"是违反有关法规，转移爆炸物或者危险物质，其运输行为本身就不合法，而"违规运输"中运输行为本身并未违反相关法规，是合法行为，只是在运输过程中违反了有关危险化学品或者危险物品的安全管理规定。一般来说，"法规"通常是针对危险物品生产、储存、运输、经营、使用环节中，为防止危化物品的危险特性造成损害的相对基础和原则的规定，违反"法规"运输危险物品相应地会对公共安全造成更为严重、紧迫、现实的危险，这种危险一旦现实化，将造成难以预计和难以控制的重大损害后果，但"违规运输"对公共安全造成的危险本身属于抽象危险，危险程度相对缓和。正因如此，

《刑法》第 125 条对非法运输爆炸物罪与非法运输危险物质罪设定了"三年以上十年以下有期徒刑"与"十年以上有期徒刑、无期徒刑或者死刑"两档法定刑，这表明该两罪属于刑法规定的最为严重的犯罪之一，与法定刑仅为"拘役，并处罚金"的危化型危险驾驶罪更是有天壤之别。

最后，危化型危险驾驶罪与危险物品肇事罪虽然均要求满足在运输过程中违反有关安全管理规定的条件，即违规运输是两罪成立之共同前提，但两罪也存在明显的区别：一方面，两罪对法益侵害的具体程度不同。危化型危险驾驶罪属于具体危险犯，其成立不要求"造成严重后果"，只需要"危及公共安全"，其具有道路交通安全造成实害的密切可能性即可，不要求出现实害结果。但是，危险物品肇事罪属于实害犯，行为人违规运输危险物品必须对公共安全造成具体损害，即违规运输危险物品发生重大事故，对多数或者不特定人的生命、健康或者重大公私财产造成了客观、现实、重大的损害。另一方面，两罪的主观方面的表现形式不同。危化型危险驾驶罪是间接故意犯罪，行为人主观上认识到违规运输危险化学品对陆路交通安全造成的具体危险，并持放任态度，但危险物品肇事罪的主观方面为过失，即行为人因为疏忽大意没有认识到其违规运输危险物品会发生重大事故，并造成严重后果，或者已经认识到自己的违规运输危险物品会发生重大事故并造成严重后果，但因为轻信自己可以避免重大事故的发生，当然这种轻信须存在一定的事实基础，而非凭空的无根据的盲目自信。危险物品肇事罪的构成要求行为人主观上对违规运输行为的严重后果持过失的态度，但并不否认行为人故意实施违规运输行为，行为人完全可以是在已经认识到自己运输危险物品的行为违反危险物品的安全运输的有关规定，但仍放任自己的违规运输行为。换言之，危险物品肇事罪能够包容危化型危险驾驶罪，危化型危险驾驶罪是危险物品肇事罪的"前置罪名"，其设立初衷在于：防止违规运输危险化学品所内含的危及公共安全的具体危险现实化为严重后果，将刑法保障公共安全的防线前移，实现刑法对违规运输危险化学品的潜在风险和危害后果的全面防范与有效规制。因此，如果行为人违规运输危险化学品，危及公共安全，但尚未发生重大事故，并未造成严重后果，由于违规运输行为只是对陆路交通安全造成具体危险，理应以危险驾驶罪论罪科刑。如果行为人违规运输危险化学品，发生重大事故，造成严重后果，则以危险物品肇事罪定罪处罚。

附：危险驾驶罪相关法律法规与司法规范性文件

1. 最高人民法院《关于审理交通肇事刑事案件具体应用法律若干问题的解释》（法释〔2000〕33号）

2. 最高人民法院《关于印发醉酒驾车犯罪法律适用问题指导意见及相关典型案例的通知》（2009年9月11日）

3.《车辆驾驶人员血液、呼气酒精含量阈值及检验》（GB19522－2010）

4.《中华人民共和国道路交通安全法》（2011年4月22日）

5. 公安部《关于公安机关办理醉酒驾驶机动车犯罪案件的指导意见》（2011年9月11日）

6. 最高人民法院《关于审理道路交通事故损害赔偿案件适用法律若干问题的解释》（法释〔2012〕19号）

7. 最高人民法院、最高人民检察院、公安部印发《关于办理醉酒驾驶机动车刑事案件适用法律若干问题的意见》的通知（2013年12月18日）

8.《中华人民共和国道路交通安全法实施条例》（2017年10月7日）

9. 公安部《公安机关办理刑事案件程序规定》（2020年9月1日）

第四章　以危险方法危害公共安全罪

第一节　以危险方法危害公共安全罪概述

一、以危险方法危害公共安全罪的概念

以危险方法危害公共安全罪，是指故意以放火、决水、爆炸、投放危险物质以外的并与之相当的危险方法，足以危害公共安全的行为。

以危险方法危害公共安全罪规定于《刑法》第 114 条和第 115 条第 1 款之中。值得注意的是，以危险方法危害公共安全罪是一个独立的罪名，它是指以放火、决水、爆炸、投放危险物质以外的与之相当的其他危险方法实施的危害公共安全的犯罪。犯罪是一种复杂的社会现象，不同类型的犯罪有不同的表现形式，同一类型的犯罪，其犯罪手段、犯罪形式也多种多样。随着社会经济文化的不断发展，犯罪分子的犯罪手法也会随之变换，出现新的犯罪形式。具体到以危险方法危害公共安全的犯罪，其具体的犯罪方式、方法也多种多样。除了常见的放火、决水、爆炸、投放危险物质这四种常见的危险方法以外，还存在其他不常见的危害公共安全的犯罪方法。因此刑法不可能也没有必要将所有的危害公共安全的危险方法都罗列出来。《刑法》第 114 条、第 115 条第 1 款除了明确列举了放火、决水、爆炸、投放危险物质的具体的危险方法外，对于其他不常见的或在立法时不常见的危险方法危害公共安全的，作了以"其他危险方法危害公共安全"的概括性规定，这体现了刑法的原则性与灵活性的统一，也有利于运用刑法武器与各种形式的危害公共安全的犯罪行为做斗争，保卫社会公共安全。

二、以危险方法危害公共安全罪的历史渊源

1979 年《刑法》第 105 条规定，放火、决水、爆炸或者以其他危险方法破坏工厂、矿场、油田、港口、河流、水源、仓库、住宅、森林、农场、谷场、牧场、重要管道、公共建筑物或者其他公私财产、危害公共安全，尚未造成严重后果的，处三年以上十年以下有期徒刑。第 106 条第 1 款规定，放火、决水、爆炸、投毒或者以其他危险方法致人重伤、死亡或者使公私财产遭受重大损失的，处十年以上有期徒刑、无期徒刑或者死刑。

1997 年《刑法》第 114 条规定："放火、决水、爆炸、投毒或者以其他危险方法破坏工厂、矿场、油田、港口、河流、水源、仓库、住宅、森林、农场、谷场、牧场、重要管道、公共建筑物或者其他公私财产、危害公共安全，尚未造成严重后果的，处三年以上十年以下有期徒刑。"第 115 条第 1 款规定："放火、决水、爆炸、投毒或者以其他危险方法致人重伤、死亡或者使公私财产遭受重大损失的，处十年以上有期徒刑、无期徒刑或者死刑。"采取放火、决水、爆炸、投毒的危险方法危害公共安全的，分别构成放火罪、决水罪、爆炸罪、投毒罪；采取放火、决水、爆炸、投毒以外的其他危险方法危害公共安全的，构成"以危险方法危害公共安全罪"，其中包括投放放射性物质、传染病病原体等危险物质的危险方法危害公共安全的。最高人民法院《关于执行〈中华人民共和国刑法〉确定罪名的规定》（法释〔1997〕9 号）规定本罪的罪名为"以危险方法危害公共安全罪"。

2001 年《刑法修正案（三）》将《刑法》第 114 条修改为："放火、决水、爆炸以及投放毒害性、放射性、传染病病原体等物质或者以其他危险方法危害公共安全，尚未造成严重后果的，处三年以上十年以下有期徒刑。"将第 115 条第 1 款修改为："放火、决水、爆炸以及投放毒害性、放射性、传染病病原体等物质或者以其他危险方法致人重伤、死亡或者使公私财产遭受重大损失的，处十年以上有期徒刑、无期徒刑或者死刑。"《刑法修正案（三）》删除了《刑法》第 114 条、第 115 条

第 1 款中列举的"工厂、矿场、油田、河流、水源、仓库、住宅、森林、农场、谷场、牧场、重要管道、公共建筑物"等特定对象，并且将投放放射性、传染病病原体等物质在法条中明确列举出来。最高人民法院、最高人民检察院《关于执行〈中华人民共和国刑法〉确定罪名的补充规定》（法释〔2002〕7 号）将"投放毒害性、放射性、传染病病原体等物质"危害公共安全的行为，确定为投放危险物质罪。因此，采取放火、决水、爆炸、投放危险物质的危险方法危害公共安全的，分别构成"放火罪""决水罪""爆炸罪""投放危险物质罪"；以放火、决水、爆炸、投放危险物质以外的其他危险方法危害公共安全的，才构成"危险方法危害公共安全罪"。

三、以危险方法危害公共安全罪的犯罪构成

（一）以危险方法危害公共安全罪的客体

以危险方法危害公共安全罪的客体是公共安全。所谓公共安全，是指不特定多数人的生命、健康和重大公私财产的安全。[①] 本罪的犯罪对象包括人，也包括公私财物，亦可以是二者兼而有之。

所谓"不特定"，是指以放火、决水、爆炸、投放危险物质以外的危险方法危害公共安全的行为，一经实施，可能侵害的人或物的范围是行为人在实施该行为时无法事先确定、准确预见的，对于可能造成的损害结果的范围也是难以控制的，其行为造成的危险或损害后果可能随时扩大或增加，这样就使公共安全处于危险之中，甚至受到实际损害。如果行为人采取的"其他危险方法"针对的对象是特定的个人或多个人，也不可能实际侵害"不特定人"，那么就应当认定为是"特定"，不宜认定构成本罪。

案例：2000 年 2 月 25 日 16 时许，被告人孙某由卧龙寺火车站扒上

---

① 高铭暄主编：《新编中国刑法学》，中国人民大学出版社 1998 年版，第 510 页。王作富主编：《刑法分则实务研究》（上），中国方正出版社 2007 年版，第 55 页。

4418 次货物列车 C4650238 号车厢。当该列车运行至陇海线 1216km + 486m 处时，被告人孙某捡起车厢内装载的矿石投掷对面相会的北京至成都的 363 次旅客列车，矿石砸破该旅客列车 6 号车厢运行方向右侧的车窗玻璃，致伤该车厢旅客文某某面部及旅客赵某某头部。经法医鉴定，文某某、赵某某的伤情均系重伤。当日被告人孙某被抓获。最终法院判决认定孙某构成以危险方法危害公共安全罪，判处有期徒刑 8 年。

本案是一起以矿石砸击列车的危险方法危害公共安全的犯罪。危害公共安全罪中的"不特定"包含两方面的内容，一是对象的不特定性，二是结果的不确定性①。判断危害公共安全罪中的"不特定"，最关键的因素，并不在于犯罪行为指向的对象是否特定，而在于犯罪行为一旦实施，其可能影响的对象是不特定的。具体到本案，从犯罪客体来看，之所以本案构成以危险方法危害公共安全罪，而不是构成故意伤害罪，原因在于这种行为危害了旅客列车上的不特定多数人的生命、健康安全。旅客列车是公共交通工具，孙某在高速运行的货车上石击飞速行驶的旅客列车，由于被击列车的速度快，石击的冲力相当大，足以危害旅客列车这一公共交通工具上的不特定旅客的生命、健康安全，且事实上孙某的行为也造成了不特定的两名旅客的重伤结果。因此本案侵犯的客体属于不特定人的生命、健康安全，即公共安全。

（二）以危险方法危害公共安全罪的客观方面

本罪的客观方面是行为人实施了以其他危险方法危害公共安全的行为。刑法条文没有明文规定本罪的具体行为结构与方式，本罪的构成要件在客观方面是开放的、弹性的，没有明确、固定的内容。② 本罪的具体行为方式是开放式的，对于"其他危险方法"范围，应当进行限制，以行为人的行为可能对不特定人的生命、健康和重大公私财产的安全造

---

① 高铭暄、马克昌主编：《刑法学》，中国法制出版社 1999 年版，第 609 页。

② 赫兴旺：《以危险方法危害公共安全罪的司法认定》，载找法网，ht-tp：//china. findlaw. cn/bianhu/gezuibianhu/whggaqz/whggaqz/1869_ 2. html#p2，最后访问日期：2018 年 10 月 10 日。

成危害为基本标准。《刑法》将本罪规定在第 114 条、第 115 条之中，根据同类解释规则，它应当与第 114 条、第 115 条前面所列的具体行为相当；根据本罪所处的地位，"以其他危险方法"只是《刑法》第 114 条、第 115 条"兜底"规定，而不是刑法分则第二章的"兜底"规定。[①]

以放火、决水、爆炸、投放危险物质的方法危害公共安全的犯罪，其突出特点在于，行为人一经实施，就会或者就可能会对不特定多数人的生命、健康以及公私财产造成危害，范围难以预料，后果难以控制，损害后果可能具有相当的严重性、广泛性和不特定性。那么采取放火、决水、爆炸、投放危险物质以外的危险方法危害公共安全的，要求其危险性与放火、决水、爆炸、投放危险物质的危险性相当。因此本罪中的"其他危险方法"，必须是足以产生与放火、决水、爆炸、投放危险物质行为的危险性相当的严重危害行为，同时该危险方法不能被放火、决水、爆炸、投放危险物质所包含。此外，如果某种行为符合刑法分则第二章其他犯罪的犯罪构成，应当认定为其他犯罪，而不宜认定为本罪。

实践中得到广泛认可或各地法院判决认可的属于以危险方法危害公共安全罪中的"危险方法"主要包括以下几类：一是"醉驾"方法构成的以危险方法危害公共安全罪；二是"碰瓷"方法构成的以危险方法危害公共安全罪；三是危及高速公路行驶安全构成的以危险方法危害公共安全罪；四是食品类危险方法构成的以危险方法危害公共安全罪；五是私设电网危险方法构成的以危险方法危害公共安全罪；六是盗窃窨井盖危险方法构成的以危险方法危害公共安全罪；七是针刺方法构成的以危险方法危害公共安全罪；八是投寄虚假炭疽杆菌邮件构成的以危险方法危害公共安全罪。

另外，根据最高人民法院《关于审理破坏野生动物资源刑事案件具体应用法律若干问题的解释》（法释〔2000〕37 号）第 7 条的规定，使用爆炸、投毒、设置电网等危险方法破坏野生动物资源，构成非法猎

---

① 张明楷：《刑法学》（下）（第五版），法律出版社 2016 年版，第 695 页。

捕、杀害珍贵、濒危野生动物罪或者非法狩猎罪，同时构成《刑法》第114条或者第115条第1款的，依照处罚较重的规定定罪处罚。根据最高人民法院、最高人民检察院《关于办理组织和利用邪教组织犯罪案件具体应用法律若干问题的解释（二）》第10条的规定，邪教组织人员以自焚、自爆炸或者其他危险方法危害公共安全的，分别依照《刑法》第114条、第115条第1款以危险方法危害公共安全罪等规定定罪处罚。根据最高人民法院、最高人民检察院《关于办理妨害预防、控制突发传染病疫情等灾害的刑事案件具体应用法律若干问题的解释》第1条第1款的规定，故意传播突发性传染病病原体，危害公共安全的，依照刑法第114条、第115条第1款的规定，按照以危险方法危害公共安全罪定罪处罚。

案例：2015年9月间，被告人王某某为牟取非法利益，在明知二甘醇不能作为药用的情况下，购买二甘醇1吨，冒充药用丙二醇，以15000元的价格销售给黑龙江齐齐哈尔第二制药有限公司，并伪造了产品合格证。2006年3月，齐齐哈尔第二制药有限公司用王某某出售的假冒药用丙二醇，生产出亮菌甲素注射液，销售到广东省。后广东省中山大学第三附属医院购得该注射液临床使用，导致15名患者出现急性肾衰竭，其中吴某某等14名患者死亡（王某某另犯销售伪劣产品罪、虚报注册资本罪的事实略）。最终法院判决认定王某某的行为构成以危险方法危害公共安全罪，并处以相应刑罚。

本案中，王某某以假充真，以二甘醇冒充药用丙二醇进行销售，其行为属于销售伪劣产品的性质。作为医用产品，如果质量不合格，不但会贻误使用该药品患者的及时诊治，而且可能对患者的健康带来巨大危害，甚至造成死亡，因而国家历来对药品质量的监管采取最严格的标准。这些伪劣药品一旦流入市场被患者使用，其危害往往会涉及不特定多数人的生命健康，因而具有危害公共安全的性质。本案王某某使用二甘醇冒充药用丙二醇销售给药用企业，致使生产出来的伪劣药品流入市场，并造成多名患者死亡，已经严重危及公共安全。从行为性质来看，王某某使用二甘醇冒充药用丙二醇销售给药用企业生产药品的行为，与放火、决水、爆炸、投放危险物质等行为尽管手法不同，但在刑法上同样危害了公共安全，属于"其他危险方法"的范畴。

（三）以危险方法危害公共安全罪的主体

本罪的犯罪主体是一般主体。达到了刑事责任年龄，具有刑事责任能力的自然人，都可成为本罪的犯罪主体，即凡是年满16周岁的具有刑事责任能力的人，以放火、决水、爆炸、投放危险物质以外的其他危险方法，实施了足以危害公共安全的行为，或已经造成危害公共安全后果的，都构成以危险方法危害公共安全罪。

需要注意的是，已满12周岁不满16周岁的人不能成为以危险方法危害公共安全罪的主体。《刑法》第17条第2款规定："已满十四周岁不满十六周岁的人，犯故意杀人、故意伤害致人重伤或者死亡、强奸、抢劫、贩卖毒品、放火、爆炸、投放危险物质罪的，应当负刑事责任。"《刑法》第17条第3款规定："已满十二周岁不满十四周岁的人，犯故意杀人、故意伤害罪，致人死亡或者以特别残忍手段致人重伤造成严重残疾，情节恶劣，经最高人民检察院核准追诉的，应当负刑事责任。"根据全国人大常委会法制工作委员会2002年7月24日颁布的《关于已满十四周岁不满十六周岁的人承担刑事责任范围问题的答复意见》的有关内容，《刑法》第17条第2款规定的相对刑事责任能力的人应当承担刑事责任的八种犯罪，是指具体犯罪行为而不是具体罪名。因此已满14周岁不满16周岁的人，实施了以其他危险方法危害公共安全行为，如果同时触犯了故意杀人、故意伤害罪，可以以故意杀人、故意伤罪定罪处罚；已满12周岁的人，实施了以其他危险方法危害公共安全的行为，如果同时触犯了故意杀人、故意伤害罪，致人死亡或者以特别残忍手段造成严重残疾，情节恶劣，经最高人民检察院核准追诉，可以以故意杀人、故意伤害罪定罪处罚。

案例：2011年4月23日22时许，被告人林某（已满14周岁不满16周岁）伙同蔡某、黄某在惠东县稔山镇竹园村委石头岭村林某家中，商定去厦深铁路偷铁，林某随身携带一把西瓜刀。当三人步行至惠深沿海高速公路圭景河大桥旁边时，林某提议在高速公路边朝过往车辆投掷石头砸车玩，蔡、黄二人表示同意。三人在高速公路下找到若干块混凝土石块，钻过公路防护网走到圭景河大桥往深圳方向桥头处，伺机向途经该处的车辆正面投掷混凝土石块。当天23时许，当一辆大众途锐汽车往深圳方向行驶途经该处时，林某持混凝土块向该车投掷，石块穿过车辆右前挡风玻璃，砸中坐在副驾驶室座位上的被害人邢某左下颌面部，司机黄某见邢某受伤，立即将其送到附近医院抢救。林、黄、蔡三人则继续在高速公路上朝过往车辆投掷石头，其中黄某砸中一辆本田奥德赛小车，蔡某砸中一台五菱宏光面包车右后侧部位，分别造成车辆受损。尔后，林、黄、蔡三人走出公路边，见现场地上有玻璃碎片和带血的纸巾，内心害怕，逃离现场。后邢某经抢救无效死亡。最终法院判决认定黄某、蔡某构成以危险方法危害公共安全罪，林某构成故意伤害罪，并分别判处相应刑罚。

本案中，林某、黄某、蔡某三人系共同犯罪，都应当定性为以危险方法危险公共安全罪。但是，因林某在实施犯罪时不满16周岁，依照《刑法》第17条第2款的规定，不能以以危险方法危害公共安全罪追究林某的刑事责任。而本案中林某采取在高速公路上投掷石块的危险方法，向过往车辆投掷石块，其投掷石块的行为最终导致了邢某死亡的结果，其行为同时触犯了以危险方法危害公共安全罪与故意伤害罪（致人死亡）两个罪名，属于想象竞合犯，应当从一重处罚。而因林某不满16周岁，依照《刑法》第17条第2款的规定，对以危险方法危害公共安全罪不负刑事责任，那么根据从一重处罚以及罪责刑相适应原则，应当以故意伤害罪追究其刑事责任。

（四）以危险方法危害公共安全罪的主观方面

以危险方法危害公共安全罪在主观方面是故意，包括直接故意和间接故意，即行为人明知自己实施的危险方法会危害公共安全，会发生危及不特定多数人的生命、健康或者重大公私财产安全的现实危险，仍然希望或者放任这种结果的发生。从认识因素来讲，行为人应当认识到其行为必然会或可能会造成不特定多数人的生命、健康或重大公私财产安全的损害。从意志因素来讲，如果行为人追求危害公共安全结果的发生，则为直接故意；如果行为人虽然不以危害公共安全为直接目的，但在侵害他人人身权利或毁坏特定财物过程中，放任危害公共安全结果发生，则为间接故意。司法实践中以危险方法危害公共安全的案件中，少数案件的行为人是对危害公共安全的结果持希望态度，属于直接故意；大多数是持放任态度，属于间接故意。直接故意比间接故意的主观恶性程度要严重，因此在直接故意支配下实施的犯罪行为的社会危害性也较为严重。

以危险方法危害公共安全的目的和动机，则是多种多样的，有的是为报复泄愤而驾车撞人，有的是为防盗而私拉电网，有的是为寻求刺激而飙车，有的是为了勒索财物。不管行为人的动机为何，均不影响本罪的成立，但在量刑时应当将动机作为量刑因素予以考虑。

案例：2004 年以来，被告人李某、顾某、英某等 31 名被告人先后纠集在一起，在北京市的二环路、三环路、四环路等城市主干道以及部分高速公路上故意制造了大量的交通事故，并以此向事故的另一方当事人索要钱财。其采用的作案方法是：主要由李某驾车在道路上寻找外省市进京的中高档轿车作为目标伺机作案，当前车正常变更车道时，驾车尾随其后的李某等人突然加速撞向前车的侧后方，造成前车变更车道时未让所借车道内行驶的车辆先行的假象。事故发生后，李某、顾某、英某组织、安排其他被告人轮流出示驾驶证冒充驾驶人。待到达事故现场的交警作出前车负全部责任的认定后，被告人便以此相要挟甚至采用威胁的方法，向被害人索要钱财。2004 年 4 月至 2006 年期间，31 名被告人先后制造对方负全部责任的事故 220 余次，非法获利 51 万余元。其中被告人李某参与作案 70 起，涉案金额 149000 元；被告人英某参与作案 77 起，涉案金额 187930 元；被告人顾某参与作案 60 起，涉案金额130980 元。最终法院判决认定李某、顾某、英某等 31 人构成以危险方法危害公共安全罪，分别判处相应刑罚。

本案中，被告人李某、顾某、英某等人系采取驾车故意撞击他人车辆制造交通事故（俗称"碰瓷"）的手段勒索钱财，主观上具有非法占有他人钱财的目的。虽然每起事故中都有特定的受害人，但是分析其具体发生的环境，在城市主干道或高速公路上，车流量大且行车速度快，其采取驾车突然撞向正在正常变更车道的其他车辆的方法，有可能造成快速行驶的被害车辆因突然受到撞击或紧急避让而失去控制，进而危及其他不特定多数人的人身、财产安全。被告人驾驶车辆"碰瓷"的直接目的，虽然是向被害人勒索钱财，但是其主观上"放任"了危害公共安全后果的发生，属于间接故意。

第二节　以危险方法危害公共安全罪审查逮捕要点

一、有证据证明有以危险方法危害公共安全的犯罪事实发生

（一）有证据证明发生了以危险方法危害公共安全的犯罪事实

有证据证明有以危险方法危害公共安全案件发生，证据主要包括以下几方面：一是报案登记表、受案登记表、立案决定书、破案经过等书证；二是抓获人、报案人、扭送人等证言；三是犯罪嫌疑人供述；四是现场勘验、检查笔录，证明案发现场的位置、结构、提取的物品或痕迹等；五是现场监控录像或其他人拍摄的视频资料等。

（二）有证据证明犯罪嫌疑人实施的危险方法行为足以危害公共安全，或者已经造成危害公共安全的严重后果

1. 证明虽然尚未造成严重后果但足以危害公共安全的证据

在没有造成严重后果或没有造成危害后果的情况下，对"足以危害公共安全"的判断，存在一定的难度。犯罪嫌疑人虽然实施了危险方法，但是该危险方法不足以危害不特定多数人的生命、健康或重大公私财产安全，就不构成以危险方法危害公共安全罪。判断是否"足以危害公共安全"，主要从案发现场的性质来审查判断案发现场是否属于公共安全。通过对案发现场及周边情况进行的勘验、检查笔录的审查，判断案发现场是否属于不特定人往来的地点，人流是否密集等，来判断案发现场是否具有公共性。

2. 证明已经造成危害后果的证据

证明已经造成危害后果的证据包括：（1）对死亡、受伤人员所作的法医鉴定意见、相关病历等；（2）被毁损财物的价值鉴定意见、评估报告等鉴定意见；（3）被毁损财物的清单、购买凭证、修复凭证等；（4）被害人陈述；（5）证人证言；（6）犯罪嫌疑人供述；（7）监控录像等视听资料等。

（三）有证据证明以危险方法危害公共安全的行为是犯罪嫌疑人实施的

认定以危险方法危害公共安全的行为是犯罪嫌疑人所实施的证据包括：（1）案发现场勘验、检查笔录，以及案发现场提取的相关痕迹或物品；（2）案发现场监控录像、执法记录仪录像、辨认笔录等；（3）手机轨迹鉴定意见；（4）被害人陈述、证人证言；（5）犯罪嫌疑人供述；（6）其他证明系犯罪嫌疑人实施犯罪行为的证据，如犯罪嫌疑人记录事先预谋方案的书证，与其他人的通信记录等。

在以危险方法危害公共安全案件中，证明以其他危险方法危害公共安全的行为系犯罪嫌疑人实施的，这是定案的关键点。在犯罪嫌疑人供述、被害人陈述、证人证言等相关直接证据能够证明危害公共安全的行为系犯罪嫌疑人实施的情况下，对于这一点的审查判断并不存在困难。但是在犯罪嫌疑人不供认或者翻供的情况下，要证明危害公共安全的行为系犯罪嫌疑人实施的，就需要综合运用客观证据来判断，客观证据主要包括：案发现场的监控录像；案发现场提取的痕迹或物品；手机轨迹鉴定意见等。重点是查明行为人是否有作案时间、是否到过作案现场、现场是否有与行为人有关联的物证或隐蔽细节等。

（四）有证据证明犯罪嫌疑人具有以危险方法危害公共安全罪的主观故意

以危险方法危害公共安全罪的主观方面是故意，包括直接故意和间接故意，即行为人明知自己实施的危险方法会危害公共安全，会发生危及不特定多数人的生命、健康或重大公私财产安全，并且希望或放任这种结果的发生。司法实践中，这种案件除少数是对危害公共安全的结果持希望态度，由直接故意构成外，大多数持放任态度，属于间接故意。

认定犯罪嫌疑人的主观故意时应当重点审查以下证据：（1）犯罪嫌疑人的供述和辩解；（2）被害人陈述、证人证言；（3）案发现场的环境、人流密集度、案发时间与地点、案发具体经过等方面的客观证据。

二、可能判处徒刑以上刑罚

《刑事诉讼法》第 81 条规定的"可能判处徒刑以上刑罚""可能判处十年有期徒刑以上刑罚"，既不是指法定刑，也不是指最终法院实际判决的宣告刑，而是指审查逮捕时的预判刑，即依据逮捕时的证据和量刑情节，根据以往相同或相似的犯罪事实、情节的案件的判刑情况，对本案犯罪嫌疑人将来可能判处的刑罚的预测。

（一）可能判处十年有期徒刑以上刑罚的情形

根据《刑法》第 115 条第 1 款的规定，以危险方法危害公共安全，致人重伤、死亡或者使公私财产遭受重大损失的，处 10 年以上有期徒刑、无期徒刑或者死刑。一般来说，如果犯罪嫌疑人实施的以危险方法危害公共安全的行为造成了严重后果，根据《刑法》第 115 条第 1 款的规定，即属于可能判处 10 年有期徒刑以上刑罚的情形，那么依照《刑事诉讼法》第 81 条第 3 款的规定，属于应当逮捕的情形，不需要再另行考察社会危险性。

（二）可能判处徒刑以上刑罚的情形

以危险方法危害公共安全，尚未造成严重后果的，依照《刑法》第 114 条的规定判处 3 年以上 10 年以下有期徒刑。该罪的法定量刑档次在 3 年以上 10 年以下有期徒刑，即使犯罪嫌疑人具有自首、立功、从犯、未成年人等法定从轻、减轻情节，判处徒刑以上刑罚的可能性也是很高的，因此应当认定属于"可能判处徒刑以上刑罚"的情形。

在能够判定犯罪嫌疑人构成以危险方法危害公共安全罪，其可能判处的刑罚属于"可能判处徒刑以上刑罚"的情况下，需要考量犯罪嫌疑人是否具有《刑事诉讼法》第81条第3款规定的"曾经故意犯罪"或者"身份不明"的情形。如果犯罪嫌疑人曾经故意犯罪，或者身份不明，依照《刑事诉讼法》第81条第3款的规定，属于应当逮捕的情形，则不必再考量是否具有《刑事诉讼法》第81条第1款规定的社会危险性。若犯罪嫌疑人既无曾经故意犯罪的情形，又不具有身份不明的情形，那么就要考量是否具备社会危险性。

三、社会危险性的审查与判断

社会危险性是建立在对案情、证据或迹象等基础之上的一种客观预测或评估，对于社会危险性的证明标准，只要达到有证据或迹象表明的程度即可，证明社会危险性证据的查实程度、可信性要求比定罪的证据标准要低。判断社会危险性应当考量的因素主要包括：一是犯罪行为本身的社会危害性。罪行轻重在社会危险性审查评估中起着重要的基础性的作用，一般来说，罪行越重，其社会危险性越大。二是犯罪嫌疑人的人身危险性。主要体现犯罪嫌疑人在犯罪前、犯罪中、犯罪后的表现，犯罪前是否预谋，犯罪的动机为何，犯罪手段如何，犯罪后是否有悔罪表现、赔偿损失，一贯表现等。三是案件证据和事实查证情况，这主要是用以判断犯罪嫌疑人毁灭证据、串供、打击报复等社会危险性的风险的大小。四是犯罪嫌疑人保障诉讼的客观条件，如职业、财产、社会关系、家庭背景等，这主要用来判断采取取保候审措施是否可以防止发生社会危险性。

根据《刑法》第114条的规定，以危险方法危害公共安全罪的法定最低刑为3年有期徒刑，并且该罪无拘役、管制等刑罚种类，因此以危险方法危害公共安全罪属于重罪。一般来说，构成该罪，即表明犯罪嫌疑人具有较大的社会危险性和人身危险性，具有逮捕和羁押之必要。应当注意的是，对社会危险性的把握，不能仅仅因为构成以危险方法危害公共安全罪，即一律认为具有社会危险性，还要根据案件的相关情况、社会影响、造成的危害后果、打击力度的需要，以及犯罪嫌疑人的认罪态度、悔罪表现、危害后果、认罪认罚等，结合案件的整体情况，依据主客观相一致原则，综合判断犯罪嫌疑人的社会危险性大小。对于以危险方法危害公共安全案件，判断和认定犯罪嫌疑人具有社会危险性，主要包括以下情形：

1. 具有最高人民检察院《刑事诉讼规则》（高检发释字〔2019〕4号）第129条至第133条规定的社会危险性情节的。《刑事诉讼规则》第129条至第133条规定的社会危险性情节，是根据逻辑法则和经验法则总结和提炼出来的，一般来说，只要具有这些社会危险性情形之一，就应当认定为具有社会危险性，具有逮捕必要。

犯罪嫌疑人"可能实施新的犯罪"的情形包括：（1）案发前或者案发后正在策划、组织或者预备实施新的犯罪的；（2）扬言实施新的犯罪的；（3）多次作案、连续作案、流窜作案的；（4）一年内曾因故意实施同类违法犯罪行为受到行政处罚的；（5）以犯罪所得为主要生活来源的；（6）有吸毒、赌博等恶习的；（7）其他可能实施新的犯罪的情形。

犯罪嫌疑人"有危害国家安全、公共安全或者社会秩序的现实危险"的情形包括：（1）案发前或者案发后正在积极策划、组织或者预备实施危害国家安全、公共安全或者社会秩序的重大违法犯罪行为的；（2）曾因危害国家安全、公共安全或者社会秩序受到刑事处罚或者行政处罚的；（3）在危害国家安全、黑恶势力、恐怖活动、毒品犯罪中起组织、策划、指挥或者积极作用的；（4）其他有危害国家安全、公共安全或者社会秩序的现实危险的情形。

犯罪嫌疑人"可能毁灭、伪造证据，干扰证人作证或者串供"的情形包括：（1）曾经或者企图毁灭、伪造、隐匿、转移证据的；（2）曾经或者企图威逼、恐吓、利诱、收买证人，干扰证人作证的；（3）有同案犯罪嫌疑人或者与其在事实上存在密切关联犯罪的犯罪嫌疑人在逃，重要证据尚未收集到位的；（4）其他可能毁灭、伪造证据，干扰证人凭证或者串供的情形。

犯罪嫌疑人"可能对被害人、举报人、控告人实施打击报复"的情形包括：（1）扬言或者准备、策划对被害人、举报人、控告人实施打击报复的；（2）曾经对被害人、举报人、控告人实施打击、要挟、迫害行为的；（3）采取其他方式滋扰被害人、举报人、控告人的正常生活的；（4）其他可能对被害人、举报人、控告人实施打击报复的情形。

犯罪嫌疑人"企图自杀或者逃跑"的情形包括：（1）着手准备自杀、自残或者逃跑的；（2）曾经自杀、自残或者逃跑的；（3）有自杀、自残或者逃跑的意思表示的；（4）曾经以暴力、威胁手段抗拒抓捕的；（5）其他企图自杀或者逃跑的情形。

2. 犯罪嫌疑人动机卑劣，为发泄不满、报复社会等目的，而实施以危险方法危害公共安全的。犯罪嫌疑人的犯罪动机表明其主观恶性，犯罪动机卑劣，具有发泄不满、报复社会倾向的，表明其人身危险性大，也能证明其具有实施新的犯罪或者危害公共安全的现实危险。

3. 犯罪嫌疑人蓄意、预谋实施危害公共安全犯罪的。犯罪嫌疑人预谋实施危害公共安全犯罪，犯罪手段恶劣，表明其具有追求和希望犯罪结果发生的直接故意，主观恶性深，人身危险性大，表明其具有实施新的犯罪和危害公共安全的现实危险。

4. 有证据证明犯罪嫌疑人实施了以危险方法危害公共安全的行为，犯罪嫌疑人拒不供认或者作虚假供述的。

5. 在以危险方法危害公共安全的共同犯罪案件中，系首要分子或者主犯的。

6. 其他具有社会危险性或者羁押必要的情形。

对于以危险方法危害公共安全案件，在未造成危害后果或者危害后果不大，犯罪嫌疑人真诚认罪悔罪、如实供述并且供述稳定，取得被害人谅解等前提下，具有下列情形之一的，可以考虑认定为社会危险性较小：

1. 预备犯。

2. 主现恶较小的初犯，共同犯罪中的从犯、胁从犯，具有自首、立功表现，确有悔罪表现或者认罪认罚的。

3. 犯罪嫌疑人系已满 16 周岁未满 18 周岁的未成年人或者在校学生，确有悔罪表现，学校、家庭或者所在社区、居民委员会、村民委员会具备监护、帮教条件的。

4. 年满 75 周岁以上的老年人。

5. 其他社会危险性较小的情形。

第三节 以危险方法危害公共安全罪审查起诉要点

除审查逮捕阶段证据审查基本要求之外，对以危险方法危害公共安全案件的审查起诉工作还应坚持"犯罪事实清楚，证据确实、充分"的标准，保证定罪量刑的事实都有证据证明；据以定案的证据均经过法定程序查证属实；综合全案证据，对所认定的事实已排除合理怀疑。

一、有确实充分的证据证明发生了以危险方法危害公共安全的犯罪事实

（一）证明以危险方法危害公共安全犯罪事实发生

证明以危险方法危害公共安全犯罪事实发生的证据与审查逮捕的证据类型相同。相对审查逮捕而言，审查起诉过程中对犯罪事实的审查应当更加精细化，把握以下几个方面内容：

1. 证明发案、立案经过的证据，主要包括：公安机关的接报警记录、报案登记表、受案登记表、立案决定书、破案经过、抓获经过等，证明公安机关接到报案、予以受案、立案以及对案件侦破经过的相关情况。

2. 证明案发经过及锁定犯罪嫌疑人经过的证据，主要包括：（1）犯罪嫌疑人供述和辩解，证明实施以危险方法危害公共安全犯罪的时间、地点、经过、手段以及造成的损失等；（2）报案人的证言，证明犯罪嫌疑人的犯罪手段、案发过程、损害后果等；（3）目击者的证言，证明犯罪嫌疑人的犯罪手段、案发过程、损害后果、是否逃跑等；（4）现场

勘验、检查笔录，证明案发现场的位置、结构、提取的物品或痕迹等；（5）现场监控录像或其他人拍摄的视频资料等，证明案发现场的相关情况以及以危险方法危害公共安全的经过等。

（二）证明犯罪嫌疑人实施的危险方法行为足以危害公共安全或者造成了严重后果

证明犯罪嫌疑人以危险方法危害公共安全犯罪危害后果的证据包括：（1）现场监控录像，证明案发现场的危害后果的发生、发展及具体危害结果的情况；（2）鉴定意见、尸体检验意见、财物损失鉴定意见，证明案发后的伤害结果、死亡结果、财产损失结果等情况；（3）现场勘查笔录，证明案发现场的有关人员受伤、死亡及财产损失等后果的情况；（4）报案人、目击证人的证言，证明犯罪嫌疑人实施作案造成的危害后果的情况；（5）犯罪嫌疑人供述和辩解，证明其实施作案造成的危害后果的情况；（6）被害人陈述，证明犯罪嫌疑人实施作案所造成的后果的情况；（7）其他证明危害后果的证据材料。

需要注意的是，本罪是危险犯，不以危害结果的实际发生为要件，如果发生实际危害结果，致人重伤、死亡或者造成公私财产重大损失，则属于结果加重犯。

二、有确实充分的证据证明以危险方法危害公共安全的行为是犯罪嫌疑人实施的

审查和判断以危险方法危害公共安全的行为是犯罪嫌疑人所实施，需要重点审查和把握犯罪嫌疑人的作案时间、作案地点、作案方式、刑事责任年龄、刑事责任能力等内容。

（一）作案时间

对于作案时间的审查，应重点审查犯罪嫌疑人于案发前后所接触的人的证言，审查犯罪嫌疑人供述和辩解。必要时，可以进行侦查实验，并结合现场勘查笔录、录像、痕迹和鉴定意见综合认定。认定作案时间的证据包括：（1）接报警记录，证明公安机关接到报警的时间，报案

人所称的报案时间；（2）报案人的证言，证明其发现犯罪行为或犯罪结果的时间；（3）现场勘查笔录、鉴定意见等，证明勘验现场的时间、损害结果发生的时间；（4）犯罪嫌疑人供述和辩解，证明其实施犯罪作案的时间；（5）被害人陈述，证明其受到伤害或者财产损害的时间；（6）目击证人的证言，证明其目睹案发过程的时间；（7）监控录像、视听资料，证明案发的具体时间；（8）其他证明案发时间的书证、物证等证据材料。

（二）作案地点

对于作案地点的审查认定，着重审查以下几个方面的证据：（1）现场勘查笔录、现场平面图、现场监控录像等，证明案发现场的具体地点、方位及案发现场的相关情况；（2）报案人、目击证人的证言，证明案发现场的具体地点、方位及案发现场的相关情况；（3）犯罪嫌疑人供述和辩解，证明案发现场的地点、方位及案发现场的相关情况；（4）被害人陈述，证明其受到损害的具体地点、方位及案发现场的相关情况；（5）其他证明案发现场相关情况的书证、物证等证据材料。

（三）作案方式

证明犯罪嫌疑人以危险方法危害公共安全犯罪的作案方式、手段的证据包括以下几个方面：（1）现场监控录像，证明案发现场的犯罪嫌疑人实施作案的方式、手段等相关情况；（2）报案人、目击证人的证言，证明犯罪嫌疑人实施作案的方式、手段等相关情况；（3）犯罪嫌疑人供述和辩解，证明其实施作案的方式、手段等相关情况；（4）被害人陈述，证明犯罪嫌疑人是采取何种手段、方法对其实施伤害的等相关情况；（5）鉴定意见、尸体检验意见，证明被害人受伤的程度、致伤原因、死亡原因；（6）其他证明犯罪嫌疑人的犯罪手段的书证、物证等证据材料。

（四）作案后是否逃跑

证明犯罪嫌疑人案发后是否逃跑的证据包括以下几个方面：（1）现场监控录像，证明案发后犯罪嫌疑是否逃离现场；（2）抓获经过、在逃人员网上追逃表、通缉令等，证明犯罪嫌疑人案发是否在逃以及抓获情况；（3）报案人、目击证人的证言，证明案发后犯罪嫌疑人是否逃离现场；（4）犯罪嫌疑人供述和辩解，证明其作案后是否逃跑、逃匿；（5）被害人陈述，证明犯罪嫌疑人实施作案后是否逃跑、逃匿；（6）犯罪嫌疑人亲属的证言，证明案发后犯罪嫌疑人是否离开家庭，逃往他处等相关情况。

（五）对犯罪嫌疑人年龄的审查

以危险方法危害公共安全罪的主体是一般主体，即年满16周岁的自然人。证明犯罪嫌疑人年龄的证据包括：户口簿（户籍登记证明文件）、居民身份证、工作证、居住证、港澳居民往来内地通行证、台湾居民往来大陆通行证、中华人民共和国旅行证等。对于犯罪嫌疑人年龄的认定，一般以户籍登记文件为准。出生原始记录证明户籍登记确有错误的，可以根据出生原始记录等有效证据予以认定。对居民身份证、工作证、居住证、港澳居民往来内地通行证、台湾居民往来大陆通行证、中华人民共和国旅行证等证件的真实性有疑问的，应当向该证件上的发证机关进行核实。对年龄有争议，又缺乏证据证明的情况下，可以采用"骨龄鉴定法"并结合其他证据予以认定。其他证据包括：能够证明被告人出生时间、年龄的接生人、邻居、亲友等证人证言，个人履历或入学、入伍、招工、招干等登记表中有关年龄的证明，犯罪嫌疑人的供述和辩解等。

（六）对犯罪嫌疑人刑事责任能力的审查

一般而言，犯罪嫌疑人达到刑事责任年龄的，即具有刑事责任能力。但是对于犯罪嫌疑人的言行举止反映其可能患有精神性疾病的，或者有病历、就诊记录证明犯罪嫌疑人曾经患有精神性疾病的，应当尽量收集能够证明其精神状况的证据。证人证言可作为证明犯罪嫌疑人刑事责任能力的证据。对于不能排除犯罪嫌疑人患有精神性疾病可能性的，应当对其进行司法精神病鉴定，以确定其在实施犯罪时是否具有刑事责任能力或限制责任能力。

通过以上客观方面的审查，综合认定犯罪嫌疑人实施了以危险方法危害公共安全的行为。

三、有确实充分的证据证明犯罪嫌疑人具有以危险方法危害公共安全的主观故意

以危险方法危害公共安全犯罪的主观方面是故意，包括直接故意和间接故意，即行为人明知自己实施的危险方法会危害公共安全，危及不特定多数人的生命、健康或重大公私财产安全，并且希望或放任这种结果的发生。以危险方法危害公共安全的动机则多种多样，有的是为了报复泄愤而驾车冲撞，有的是为了防盗而私拉电网，有的是为了寻求刺激而飙车，有的是为了勒索财物，量刑时应当将动机作为量刑因素予以考虑。

证明犯罪嫌疑人的犯罪故意和动机的证据包括以下几个方面：（1）犯罪嫌疑人供述和辩解。证明其实施以危险方法危害公共安全的动机、目的，对目标的选择、实施犯罪行为的时机、对危害结果的处置，以及对案发现场的基本情况的认识等；对于共同犯罪的，证明共同犯罪中各犯罪嫌疑人之间的犯意提起、犯意联络、组织分工和实施的具体行为等。（2）被害人陈述。证明犯罪嫌疑人实施以危险方法危害公共安全的动机、目的，参与实施犯罪的犯罪嫌疑人的个体特征，危害后果以及被害人对于案件处理结果的诉求等。（3）证人证言。证明犯罪嫌疑人实施以危险方法危害公共安全的动机、目的以及参与实施犯罪的犯罪嫌疑人的个体特征等。（4）物证、书证、现场勘验笔录、人体损伤程度鉴定意见、尸体检验意见、财产损失鉴定意见等。证明犯罪嫌疑人实施以危险方法危害公共安全犯罪所使用的工具、所采取的手段，案发现场的环境、人流密集度，犯罪行为发生的时间、地点，案发具体经过以及造成的损害后果等情况，并通过上述证据情况证明其主观罪过及程度。

综合上述证据，以达到证明犯罪嫌疑人明知其实施的危险方法会发生足以危害公共安全的后果，仍然希望或放任这一结果发生的主观心态。

在以危险方法危害公共安全的案件中，犯罪嫌疑人往往会提出如下辩解：一是主观上不希望危害后果发生，系过失；二是客观上没有造成危害后果；三是对象特定，不危及公共安全等。对此，要通过审查在案的全部证据，采用直接证明或排他证明的方法，综合印证，排除证据矛盾或者对矛盾之处能够作出合理解释。如从犯罪嫌疑人对危险方法的认识、对案发现场是否有选择、行为是否有所节制，犯罪嫌疑人的年龄、经历、社会认知，以及在案其他证据与犯罪嫌疑人辩解是否印证等方面，对犯罪嫌疑人的辩解进行综合分析，以判断其辩解是否成立，进而对证据体系得到唯一的、确定性的结论。

四、有确实充分的证据证明犯罪嫌疑人的量刑情节

（一）法定量刑情节

审查起诉过程中，对犯罪嫌疑人具有的法定量刑情节均应当予以查明。法定量刑情节主要包括以下几方面：累犯；系已满 16 周岁不满 18 周岁的人；自首；立功或重大立功；主犯、从犯；限制刑事责任能力；认罪认罚等。

1. 证明犯罪嫌疑人系累犯的证据包括：刑事判决书、裁定书、释放证明书、假释证明书、保外就医证明、监外执行证明、赦免证明等。

2. 证明犯罪嫌疑人系已满 16 周岁不满 18 周岁的人的证据包括：户籍证明文件，与年龄有关的证人证言、书证等。

3. 证明犯罪嫌疑人系自首的证据包括：犯罪嫌疑人的首次供述；公安机关和相关组织接受投案、报案的受案笔录；公安机关的抓获经过说明、破案报告、侦查人员证言；陪同犯罪嫌疑人投案的亲友的证言；被害人陈述等。

4. 证明犯罪嫌疑人立功或重大立功的证据包括：犯罪嫌疑人的检举揭发材料；根据犯罪嫌疑人检举、揭发他人犯罪的有关线索得以侦破其他案件的证明材料，或者是得以破获其他重大案件的证明材料；有关组织出具的犯罪嫌疑人具有其他突出表现或其他重大贡献的证明材料等。

5. 证明犯罪嫌疑人系主犯、从犯的证据包括：犯罪嫌疑人供述与辩解；被害人陈述；目击证人证言；记录犯罪嫌疑人策划、组织、实施犯罪行为的预谋、计划的相关客观证据材料等。

6. 证明犯罪嫌疑人认罪认罚的证据包括：认罪认罚具结书、讯问笔录等。

（二）酌定量刑情节

审查起诉过程中，对犯罪嫌疑人具有的酌定量刑情节也应当予以查明。影响量刑的酌定情节主要包括：犯罪嫌疑人是否赔偿或退赃、是否取得被害人谅解；犯罪嫌疑人的认罪态度和一贯表现；犯罪行为是否造成其他社会危害等。

1. 证明犯罪嫌疑人赔偿损失或退赃的证据包括：被害人陈述、被害人亲属或其他知情人的证言；证明赔偿情况的调解协议等书证；犯罪嫌疑人的供述及其亲属的证言等。

2. 证明犯罪嫌疑人的认罪态度和一贯表现的证据包括：犯罪嫌疑人供述和辩解，证明其口供是否具有一贯性，是否坦白，是否避重就轻；相关部门或人员出具的证明犯罪嫌疑人的认罪态度的情况说明；有关组织出具的证明犯罪嫌疑人的一贯表现的证明材料等。

3. 证明犯罪行为造成其他社会危害的证据包括：相关证人或知情人的证言；有关部门出具的关于犯罪对象的特殊性或社会危害程度的证明；其他危害结果的证明等。

第四节　以危险方法危害公共安全罪出庭公诉要点

根据刑事诉讼法的相关规定，刑事诉讼第一审程序主要有普通程序、简易程序、速裁程序等。相较于普通程序，简易程序不受普通程序关于送达期限、讯问被告人、询问证人、鉴定人、出示证据、法庭辩论程序规定的限制，速裁程序不受普通程序关于送达期限的限制，一般不进行法庭调查、法庭辩论，审理内容、审理程序等更为简化、简便。因此，本节所讨论的出庭公诉要点，主要针对普通程序而提出，对于适用简易程序、速裁程序的，不再赘述，可以参照适用。

一、庭前准备要点

以危险方法危害公共安全罪是《刑法》第 114 条、第 115 条第 1 款的兜底罪名，在司法实务认定中容易出现争议和分歧。为确保在法庭上能够有力说服庭审法官采纳检察机关提起公诉的以危险方法危害公共安全罪的意见，就需要在庭前做好充分的准备。

（一）梳理证据，熟悉案情

公诉人在接到出庭通知书后，应当进一步熟悉案情，梳理证据，做到对证据情况了然于胸，特别是对一些证据复杂的案件，庭前对证据的重新熟悉就显得更加重要。除了对 8 种法定证据之间的联系及矛盾进行分析整理外，还应当注重梳理控诉证据与辩护证据之间的关系，罪轻证据与罪重证据之间的关系，将在案的各种证据串联起来进行研判。

以危险方法危害公共安全的案件，可以按照以下几个方面进行证据分类：一是证明被告人的犯罪行为属于“其他危险方法”的证据；二是证明被告人的犯罪行为足以危害公共安全，或者造成了人员伤亡、财产重大损失的证据；三是证明被告人具有危害公共安全的故意的证据。值得注意的是，对于犯罪事实和证据庞杂的以危险方法危害公共安全的案件，也可以针对每节犯罪事实或每个被告人的犯罪事实，分别列出能够证明这一事实成立的证据，制作证据列表，做到一目了然。

（二）熟悉相关法律法规和专门知识

司法实践中，以以危险方法危害公共安全罪定罪处罚的案件，关于“危险方法”“公共安全”以及罪与非罪、此罪与彼罪等方面的认定容易产生分歧，也容易与其他罪名相混淆，因此在庭前准备过程中，有必要进一步熟悉相关法律法规、司法解释，做到了然于胸。同时以以危险方法危害公共安全罪定罪处罚的案件中，有些危险方法可能涉及专门知识，因此庭前准备中有必要对专门知识进行熟悉，必要的时候可以向有专门知识的人请教，或邀请有专门知识的人予以帮助。

（三）对案件可能引发的舆情有充分的预判

以危险方法危害公共安全的犯罪案件，由于被告人行为方法的不常见性和危害后果的严重性，在微信、微博等自媒体高度发达的当下，往往容易引起社会公众的高度关注，出现舆情甚至炒作，甚至会导致这些舆情成为庭审争议焦点。承办检察官在庭审之前，应当注重关注、收集相关的舆情信息，针对舆情的误区和盲点，做好应对准备。在不泄露涉密信息的前提下，依法及时公开信息，释法说理，化解疑问，防止谣言产生。

（四）制定出庭预案

根据《人民检察院刑事诉讼规则》第392条的规定，出庭预案主要包括：讯问被告人计划，询问被害人、证人、鉴定人、有专门知识的人的计划，宣读、出示、播放证据计划，质证方案，证明证据合法性提纲，公诉意见书和辩论提纲。一般来说，可以按照讯问（询问）、举证质证、辩护观点预测及答辩这四个模块来制作庭审预案，准备好法庭讯问（询问）计划、举证质证计划和方案、法庭辩论提纲和公诉意见书。

1. 庭审讯问计划。以危险方法危害公共安全罪的庭审讯问提纲，根据被告人认罪与不认罪等不同情形分别制定。（1）对于认罪被告人的讯问，采取开门见山的方法，直接提出实质性问题，着重就其实施犯罪的过程、实施犯罪的方法、对危险方法的认知等方面进行讯问。（2）对于不认罪或认罪态度不好的被告人的讯问，可以采取揭露矛盾的方法，就犯罪事实的发生、危险方法的实施、危害结果的发生、被告人对危险方法的认识等方面进行讯问，以达到揭露其回答中的矛盾，揭穿其虚假供述。（3）对于已经掌握大量证据，被告人认可在案证据但推卸责任、企图逃脱罪责的，也可采取开门见山的方式。

2. 举证计划。举证方案大致有一事一证举证的方案、按犯罪构成举证的方案、按证据种类举证的方案、按犯罪阶段举证的方案等几种举证方式。举证提纲的设计，应当根据案件的不同类型而分别选择相应的举证方式。（1）一事一证的举证方式，适用于犯罪事实较多且犯罪事实清楚的案件，每一次犯罪事实的证据分为一组，组内又可以按照证据种类举证或犯罪构成举证的方式。具体到以危险方法危害公共安全罪，如果行为人有多次以危险方法危害公共安全的行为，那么可以采取一事一证的举证方案，如第一次犯罪有哪些证据，第二次犯罪有哪些证据等进行分组举证。（2）按犯罪构成举证的方式，适用于犯罪次数较少的案件，按照客体要件、客观方面、主体要件、主观方面等将证据进行分组，并且论证各组证据之间的关系。具体到以危险方法危害公共安全罪，可以按以下几个方面分组举证：一是证明被告人实施的方法属于"其他危险方法"的证据；二是证明足以危害公共安全或造成人员伤亡、财产重大损失的证据；三是证明被告人对危害公共安全具有主观故意的证据。在证据分组的基础上，对证据证明的内容进行分析说明，必要时可以采取 PPT、多媒体示证的方式，以增强举证效果。（3）按证据种类举证的方式，这是实践中公诉采用最多的一种举证方案，它不仅适用于复杂案件，也适用于简单案件。对于被告人认罪的案件，可以按照被告人供述、被害人陈述、物证、书证、鉴定意见、视听资料等进行举证。对于被告人不认罪的案件，一般把被告人供述放在最后举证。具体到以危险方法危害公共安全罪，被告人认罪的，可以按照被告人供述、被害人陈述、物证、书证、鉴定意见、视听资料等进行举证；被告人不认罪的，可以按照现场勘查笔录、物证、书证、鉴定意见、视听资料、被害人陈述、被告人供述的顺序进行举证。（4）按犯罪阶段举证的方式，适用于犯罪过程比较复杂、犯罪手段比较多样，犯罪参与人员较多的案件。犯罪阶段可以根据犯罪预谋阶段、犯罪预备阶段、犯罪实施阶段三个阶段，分为三组证据进行举证，每组证据包括若干份证据，每份证据包括证据来源、证据位置、证明内容，在每组证据全部举证完毕后进行小结。这种举证方式的优点是思路清晰、层次分明、结构合理、科学严谨。具体到以危险方法危害公共安全罪，对于事先预谋实施的以危险方法危害公共安全的犯罪案件，可以采取这种方式，如在高速公路或城市主干道采取驾车"碰瓷"的方式向被害人索要财物，危害公共安全的，可以采取这种举证方式。

3. 法庭辩论提纲。法庭辩论提纲要结合提前预判的辩护观点和争议焦点进行准备。对于以危险方法危害公共安全的案件，庭前预测要点和辩论焦点大致有以下几个方面：（1）被告人的犯罪方法是否可以认定为《刑法》第114条、第115条第1款的"其他危险方法"。对于该问题的答辩，主要从本案被告人行为的性质和本案的危险方法与放火、决水、爆炸、投放危险物质具有相当性进行分析，以及从最高人民法院的相关指导案例、典型案例等角度进行论证和辩驳。（2）是否足以危害公共安全或已经造成严重后果，主要从可能造成严重危害公共安全的客观表现，以及造成严重后果的客观证据方面来进行论证。（3）危害对象是否属于不特定多数人。对不特定多数人的判断，要结合最高人民法院刑事审判指导案例中的判例及判决理由来进行分析论证。（4）被告人是否具有危害公共安全的故意。对这方面的问题，要结合被告人供述、其他言词证据及聊天记录、通话记录等客观证据，审查被告人在案发前是否流露、表达过实施危害公共安全的想法，从而论证被告人具有危害公共安全的直接故意。如不能充分证明被告人具有危害公共安全的直接故意，那么就要结合被告人的犯罪手段、实施犯罪的地点、场所、人群密集度、危害后果，以及被告人的经历、阅历、对其行为性质的认知等进行论证，以证明被告人具有危害公共安全的间接故意。（5）辩方是否会提出证据合法性问题。根据《刑事诉讼法》第59条第1款的规定，证明证据收集的合法性的证明主体是检察机关，在庭前预测证据合法性异议，并拟定证明提纲、准备相关证明材料是十分必要的。公诉人要立足于审查起诉过程中发现的证据问题，对证据合法性进行审查判断，结合自身办案经验，对辩方在庭审中可能会对哪些证据的合法性提出意见、提出何种意见，并在出庭预案中全面分析证据的取证主体、时间、地点、方式、来源等合法性理由及依据。

4. 公诉意见书。公诉意见书的制作，主要是根据庭审查明的情况，对起诉书指控的罪名的构成要件，结合案件事实、证据及法律法规的规定，论证被告人的行为已经构成所指控的犯罪，应当承担刑事责任，并提出依法从重、从轻处罚的量刑情节和依据。同时对被告人行为的社会危害性进行必要的法治教育。

（五）做好被害人、证人、鉴定人、有专门知识的人、侦查人员出庭作证的准备工作

在庭审过程中，如果辩方申请被害人、证人、鉴定人出庭，或者公诉人认为有必要申请被害人、证人、鉴定人、有专门知识的人、侦查人员、鉴定人出庭作证，在庭前需要做好相关人员出庭的准备工作。庭审前需要对出庭人员的笔录进行核实，评估其出庭的必要性，立足于庭审中可能遇到的发问或质疑，从笔录的内容是否为被害人、证人等直接感知，被害人、证人的认知水平、记忆能力、身心状况，其言词证据与其他证据是否印证、是否存在矛盾等方面，对其陈述、证言的可靠性进行全面审查，并结合被害人、证人的心理动态，核实其以往笔录的真实性、可靠性。以下以证人出庭作证为例进行说明，被害人、鉴定人、有专门知识的人以及侦查人员出庭作证中以参照适用。

出庭作证的证人包括控方证人和辩方证人。对控方证人的询问称为主询问，对辩方证人的询问称为反询问。对控方证人出庭作证的准备工作，大致包括以下几项：一是在证人的筛选上，应当选取心理素质好，证言稳定，与双方当事人无利害关系的证人；二是进行庭前指导或培训，大多数人因为没有出庭作证经验，难免在出庭时会紧张或具有较大的心理压力，因此庭前公诉人应当与拟出庭证人进行适当接触，了解证人的个性，根据其性格制定相应的出庭策略，对证人进行庭前指导和培训，使其了解庭审流程和询问流程，帮助其调整心态，舒缓情绪，掌握回答辩方提问的应对技巧，保证出庭的效果；三是在证人出庭作证的顺序上，应当安排全面了解案件事实的证人先出庭，对关键事实了解的证人在最后出庭；四是着重对证人的保护，在庭审中恰当使用反对权，及时提出反对，让证人知道他不是一个人在战斗，有公诉人的及时支持。

对辩方证人出庭的应对工作，大致包括以下几项：一是及时了解辩方证人的出庭名单，知悉辩方申请哪些证人出庭作证，在庭前对辩方证人进行最大限度的了解；二是仔细分析辩方出庭证人与被告人、被害人

之间的关系，以判断辩方证人与双方当事人之间是否有利害关系；三是对辩方出庭证人的庭前询问笔录进行核实，结合证人的认知水平、记忆能力、身心状况以及与被告人、被害人之间是否存在利害关系，判断其证言与其他证据是否印证、是否存在矛盾；四是对辩护人对辩方证人的发问和辩方证人的回答情况进行预测，根据预测的情况制定反询问提纲，为反询问打下基础。

二、庭前会议要点

召开庭前会议的案件，一般是被告人不认罪的案件。由于控辩双方在事实认定、证据合法性、法律适用等方面有较大争议，有召开庭前会议之必要。根据刑事诉讼法和司法解释的相关规定，庭前会议主要解决的是程序性问题，主要包括：一是解决回避、管辖等程序性问题；二是解决不公开开庭、延期审理、是否适用简易程序、庭审方案等与审判相关的程序性问题；三是解决出庭证人、鉴定人、有专门知识的人名单和证据开示问题；四是解决非法证据排除问题。对于控辩双方达成共识的，在庭审时对排除的非法证据不再予以法庭调查；如果控辩双方意见不一致，则需要在庭审中通过非法证据排除程序来解决。

公诉人在庭前会议前要做好准备，预测辩护人可能提出的问题，做好应对方案，通过控、辩、审三方的庭前交流，对案件的争议点做到心中有数，明晰案件争议点和庭审重点，并了解辩方掌握证据的情况。

对庭前会议常见的问题包括：

1. 回避问题。对于辩护人、被告人提出的申请公诉人回避的问题，公诉人应当根据其提出申请回避的理由是否合法，是否具有事实根据等，进行答辩。

2. 管辖权异议问题。对于管辖权异议问题，公诉人应对方法如下：首先，对辩护人、被告人提出的管辖权异议，应当先由审判长说明管辖的法律依据及理由，公诉人不宜对这个问题先进行表态。其次，如果审判长未予以回应或者当庭询问公诉人意见的，公诉人应当视情况，根据案件性质、事实进行不同的应对。再次，若辩护人提出的管辖权异议无事实与法律依据，仅仅是怀疑可能影响公正审判，不属于刑事诉讼法和相关司法解释规定的管辖异议，应当当庭说明本案的管辖权的事实和法律依据，并建议法庭当庭驳回辩护人的申请。最后，若辩护人、被告人提出的管辖权异议确有事实与法律依据，应当在庭前会议后及时向检察长汇报。若检察长或检委会确认管辖权存在问题，应当与法院加强沟通。一般情况下，由法院将案件退回检察机关，检察院不宜直接申请撤回。对于一些特殊案件，可以由检察机关和法院分别依法报请上级检察机关、法院指定管辖。

3. 证人出庭问题。对于辩护人提出的出庭证人、鉴定人、有专门知识的人名单，应对方法如下：首先，公诉人应当依法确定证人出庭作证的必要性。根据《刑事诉讼法》第192条第1款的规定可知，证人出庭作证需要同时具备三个条件：一是公诉人、当事人或者辩护人、诉讼代理人对证人证言有异议；二是该证人证言对案件定罪量刑有重大影响；三是人民法院认为证人有必要出庭作证。也就是说，同时符合这三个条件的证人，才需要出庭作证。在庭前会议上，对于辩方提出的出庭作证的证人名单，公诉人应当结合全案证据情况分析确定辩方提出的证人是否有出庭的必要。对于无出庭作证必要的，及时提出异议，将无出庭必要的证人排除在出庭证人名单之外。其次，公诉人应当根据案件的具体情况，分析证人出庭作证是否会因不愿意得罪被告人或者与被害人有特殊关系等情况，而改变其证言，作出不利于指控的证言。如果该证人出庭接受询问很有可能改变证言，而其先前证言与其他在案证据能够相互印证，真实性、合法性没有任何争议，公诉人应当建议法院不通知该证人出庭作证。最后，公诉人应当慎重确定需要出庭的控方证人名单。对于拟定的出庭证人，在出庭前要进行一定的培训，使其对庭审询问有充分的心理准备，保障庭审的顺利进行。

4. 非法证据排除问题。在庭前会议上，被告人、辩护人往往还会对某些证据的合法性提出异议，甚至提出非法证据排除的申请。对于排除非法证据申请问题，应对方法如下：首先，根据《刑事诉讼法》第59条第1款的规定，人民检察院应当对证据收集的合法性加以证明，对于被告人、辩护人提出的排除非法证据的申请，公诉人应当对证据收集的合法性进行证明。如出具被告人的入所体检表、侦查机关的办案说明、本院批捕环节的讯问笔录等，甚至可以当场播放讯问同步录音录像，并当场予以说明或者解释，以证明证据收集的合法性。通过公诉人提供的相关证据材料，能够明确排除非法取证情形，控辩双方对证据收集合法性达成一致意见，人民法院对证据收集合法性没有疑问的，表示不存在非法取证情形，可以不再进行调查。其次，在庭前会议上控辩双方对证据收集合法性未达成一致意见的，公诉人提供的相关证据材料不能明确排除非法取证情形，对证据收集的合法性一时无法证实的，庭前会议上不能就非法证据排除作出实质性的处理，因此公诉人应当在庭前会议后将该问题向院领导汇报，并在开庭审理前及时对有关问题进行调查核实，补充完善相关证据。对于确有以非法方法收集证据情形的，应依不同类型，按照《刑事诉讼法》第 56 条第 1 款的规定，依法予以排除或者作出补正或者合理解释。对于决定排除非法证据的，应当依法通知法院和有关当事人，并对原有的证据体系进行评估。最后，经调查核实确认不属于非法证据的，应当通知法院、当事人和辩护人，并按照查证的情况做好庭审预案。

三、庭审应对要点

庭审应对要点主要集中在庭审讯问（询问）、庭审举证、质证、法庭辩论、非法证据调查程序等环节上。

（一）法庭讯问要点

法庭讯问是公诉人"明知故问"的过程，即所有问题的设置均与犯罪相关联且有证据可以佐证。由于个案存在差异，公诉人讯问应当在起诉书指控的范围内进行，因人而异，因案而异。法庭讯问要紧扣公诉主张，简练明确。讯问的主要目的不是迫使被告人当庭认罪，而是揭露其供述的虚假性，有针对性地举证、质证，为法庭辩论中有针对性地反驳做好准备。对于以危险方法危害公共安全的案件，根据被告人认罪与否，而采取不同的讯问策略。按照被告人的认罪态度，可以分为以下几种情形：

1. 被告人认罪，即被告人承认其所实施的以危险方法危害公共安全的事实，也认可以危险方法危害公共安全的罪名。这种情况下，被告人认罪态度好，在庭审中会积极回答，如实供述犯罪事实，法庭讯问相对轻松。对于被告人认罪的案件，法庭讯问应当从以危险方法危害公共安全罪的犯罪构成出发，围绕危险方法的实施过程和造成的严重后果等重要事实、情节及焦点问题进行发问。

2. 被告人承认犯罪事实，但否认具有危害公共安全的主观故意，辩解不构成以危险方法危害安全罪。这种情况下，被告人对于客观事实没有异议，庭审中往往会如实回答客观事实发生的过程。因此，对于被告人承认犯罪事实而否认主观心态和罪名的，在讯问中应当根据以危险方法危害公共安全罪的犯罪构成，着重从犯罪客观方面，特别是犯罪行为的细节等方面进行讯问，对其实施犯罪的方法、实施犯罪行为的过程、实施犯罪行为的地点、对该方法可能造成的危害后果的认识等细节上设计问题进行讯问，通过讯问行为细节来分析主观故意，为用常识常情常理来分析其主观心态做好铺垫，而不必纠缠于主观心态和罪名。

3. 被告人否认实施了犯罪客观事实，即"零口供"。对于被告人不承认实施了以危险方法危害公共安全的犯罪事实的，公诉人在讯问中应当主要采取守势，切不可急功近利地渴望被告人在法庭上认罪悔罪，使自己陷入被动；同时又要适当进攻，在讯问中采取欲擒故纵的方法，鼓励被告人多说，以展现其供述和辩解中的矛盾，为用细节和逻辑揭露被告人的虚假供述做好准备，继而采取归谬法驳斥被告人的辩解。在"零口供"的情形下，公诉人发问要注意抓住被告人的供述和辩解与案件证据证明的事实之间的矛盾，从而置其陷入不可自圆其说的境地，向法庭展示其供述的虚假性。

（二）法庭询问要点

证人出庭是程序公正和诉讼公开的必然要求。在法庭上，通过询问证人、被害人、鉴定人等其他诉讼参与人，能够证明被告人实施犯罪的过程或某一阶段或危害后果，有利于查清案件事实，保证被告人的质证权和法官的认证权，保障被告人得到公正的处罚。

1. 公诉人对控方证人主询问的方式和方法，主要包括以下几个方面：一是首先询问证人的身份，以表明证人与被告人、被害人双方无利害关系；二是鉴于主询问的证人是控方证人，因此公诉人对发问的问题应当进行简要描述，可以是开放式问题，由证人根据其直接感知和目击的情况进行回答，以增强其证言内容的客观性；三是在主询问中，可以使用物证展示，帮助证人对案件事实进行回忆；四是主询问每一个发问只问一个问题，不要在一个发问中包含两个或两个以上的问题；五是发问的问题应当简洁全面，层次清晰。

2. 公诉人对辩方证人的反询问的方式和方法，主要包括以下几个方面：一是公诉人对辩方证人反询问的主要目的，是通过发问展现辩方证人的不可信性，展示辩方证人与被告人或被害人有利害关系，具有倾向性，其证言具有不可采性，并从中获取对己方有利的证言和信息，为答辩阶段打下基础；二是公诉人不需要对辩方的每一个证人都进行反询问；三是公诉人对辩方证人发问的问题，尽量使用封闭式的言语提出问题，封闭式问题具有引导性，限制了辩方证人回答的范围，即辩方证人只能按照公诉人发问的问题作肯定性回答或否定性回答，不给辩方证人扩展回答内容的机会；四是公诉人向辩方证人发问的问题，应当抓住要害，发问明确，简短清晰；五是公诉人反询问的问题，应当是证人直接感知的问题，而不是评价性问题，如应当询问其看到或听到的事情，而不能是你认为如何、感觉如何的问题；六是对辩方证人反询问，切记不能问连自己都不知道答案的问题，更不要与证人进行争辩。

（三）庭审举证、质证要点

公诉人代表国家出庭履行控诉职能，是通过出庭公诉的方式来实现的，而出庭公诉的过程，实质上就是如何运用证据揭示犯罪、证明犯罪的过程。因此公诉人举证、质证是出庭公诉的核心，如何合理有序、明确有力地进行公诉举证、质证，是公诉人面临的重要课题。

法庭举证，是将静态的案卷材料展示给法庭，以达到证明犯罪事实和罪名的目的。法庭举证的方式和方法上，应当注意以下几点：

1. 举证方式的选择上，应当做好预案。在庭审准备阶段就应当根据案件的具体情况，选择使用一事一证的举证方式，还是按犯罪构成举证的方式，抑或是按证据种类举证的方式，又或者是按犯罪阶段进行举证的方式，并做好举证提纲和预案。需要注意的是，无论采取何种举证方式，都应当对证据进行细化的分类和组合，而不能散漫无章，这样方能达到最优的举证效果。

2. 在举证顺序上，应当注重举证的先后顺序。先举证主要证据，后举证次要证据；先举证直接证据，后举证间接证据；先举证定罪证据，后举证量刑证据；先举证原始证据，后举证传来证据。

3. 在举证证据的关联性上，应当注重举证证据之间的紧密性和逻辑性。根据获取证据的先后顺序和内在关系，安排好举证的组合，比如在举证言词证据后，紧接着举证相关的辨认笔录；举证现场勘验、检查、搜查笔录后，紧接着举证鉴定意见。

4. 在举证证据的针对性上，应当强调关键信息，并忠实于原意，不能断章取义。对于一人多份笔录，在举证上应当区分多份笔录是否一致，对于较为一致的，应当择一宣读；对于不一致的，应当说明多份笔录不一致内容的变动过程。对于证明同一内容的多人笔录，在举证上也应当区分多人笔录是否一致，对于较为一致的，应当择重点宣读；对于不一致或者矛盾的，应当说明矛盾之所在，以及是否可与其他证据相印证。

（四）非法证据调查程序要点

《刑事诉讼法》第58条规定，法庭审理过程中，审判人员认为可能存在本法第五十六条规定的以非法方法收集证据情形的，应当对证据收集的合法性进行法庭调查。当事人及其辩护人、诉讼代理人有权申请人民法院对以非法方法收集的证据依法予以排除。

实务中，被告人、辩护人向法庭提出排除非法证据申请的情形可能会越来越普遍，被告人、辩护人往往会提出其供述系刑讯逼供等非法方法取得，应当予以排除。对该问题的应对，主要包括以下几个方面：其一，对被告人、辩护人在开庭审理中提出非法证据排除的申请，应当先由法庭进行审查和裁决。如果被告人、辩护人在开庭审理前未申请排除非法证据，而在法庭审理过程中提出申请，应当说明理由。法庭经审查，对证据收集的合法性有疑问的，应当进行调查；法庭经审查对证据收集的合法性没有疑问的，应当驳回申请。此外，对于在庭前会议上控辩双方对于证据合法性达成一致意见后，又在庭审中提出异议的，除有正当理由外，法庭不再进行审查。其二，公诉人应当深刻理解非法证据与瑕疵证据的界限。对于非法证据和瑕疵证据的区分，可以从实质与形式两个方面来分析，就实质方面而言，瑕疵证据不会导致当事人重大的、基本的权益受到侵害，不会影响到证据的真实性而导致司法不公，而非法证据则会导致当事人重大、基本权益受损，影响证据的真实性从而导致司法不公。如刑讯逼供等方法收集的犯罪嫌疑人供述，应当予以排除，因为它会导致当事人重大、基本权益受损且影响证据的真实性。就形式方面而言，瑕疵证据是轻微的程序性违法、技术性失范、操作性不当，而非法证据是严重的程序性违法、实质性程序错误。如询问笔录没有填写询问人、记录人、询问起止时间，以及勘验、检查、搜查笔录、提取笔录上无侦查人员签名、物品持有人签名，等等，这些情况有可能是侦查人员疏忽大意而导致，并不意味着侦查活动本身存在违法情况，可以补正或作出合理解释，因而属于轻微的程序性违法。而如果勘验、检查、搜查过程中提取、扣押的物品、书证，未附笔录或者清单，则不能证明物证、书证来源，属于严重的、实质性的违法。其三，强化庭前证据审查和庭前的非法证据排除，严格审查证据的客观性、合法性和关联性，补正和完善瑕疵证据，保证证据与证据之间、证据与案件事实之间不存在矛盾，或者矛盾可以得到合理排除，防止非法证据进入庭审阶段。其四，熟练掌握法律法规及司法解释关于非法证据的规定。公诉人熟练掌握法律法规和司法解释关于非法证据排除的相关规定，有利于在非法证据调查程序中占据主动。如公安机关在搜查中让参与的协警作为见证人，辩护人在法庭上提出非法证据排除的申请，法庭依法启动非法证据排除调查程序的，根据最高人民法院《关于适用〈中华人民共和国刑事诉讼法〉的解释》第 80 条第 3 款"由于客观原因无法由符合条件的人员担任见证人的，应当在笔录材料中注明情况，并对相关活动进行全程录音录像"之规定，该做法属于瑕疵，可以得到合理的解释和补正，因此不属于非法证据。其五，排除非法证据调查程序具有层次性，公诉人提供证据收集合法性的证据材料具有顺序性。公诉人应当先向法庭提供讯问笔录、讯问录音录像以及提讯证、入所体检表、看守所管教人员的谈话笔录等书面证据材料，以证明证据收集合法性；如果法庭仍有疑问，可以提请法庭通知讯问时其他在场人员或者其他证人出庭作证，其他人员是指除侦查人员以外的相关人员，如在场的看守所监管人员、驻看守所的检察人员、值班律师、同监室的在押人员等；仍不能排除刑讯逼供嫌疑的，才提请法庭通知侦查人员出庭作证，对该供取得的合法性予以说明。

（五）法庭辩论要点

法庭辩论是法庭审理的一个重要阶段，也是必经的诉讼程序。辩论的主要内容包括：

1. 关于定罪事实和证据的辩论。关于定罪事实和证据的辩论，主要是针对犯罪构成要件的辩论，主要包括：关于犯罪主体要件事实的辩论，如是否达到刑事责任年龄，是否具有刑事责任能力，是否具有特定的主体身份等；关于犯罪主观方面要件的辩论，如主观上是否具有故意，是否具有明知；关于犯罪客观方面的辩论，如危害行为是否是被告人所为，危害后果是否严重，犯罪的时间、地点、是否具有因果关系等；关于客体要件事实、法律适用的辩论以及关于是否属于正当防卫的辩论等。

2. 关于量刑事实和量刑证据的辩论，主要包括：是否具有法定的累犯、自首、从犯等从重、从轻、减轻、免除处罚等量刑情节；是否具有酌定的从重、从轻处罚情节等。

3. 关于程序性事实和证据的辩论，主要包括：司法机关是否有管辖权，相关人员是否需要回避，强制措施的适用是否合法，讯问、询问程序是否合法等。

4. 关于法律适用的辩论，主要包括：关于罪名的辩论，关于罪数的辩论，关于自首的辩论，关于立功的辩论等。

第五节　以危险方法危害公共安全罪法律监督要点

一、立案监督要点

立案监督包括对应当立案而不立案的监督和不应当立案而立案的监督。

（一）对应当立案而不立案的监督

发现公安机关对以危险方法危害公共安全的犯罪应当立案而不立案的，应当监督公安机关立案。经调查核实，认为公安机关对以危险方法危害公共安全犯罪的线索应当立案而不立案的，向公安机关发出《要求说明不立案理由通知书》，要求公安机关说明不立案的理由。若公安机关在收到《要求说明不立案理由通知书》后未直接立案，而是回复不立案理由的，应当制作《立案监督案件审查意见书》，对公安机关的不立案理由进行审查，经审查公安机关的不立案理由不成立的，经检察长或检察委员会讨论决定，通知公安机关立案。对公安机关收到通知立案的文书后超过15日不立案，又不回复说明不立案理由的，应当发出纠正违法通知书予以纠正，公安机关仍不纠正的，报上一级人民检察院协商同级公安机关处理。

（二）对不应当立案而立案的监督

对不应当立案而立案的监督，又称之为撤案监督。不应当立案而立案的情形大致有以下几种：一是公安机关出于对法律、政策的认识偏差，对罪与非罪把握不准，而对不涉嫌犯罪的行为予以立案侦查的；二是对不涉嫌犯罪的治安案件、行政处罚案件予以立案侦查的；三是对没有管辖权的案件予以立案侦查的；四是出于插手经济纠纷等因素对不涉嫌犯罪的案件予以立案侦查的。

具体到以危险方法危害公共安全罪来说，公安机关不应当立案而立案的，更可能的因素是对罪与非罪把握不准，而将不涉嫌以危险方法危害公共安全罪的行为予以立案侦查，或者是将实务中不宜按以危险方法危害公共安全罪处理的案件予以立案侦查。发现公安机关对以危险方法危害公共安全案件不应当立案而立案的，应当向公安机关发出《要求说明立案理由通知书》，要求公安机关说明立案的理由。若公安机关在收到《要求说明立案理由通知书》后未直接撤销案件，而是回复立案理由的，应当制作《立案监督案件审查意见书》，对公安机关的立案理由进行审查。经审查公安机关的立案理由不成立的，经检察长或检察委员会讨论决定，通知公安机关撤案。对公安机关收到通知撤案的文书后既不撤销案件，又不回复说明立案理由，应当发出纠正违法通知书予以纠正，公安机关仍不纠正的，报上一级人民检察院协商同级公安机关处理。

二、侦查活动监督要点

侦查活动监督可以分为对漏捕的监督，对漏诉的监督，对违法侦查行为的监督，对延长侦查羁押期限的监督等情形。

（一）对漏捕的监督

对漏捕的监督，实务中称之为追捕。所谓漏捕，是指检察机关在审查逮捕过程中发现公安机关遗漏了犯罪嫌疑人，而且该被遗漏的犯罪嫌疑人构成犯罪，符合逮捕条件，公安机关应当提请审查逮捕而未提请。漏捕大致包括以下几种情形：一是公安机关在罪与非罪的界限上把握不准而导致的漏捕；二是公安机关办理的一些重大案件，侦查时多人参与，各自取证，破案后未对相关案件事实和证据进行汇总，导致对部分犯罪嫌疑人的漏捕；三是在罪与非罪等关键证据上审查不严造成的漏捕。

在办理审查逮捕案件过程中，发现公安机关应当提请审查逮捕而未提请的，应当在审查逮捕意见书中对需要说明的问题部分进行论述，并提出是否纠正漏捕的意见。经检察长批准，决定纠正漏捕的，应当向公安机关发出《应当逮捕犯罪嫌疑人建议书》，要求公安机关依法移送审查逮捕。公安机关收到《应当逮捕犯罪嫌疑人建议书》后，可以将漏捕的犯罪嫌疑人直接提请审查逮捕；如认为检察机关的应当逮捕犯罪嫌疑人建议不正确或者因其他原因不提请审查逮捕，应当说明不提请逮捕的理由。经审查，公安机关的不提请逮捕的理由不成立的，报经检察长同意，可以直接决定逮捕，送达公安机关执行。

（二）对漏诉的监督

对漏诉的监督，实务中称之为追诉。所谓漏诉，是指公安机关遗漏起诉，即公安机关在向检察机关移送起诉时只起诉了部分事实或部分犯罪嫌疑人，而遗漏了部分案件事实或部分犯罪嫌疑人。漏诉分为两种情况，一是遗漏犯罪嫌疑人，二是遗漏犯罪事实。与之相对应，纠正漏诉也包括两种情况，一是纠正漏犯，二是纠正漏罪。

公安机关遗漏犯罪嫌疑人大致包括以下几种情形：一是对关联性的上下游犯罪重视不够，导致遗漏犯罪嫌疑人。如对明知是犯罪的人而实施的窝藏、包庇行为重视不够，导致遗漏实施窝藏、包庇行为的犯罪嫌疑人。二是对共同犯罪、团伙犯罪等多人参与实施的犯罪未进行深查细究，导致遗漏部分犯罪嫌疑人。三是对部分犯罪嫌疑人真实身份待查，或者由于认识偏差，或者是案外因素，导致对部分已涉嫌犯罪的犯罪嫌疑人未能及时移送审查起诉。

公安机关遗漏犯罪事实大致包括以下几种情形：一是因案件有多笔犯罪事实，而导致遗漏了部分犯罪事实；二是对事实及罪名把握不准，或虽未遗漏犯罪事实，但遗漏了罪名。

在审查起诉过程中，发现公安机关遗漏犯罪嫌疑人的，应当依法提出追诉意见，向公安机关发出补充移送通知书，要求公安机关移送起诉漏犯，依法进行追诉。如果公安机关坚持认为漏犯不构成犯罪或因其他因素而不移送审查起诉，可以自行决定对漏犯提起公诉，增加被告人。发现公安机关遗漏犯罪事实的，可以通过退回补充侦查，要求公安机关补查后重新移送审查起诉，或者可以自行增加认定的犯罪事实。对于遗漏罪名的，自行增加罪名提起公诉。

（三）　对违法侦查行为的监督

对公安机关侦查活动的监督，包括对公安机关采取刑事强制措施的监督和对侦查行为的监督。根据《人民检察院刑事诉讼规则》第 552条第 1 款、第 567 条的规定，发现公安机关在侦查过程中有违法侦查行为或者其他违法情形，对于情节较轻的，由检察人员以口头方式向公安机关提出纠正意见；情节较重的，经检察长决定，向公安机关发出书面纠正违法通知书。对于带有普遍性的违法情形，经检察长决定，向相关机关提出检察建议。构成犯罪的，移送有关机关、部门依法追究刑事责任。

对公安机关采取刑事强制措施的监督重点如下：（1）对拘留的监督重点主要包括以下方面：对拘留时间起算点计算的监督，对延长拘留至 30 日期限计算的监督，对延长拘留至 30 日案件类型适用的监督，对异地执行拘留的时间计算的监督，对拘留后是否通知家属的监督，对拘留后是否在 24 小时内讯问犯罪嫌疑人的监督等。（2）对逮捕的监督重点主要包括以下几个方面：对逮捕时间的监督，对逮捕后是否通知家属的监督，对逮捕后是否立即执行逮捕以及捕后变更强制措施的监督等。（3）对拘传监督的重点包括以下方面：对拘传期限的监督，对异地拘传的监督，对拘传人大代表、政协委员的监督，对有无未立案就拘传情形的监督等。（4）对取保候审的监督重点包括以下方面：对取保候审保证方式的监督，对取保候审保证金管理的监督，对取保候审执行程序的监督等。（5）对监视居住的监督重点包括以下方面：对监视居住审批程序的监督，对监视居住执行期限的监督，对监视居住执行主体的监督，对监视居住场所的监督，对被监视居住人的义务的监督；对于指定居所居住监督的，监督重点还包括对犯罪嫌疑人是否确实无固定住处的监督、指定居所监视居住的案件类型是否符合刑事诉讼规定的监督、指定居所监视居住场所是否合法的监督、是否存在未立案就采取指定监视居住的情形等。

对侦查行为的监督重点关注以下情形并予以纠正：（1）采用刑讯逼供以及其他非法方法收集犯罪嫌疑人供述的；（2）讯问犯罪嫌疑人

依法应当录音或者录像而没有录音或者录像，或者未在法定羁押场所讯问犯罪嫌疑人的；（3）采用暴力、威胁以及非法限制人身自由等非法方法收集证人证言、被害人陈述，或者以暴力、威胁等方法阻止证人作证或者指使他人作伪证的；（4）伪造、隐匿、销毁、调换、私自涂改证据，或者帮助当事人毁灭、伪造证据的；（5）违反刑事诉讼法关于决定、执行、变更、撤销强制措施的规定，或者强制措施法定期限届满，不予释放、解除或者变更的；（6）应当退还取保候审保证金不退还的；（7）违反刑事诉讼法关于讯问、询问、勘验、检查、搜查、鉴定、采取技术侦查措施等规定的；（8）对与案件无关的财物采取查封、扣押、冻结措施，或者应当解除查封、扣押、冻结而不解除的；（9）贪污、挪用、私分、调换、违反规定使用查封、扣押、冻结的财物及其孳息的；（10）不应当撤案而撤案的；（11）侦查人员应当回避而不回避的；（12）依法应当告知犯罪嫌疑人诉讼权利而不告知，影响犯罪嫌疑人行使诉讼权利的；（13）对犯罪嫌疑人拘留、逮捕、指定居所监视居住后依法应当通知家属而未通知的；（14）阻碍当事人、辩护人、诉讼代理人、值班律师依法行使诉讼权利的；（15）应当对证据收集的合法性出具说明或者提供证明材料而不出具、不提供的；（16）侦查活动中的其他违反法律规定的行为。

（四）对延长侦查羁押期限的监督

办理延长羁押期限案件是检察机关的一项重要的司法权和法律监督权。延长羁押期限的类型包括四种：一是侦查阶段第一次申请延长羁押期限；二是侦查阶段第二次申请延长羁押期限；三是侦查阶段第三次申请延长羁押期限；四是侦查阶段因特殊原因申请延长羁押期限。《刑事诉讼法》第 156 条至第 159 条、《人民检察院刑事诉讼规则》第 311 条、第 312 条对延长羁押期限的条件作出明确规定，只有符合法律和司法解释规定的相应的条件，才能批准延长羁押期限。

办理延长羁押期限的案件，监督重点主要体现在以下几个方面：一是程序审查要点，即报延材料是否齐全、标准，是否具有管辖权，是否在法定期限内提请延长，侦查羁押期限计算是否正确等；二是实体审查要点，即延押理由是否充分，是否具有继续羁押的必要性，第一次延押后的补充侦查情况，对可能判处的刑期与羁押期限进行比对，杜绝"刑期倒挂"现象的发生。经审查符合延长羁押期限条件的，经报检察长批准，依法作出批准延长侦查羁押期限的决定；经审查不符合延押条件的，经报检察长批准，依法作出不批准延长侦查羁押期限的决定。

三、审判监督要点

以危险方法危害公共安全罪的审判监督要点包括对法定审理期限的监督、法定审理程序的监督、法定送达的监督、法庭组成人员的监督、裁判结果的监督等方面。

（一）对法定审理期限的监督

刑事诉讼法、最高人民法院《关于适用〈中华人民共和国刑事诉讼法〉的解释》对案件的审理期限都作出了明确规定。根据《刑事诉讼法》第208条的规定，人民法院审理公诉案件，应当在受理案件后两个月内宣判，至迟不得超过3个月。对于可能判处死刑的案件或者附带民事诉讼的案件，或者有《刑事诉讼法》第158条规定情形之一的，经上一级人民法院批准，可以延长3个月；因特殊情况还需要延长的，报最高人民法院批准。人民法院改变管辖的案件，从改变后的人民法院收到案件之日起计算审理期限。人民检察院补充侦查的案件，补充侦查完毕移送人民法院后，人民法院重新计算审理期限。根据《刑事诉讼法》第258条的规定，按照审判监督程序审理的案件，应当在作出提审、再审决定之日起3个月内审结，需要延长审理期限的，不得超过6个月。根据最高人民法院《关于适用〈中华人民共和国刑事诉讼法〉的解释》第209条、第368条第2款的规定，指定管辖的案件，自被指定的人民法院收到指定管辖决定书和有关案卷、证据材料之日起计算；简易程序转为普通程序审理的案件，审理期限应当从决定转为普通程序之日起计算。在司法实践中，要注重审查法院在延期审理、中止审理等期限计算上是否存在错误。

（二）对法定送达的监督

根据《刑事诉讼法》的规定，送达分为直接送达、留置送达、委托送达、邮寄送达。刑事诉讼法和最高人民法院《关于适用〈中华人民共和国刑事诉讼法〉的解释》对送达的程序和方式作了具体明确的规定，公诉人按照上述规定对法院的送达方式、送达时间进行审查。

（三）对法庭人员组成的监督

《刑事诉讼法》第 183 条规定了人民法院审判人员的组成。基层人民法院、中级人民法院审判的第一审案件，应当由审判员 3 人或审判员和人民陪审员 3 人或者 7 人组成合议庭进行，但是基层人民法院适用简易程序、速裁程序的案件可以由审判员 1 人独任审判。高级人民法院审判第一审案件，应当由审判员 3 人至 7 人或者审判员和人民陪审员共 3 人或者 7 人组成合议庭进行。最高人民法院审判第一审案件，应当由审判员 3 人至 7 人组成合议庭进行。合议庭的成员人数应当是单数。根据上述规定，公诉检察官应当审查法庭人员组成是否合法。

刑事诉讼法和最高人民法院的相关司法解释对审判人员的回避条件、程序等作了具体规定。公诉检察官应当根据有关回避的相关规定，审查法庭组成人员是否具有应当回避而未回避的情形。需要注意的是，凡在一个审判程序中参与了审判的人员，不得参与原案其他程序的审判。但发回重审的案件，在第一审人民法院作出裁判后又进入第二审程序或者死刑复核程序的，原第二审程序或者死刑复核程序中的合议庭组成人员不受上述规定的限制。

（四）对法定审理程序的监督

在对法定审理程序进行监督和审查过程中，应当注重审查以下几个方面的问题：一是是否在开庭前依法通知当事人、法定代理人、辩护人等参加庭审。根据《刑事诉讼法》第 187 条和最高人民法院《关于适用〈中华人民共和国刑事诉讼法〉的解释》第 221 条至第 233 条的规定，开庭 10 日前将起诉书副本送达被告人、辩护人，通知当事人、法定代理人、辩护人、诉讼代理人在开庭 5 日前提供证人、鉴定人名单，以及拟当庭出示的证据，开庭 3 日前将开庭时间、地点通知人民检察院，以及被告人、辩护人，开庭 3 日前公布案由、被告人姓名、开庭时间、地点等。因此出庭检察官应注重审查法庭开庭前是否依法通知了相关诉讼主体参加诉讼活动，发现未及时通知的，应当依法提出纠正意见。二是是否存在庭前会议实体审的情况。庭前会议是为开庭审判程序作准备的预备性程序，解决的主要是程序性事项及非法证据排除问题，参与人员主要是就管辖、回避、证据合法性等有无异议，并不能对案件进行实体审查，如果检察人员发现法庭将庭前会议实体审等问题，应当提醒法庭注意和及时整改。三是法庭审判程序是否合法，判决作出前是否经过了合议庭评议。根据刑事诉讼法和司法解释的规定，合议庭评议是审判活动的必经程序。如果出庭公诉的检察官发现法庭未经合议庭评议而直接作出判决，应当依法予以纠正。四是是否存在错误适用简易程序审理的问题。《刑事诉讼法》第 215 条规定不能适用简易程序的四类案件：被告人是盲、聋、哑人或者是尚未完全丧失辨认或者控制自己行为能力的精神病人；有重大社会影响的；共同犯罪案件中部分被告人不认罪或者对适用简易程序有异议的；其他不宜适用简易程序审理的案件。如果检察官发现法庭对上述四种情形适用简易程序审理的，应当依法纠正。五是法庭裁定中止审理、终止审理是否错误。《刑事诉讼法》第 206 条规定了中止审理的情形，第 16 条、第 301 条规定了终止审理的情形。因此应当依法审查法庭作出的中止审理、终止审理决定是否存在错误或违法情形，存在错误的，应当依法提出纠正意见。五是是否侵犯了当事人和其他诉讼参与人的合法权益。当事人和其他诉讼参与人在诉讼中依法享有诉讼权利，承担诉讼义务。刑事诉讼法对被告人、被害人、证人、法定代理人、辩护人、诉讼代理人、鉴定人、翻译人员的权利作了比较明确的规定。经审查，如果发现法庭存在侵犯上述人员的诉讼权利的行为，应当依法提出纠正意见。

（五）对裁判结果的监督

《人民检察院刑事诉讼规则》第 584 条至第 601 条对裁判结果的监督进行了细致规定。裁判结果的监督重点如下：一是审查裁判结果认定的证据与事实。对于事实认定方面，应当注重审查判决认定的事实是否清楚，是否存在判决认定的事实与证据不符的情况，认定的事实与裁判结果之间是否有重大矛盾等。对证据采信方面，应当着重审查判决所采信的证据是否均经过法庭举证、质证，判决据以认定事实的证据是否相互印证，矛盾是否排除，能否形成证据锁链等。二是审查法律适用是否准确。在法律适用方面，应当注意审查判决的罪名与起诉的罪名是否一致，改变定性和罪名是否正确，引用法律条款是否正确等。三是审查量刑是否适当。在量刑方面，应当注重审查自首、立功、累犯、从犯等法定情节的认定是否准确，未遂、中止、预备等犯罪形态的认定是否正确，正当防卫、紧急避险等犯罪阻却事由的认定是否准确，缓刑、免刑的适用是否恰当，罚金、没收财产、剥夺政治政权等附加刑的适用是否符合法律规定，共同犯罪被告人的量刑是否均衡，法院判决的刑期是否在人民检察院的建议量刑幅度内，是否存在量刑畸轻畸重的情形。四是审查是否存在直接以裁定形式补正原刑事判决书中的错误的情形。对于原刑事判决书中认定事实、适用法律错误的，应当通过二审程序或者审判监督程序予以纠正，而不得直接以裁定的形式进行补正。五是审查没收赃款赃物是否适当，以及刑事附带民事诉讼判决是否合法。六是对裁判文书的标题、首部、正文、尾部、附项进行审查，是否存在错误或者不规范的情形。

第六节　办理以危险方法危害公共安全犯罪需要特别注意的问题

在办理以危险方法危害公共安全犯罪案件审查逮捕、审查起诉过程中，根据相关法律、司法解释等规定，结合在案证据，重点注意以下问题：

一、以危险方法危害公共安全罪中"危险方法"的认定

从《刑法》第114条、第115条第1款的规定来看，以危险方法危

害公共安全罪属于空白罪状，也是第 114 条、第 115 条第 1 款的兜底规定。如何界定"其他危险方法"是司法实践中的一道难题。鉴于以危险方法危害公共安全罪是一项重罪，在具体案件中认定属于"其他危险方法"时，应当从严把握。从立法原意和经验法则来看，"其他危险方法"应当与放火、决水、爆炸、投放危险物质行为在客观危害程度方面具有相当性，既包括手段具有相当性，也包括危险结果具有相当性。

手段相当性，是指作案手段在性质上与放火、决水、爆炸、投放危险物质具有可比性。放火、决水、爆炸、投放危险物质属于攻击性很强、危险性很大的行为，严重危及不特定多数人的生命、健康和财产安全，一旦实施，即具有广泛的杀伤力和破坏性。如果一种行为虽然造成了严重后果，但是客观上根本不具有严重危及不特定多数人的人身、财产安全的可能，那么就不具有与放火、决水、爆炸、投放危险物质的可比性，不能认定为"其他危险方法"。

危险结果相当性，是指行为的实施足以使不特定多数人的人身和财产遭受重大损害，即一般情况下，如果没有意外因素的阻止或极其偶然的因素的干扰，就会导致不特定多数人的人身和财产损失。例如，行为人向人群中开枪扫射，结果在扣动扳机的一刹那，有一名绝世高手眼疾手快，将行为人枪支踢落，导致行为人射出的子弹射偏，仅造成两人轻微伤。毫无疑问，向人群开枪的行为具有危害公共安全的高度危险，未造成严重损害的原因系意外因素的阻止或极其偶然的因素的干扰，因此仍然构成以危险方法危害公共安全罪。如果即使没有意外因素的阻止或极其偶然的因素的干扰，行为人一般也不会导致不特定多数人的人身和财产损失，则不属于"其他危险方法"。

从现有裁判案例来看，构成以危险方法危害公共安全罪中的"危险方法"多种多样，在裁判案例中确认的构成"以危险方法危害公共安全罪"的方法类型包括醉驾方法、"碰瓷"方法、食品类危险方法、私设电网危险方法等。

案例：2007 年 7 月，被告人张某军在明知三聚氰胺是化工产品、不能供人食用，人一旦食用会对身体健康、生命安全造成严重损害的情况下，以三聚氰胺和麦芽糊精为原料，在河北省曲周县河南疃镇第二疃村，配制出专供在原奶中添加、以提高原奶蛋白检测含量的含有三聚氰胺的混合物（业内俗称"蛋白粉"）。后张某军将生产场所转移至山东省济南市市中区党家庄村，购买了搅拌机、封口机等生产工具，购买了编织袋，定制了不干胶胶条，陆续购进三聚氰胺 192.6 吨、麦芽糊精 583 吨，雇用工人大批量生产"蛋白粉"。至 2008 年 8 月，张某军累计生产"蛋白粉"770 余吨，并以每吨 8000 元至 12000 余元不等的价格销售给被告人张某章及黄某康、张某河（和）、刘某安、周某彬等人（均另案处理），累计销售 600 余吨，销售金额 6832120 元。

2007 年 7 月至 2008 年 8 月，被告人张某章在明知被告人张某军生产的"蛋白粉"属"三无"产品，不能供人食用，不能用作原奶添加剂，人一旦食用会对身体健康、生命安全造成严重损害的情况下，仍每吨加价 500—2000 元将张某军生产的"蛋白粉"销售给高某杰、薛某忠、赵某玉、黄某康、裴某柱等人（均另案处理），累计销售 230 余吨，销售金额 3481840 元。

在此期间，被告人张某军生产、销售，被告人张某章销售的"蛋白粉"又经赵某玉、黄某康等人分销到石家庄、唐山、邢台、张家口等地的奶厅（站），被某些奶厅（站）经营者添加到原奶中，销售给石家庄三鹿集团股份有限公司等奶制品生产企业。三鹿集团等奶制品生产企业使用含有三聚氰胺的原奶生产的婴幼儿奶粉等奶制品流入全国市场后，对广大消费者特别是婴幼儿的身体健康、生命安全造成了严重损害，导致全国众多婴幼儿因食用含三聚氰胺的婴幼儿奶粉引发泌尿系统疾患，多名婴幼儿死亡。国家投入巨额资金用于患病婴幼儿的检查和医疗救治，众多奶制品企业和奶农的正常生产、经营受到重大影响，经济损失巨大。最终法院判决认定张某军、张某章构成以危险方法危害公共安全罪，并依法判处张某军死刑，剥夺政治权利终身；判处张某章无期徒刑，剥夺政治权利终身。

本案中，张某军明知三聚氰胺是化工产品、不能供人食用，人食用后会发生危害生命、健康的严重后果；被告人张某章明知张某军生产的"蛋白粉"属"三无"产品，不能供人食用，不能用作原奶添加剂，人食用后会发生危害生命、健康的严重后果。二人均在明知生产、销售的"蛋白粉"的唯一用途，是给奶厅（站）往牛奶中添加，以增加原奶蛋白检测含量，会造成奶制品生产企业以被该物质污染的原奶为原料生产的奶制品被广大消费者所食用，危及不特定多数人的生命健康的情况下，置广大人民群众生命、财产安全于不顾，仍大量生产、销售含三聚氰胺的混合物即"蛋白粉"，并经他人分销到石家庄、唐山、张家口等各地，由不法奶厅（站）经营者添加到原奶中，销售给石家庄三鹿集团股份有限公司等奶制品生产企业，奶制品生产企业使用被添加含有三聚氰胺混合物的原奶生产的婴幼儿奶粉等奶制品流入市场后，对广大消费者特别是婴幼儿的身体健康造成严重损害，导致众多婴幼儿因食用遭受三聚氰胺严重污染的婴幼儿配方奶粉引发泌尿系统疾患，造成多名婴幼儿致病死亡，并致使公私财产遭受了重大损失。二人的行为危害了公共安全，均已构成以危险方法危害公共安全罪。

二、以危险方法危害公共安全罪中"不特定人"的认定

刑法通说一般认为，公共安全是指不特定多数人的生命、健康和重大公私财产安全。故意杀人罪、故意伤害罪、故意毁坏财物罪所要保护的是普通公民个人的人身权利和财产权利；而危害公共安全犯罪设立的目的在于将生命、健康等个人法益抽象为社会利益作为保护对象，故危害公共安全犯罪最突出的特点是其"社会性"。以危险方法危害公共安全，不仅是指对多数人的生命、健康或者重大财产造成损害，而且要求这种损害针对的对象是不特定的，这也是危害公共安全罪与侵犯人身权利、侵犯财产权利犯罪的主要区别之一。

要对此作出准确区分，必须对"不特定多数人"的含义有一个准确的理解。不特定多数人，是指不特定并且多数人的人，它排斥"特

定的多数人""特定的少数人""不特定的少数人"等情形。① "不特定"是一种客观判断，它包含两层内容：一是犯罪对象的不确定性，二是危害后果的不确定性。②

"不特定"意味着随时有向"多数"发展的现实可能性，会使社会多数成员遭受危害或侵害。理解以危险方法危害公共安全罪中的"不特定多数人"的含义，应当注意把握以下几个方面：一是"不特定多数人"并不等于实际被害人。所谓"不特定"，是指行为威胁到公众中不确定的一个或者几个人。至于行为所指向的对象是个别人、少数人还是多数人，危害结果是确定的还是不确定的，均不影响公共安全的认定。③ "不特定多数人"与实际受害人是两个不同的概念，"不特定多数人"可能表现为实际受害人只有一人，也可能表现为实际受害人有多人。二是针对特定对象实施侵害，而实际导致了侵害对象的"不特定"。三是如果针对对象是特定的个人，也不可能造成实际侵害"不特定"，就应当认定为特定。

司法实践中，被认定为危害公共安全犯罪的通常有两种情形：一种情形是行为人针对的对象是不特定的，并且行为人事先也没有预料到危害后果，危害后果往往是不特定的；另一种情形是行为人针对的对象是特定的，但实际造成的后果却是行为人没有预料到，也不能控制的。从危害公共安全犯罪的这两种情形分析，"不特定多数人"中的"不特定"是相对于其他犯罪对象的"特定"而言的，而"多数"则是相对于其他犯罪只能危害到个别少数的对象而言的。侵害不特定多数人，并不是说行为没有特定的犯罪对象或者目标。实施危害公共安全的行为人，有些在主观上有将要侵犯的特定对象，同时也会对损害的可能范围有一定预判，虽然其在某一特定阶段可能指定特定的目标，但行为最终

---

① 孟庆华：《以危险方法危害公共安全理论与实务判解》，北京大学出版社2014年版，第45页。

② 张明楷：《刑法学》（下）（第五版），法律出版社2016年版，第695页。

③ 曲新久：《论刑法中的"公共安全"》，载《人民检察》2010年第9期。

造成或者可能造成的危害后果是行为人难以控制的，从而危害到之前特定人之外的人身或者财产安全。因此不能将危害公共安全犯罪中的"不特定多数人"理解为没有特定的犯罪对象或目标。

还有一种情形应当值得注意，即犯罪行为可能波及的范围是特定的，只是特定人群中，谁可能受到伤害以及多少人（但可能是多数人）受到伤害是不特定的，此时，仍然属于"不特定多数人"，成立以危险方法危害公共安全罪。"不特定多数人"中的"多数人"，既可能是上限难以确定的不特定多数，也可能是上限已确定的不特定多数，即特定之中的不特定。① 即"多数人"可以存在上限限制，只要行为人的犯罪行为可能危害的人数是不特定的，并且属于多数人，就应当认定为"不特定多数人"。

此外，"公共安全"不等于"公共场所安全"。从词义上看，"公共安全"是指不特定多数人的生命、健康或重大公私财产安全。公共安全包括信息安全、食品安全、公共卫生安全等，是一个抽象的概念。虽然在公共场所更容易发生侵犯公共安全的案件，但是公共安全不等同于公共场所安全。公共安全的核心在于"多数"，而不论是封闭的场所还是开放的场所。即使在相对封闭的场所发生了危害多数人生命、健康的损害后果，也有可能属于侵犯公共安全。

案例：2012年2月11日，被告人黄某与朋友刘某等人到黄某的妹夫王某家中吃饭。其间，黄某大量饮酒。当日15时许，刘某驾驶黄某的比亚迪汽车送黄某等人回家。途中，黄某认为刘某开车不熟练，强行要求刘某停车换由自己驾驶。当黄某等人行驶至浦东新区川展路附近时，与被害人沈某（男，殁年43岁）驾驶的桑塔纳出租车发生追尾。黄某担心醉酒驾车行为被查处，即驾车逃逸，沈某遂驾车追赶。黄某驾车行驶至浦东新区南六公路、周祝公路路口时，因遇红色信号灯且前方有车辆阻挡而停车，追至此处的沈某下车后拦在黄某汽车前方欲与其理

---

① 陈兴良、陈振中：《论危害公共安全罪中的不特定性》，载《河北法学》1992年第5期。

论，刘某见状下车查看。当信号灯转为绿色时，黄某强行启动汽车，将沈某顶于汽车引擎盖上沿南六公路加速行驶。当其驾车行驶约 1 公里至南六路、鹿达路路口时，撞上前方的奇瑞汽车尾部，致使该车的油箱破裂，并连环撞击其前方待转的悦达起亚汽车。奇瑞汽车当场起火，车内的被害人闵某（男，殁年 50 岁）、谈某（女，殁年 42 岁）被烧身亡，沈某因被机动车撞击挤压致创伤性休克死亡，悦达起亚汽车内的被害人郭某、张某、严某 3 人受伤，另造成财产损失约 5 万元。经鉴定，黄某血液酒精含量为 212 毫克/100 毫升。最终法院判决认定黄某构成以危险方法危害公共安全罪，依法判处黄某死刑，剥夺政治权利终身。

本案中，黄某醉酒驾驶机动车肇事后，为逃避处罚而驾车随意冲撞他人及其他车辆，造成多人伤亡及财产损失的严重后果，严重危害了不特定多数人的生命、健康安全和财产安全，黄某在明知被害人沈某在其车前的情况下，将沈某顶在其车引擎盖上加速行驶，并冲撞其他车辆，致沈某被撞身亡、被撞车辆内的 2 人被烧死、3 人受伤的严重后果，其行为构成以危险方法危害公共安全罪。

案例：2011 年 12 月，被告人郑某在未获得相关部门批准的情况下，违法占用江山市中部开发办公室管理的位于江山市莲华山工业园区内的国有土地建房。2012 年 2 月 24 日，江山市国土资源局作出《责令停止国土资源违法行为通知书》并送达郑某，责令其立即停止违法行为，听候处理。同年 4 月 11 日，市国土资源管理局作出《责令改正违法行为通知书》并送达郑某，责令其自接到通知书后 6 个月内自行拆除已浇筑的地梁，逾期不改正的，依法追究法律责任。同年 10 月 15 日，市国土资源管理局国土资源执法监察人员在巡查中发现，郑某不仅没有自行拆除违章建筑，反而继续违法建房，遂当场依法予以制止，但郑某事后并未停止其违法建房行为。2013 年 1 月 16 日，贺村镇人民政府、市中部开发办公室、市国土资源局共同商定，以市国土资源局为执法主体，贺村镇人民政府、市中部开发办公室协助，于 1 月 18 日上午共同对郑某的违章建筑实施强制拆除，并于当天下午电话通知郑某自行拆除违章建筑。2013 年 1 月 18 日上午，郑某会同家人和同事，先行拆除部分违章建筑，欲以此达到阻止执法人员拆除其违章建筑目的。当日上午10时许，市国土资源管理局执法大队工作人员会同贺村镇人民政府、市中部开发办公室工作人员共50人来到郑某违章建筑所在地。在工作人员的劝说下，郑某将原停放在违章建筑前阻挡了铲车行进道路的私家小轿车倒驶至该道路的坡顶，工作人员遂开始拆除郑某的违章建筑，郑某则坐在驾驶室内远观。当看到房子被拆的场面后，郑某越想越气，产生了驾车去撞工作人员与其拼命的念头。随后，郑某加速驾驶小轿车沿着带有一定坡度的道路直冲下去，撞到了站在道路上维持外围秩序的多名工作人员，其中李某被车头撞飞滚在引擎盖上后又被甩在地上。郑某在撞到人后，仍然驾驶汽车继续右转向行驶，并朝工作人员密集的地方冲撞而去，直至撞上其父亲房屋南侧小门，在此过程中，又撞到多名工作人员和其母亲，房屋的小门及门边墙体被撞破损。后在郑某驾车加速后退撞上砖堆时才被工作人员制服。郑某在驾车撞人过程中致11名工作人员受伤，经鉴定，其中吴某等5人的损伤程度为轻伤，夏某等2人为轻微伤，刘某等4人未达到轻微伤程度。

关于郑某的行为定性，一种意见认为构成故意杀人罪（未遂），另一种意见认为构成以危险方法危害公共安全罪。最终法院判决认定郑某构成以危险方法危害公共安全罪，并处以相应刑罚。

本案中，在案发时现场共有拆违工作人员、郑某家人及邻居等50余人，郑某采用驾车撞人的危险方法冲向不特定多数人，对危害不特定多数人的生命、健康安全持放任态度，主客观上符合以危险方法危害公共安全罪的犯罪构成。而故意杀人罪所侵害的客体为普通公民个人的人身权利，并不能涵盖本案侵害客体所具有的社会性。因此本案认定为以危险方法危害公共安全罪是正确的。

三、以危险方法危害公共安全罪中"公私财产遭受重大损失"的认定

根据《刑法》第115条第1款的规定，以危险方法危害公共安全造成公私财产严重损失的，构成以危险方法危害公共安全罪。但是目前对

于"公私财产重大损失"的标准问题,最高人民法院、最高人民检察院并没有具体的解释和规定,对何为"重大损失",在司法实践中有不同意见。我们认为,对于"重大损失"的标准问题,有赖于最高人民法院、最高人民检察院通过司法解释、司法解释性文件或发布指导案例的方式予以明确。

在目前尚无司法解释对于危害公共安全犯罪中的"重大损失"的标准进行明确的情况下,对于"重大损失"的认定,可以参照相关其他犯罪的司法解释。如何参照其他犯罪中关于"重大损失"标准,大致有以下几种意见:

一是参照"直接经济损失 30 万元"的标准。关于"严重后果""重大损失"的数额标准,如最高人民检察院、公安部 2008 年 6 月 25 日《关于公安机关管辖的刑事案件立案追诉标准的规定(一)》第 1 条第 2 项规定"造成公共财产或者他人财产直接经济损失 50 万元以上的",对失火案应当立案追诉;最高人民法院、最高人民检察院 2007 年 1 月 15 日《关于办理盗窃油气、破坏油气设备等刑事案件具体应用法律若干问题的解释》第 2 条规定"造成直接经济损失数额在 50 万元以上的",依照《刑法》第 119 条第 1 款的规定定罪处罚;最高人民法院 2007 年 8 月 15 日《关于审理破坏电力设备刑事案件具体应用法律若干问题的解释》第 1 条第 3 项规定"造成直接经济损失 100 万元以上的",属于《刑法》第 119 条第 1 款规定的"造成严重后果"。参照上述司法解释的规定,以危险方法危害公共安全罪"使公私财产遭受重大损失"的标准应在 50 万元。

但是,最高人民法院、最高人民检察院《关于办理环境污染刑事案件适用法律若干问题的解释》(法释〔2016〕29 号)中"致使公私财产损失三十万元以上的",属于污染环境罪中的"严重污染环境"和非法处置进口的固体废物罪中的"致使公私财物遭受重大损失",以及环境监管失职罪中的"致使公私财物遭受重大损失"。

考虑到刑罚平衡和司法正义,在没有人员伤亡的情况下,以造成公私财产直接损失 30 万元以上作为放火罪、决水罪、爆炸罪、投放危险物质罪、以危险方法危害公共安全罪中"重大损失"的数额标准比较适宜。[1]

二是区分故意还是过失危害公共安全犯罪，对"重大损失"分别适用不同的标准。对于过失危害公共安全犯罪，如失火罪、过失爆炸罪、过失以危险方法危害公共安全罪，可以参照最高人民法院、最高人民检察院《关于办理环境污染刑事案件适用法律若干问题的解释》（法释〔2016〕29 号）中污染环境罪、非法处置进口的固体废物罪和环境监管失职罪中的"致使公私财产损失三十万元以上"属于"公私财物遭受重大损失"。而对于故意危害公共安全犯罪，如放火罪、爆炸罪、决水罪、投放危险物质罪、以危险方法危害公共安全罪，则数额应当更低，可参照 2001 年 4 月 9 日最高人民法院、最高人民检察院《关于办理生产、销售伪劣商品刑事案件具体应用法律若干问题的解释》第 7 条规定的生产、销售伪劣农药、兽药、化肥、种子罪使生产遭受"较大损失"，以 2 万元为起点；"重大损失"，一般以 10 万元为起点；"特别重大损失"，一般以 50 万元为起点。因此，在没有造成人员伤亡的情况下，可以将 10 万元作为放火罪、爆炸罪、决水罪、投放危险物质罪、以危险方法危害公共安全罪的"重大损失"的标准。[2]

关于以危险方法危害公共安全罪中的"重大损失"的范围，不仅包括行为人的行为对物品造成的损失，还应当包括行为人的行为对被害人人身损害造成的损失。《刑法》第 115 条并没有对公私财产的范围进行限制性规定，因此，从直接损失的组成来看，人身损害造成的损失也应当是公私财产损失的组成部分。[3] 公私财产的损失既包括犯罪直接造成的财产毁损和减少，也包括为防止后果扩大以及消除危险而采取必要

---

[1]　王威、张一心：《放火案中公私财产的"重大损失"如何认定？》，载《检察日报》2009 年 8 月 19 日。

[2]　赵秉志主编：《中国刑法典型案例研究》（第 2 卷），北京大学出版社 2008 年版，第 19～20 页。

[3]　孟庆华：《以危险方法危害公共安全罪理论与实务判解》，北京大学出版社 2014 年版，第 52 页。

的、合理的措施而发生的费用，这也得到了最高人民法院有关司法解释的确认。如最高人民法院《关于审理破坏电力设备刑事案件具体应用法律若干问题的解释》中，规定对直接经济损失的计算范围，包括电量损失金额、被毁损设备材料的购置、更换、修复费用，以及因停电给用户造成的直接经济损失等。因此对于以危险方法危害公共安全罪所造成的"公私财产重大损失"的范围，也应当包括对人身损害进行救治等支出的费用。这一观点也得到了司法实务的认可。如江苏苏州"东山投毒案"，罪犯在新东服饰有限公司食堂里投放剧毒"毒鼠强"致使48名就餐的员工中毒，经全力抢救，全部脱离危险。该案判决中认定的16万元损失就是对中毒人员的紧急抢救、救治费用。又如湖北钟祥贺集二中投毒案中，认定为贺集二中135名师生中毒，在抢救过程中，给国家造成50余万元的经济损失。[1]

案例：2005年2月13日下午5时许，被告人吴某驾驶中巴客车载7名乘客从沭阳县客车站发车返回宿迁市区，在行驶至沭阳县步行街时，车主王某发现从沭阳提前发车的被告人丁某驾驶的中巴客车，即唆使被告人吴某驾车追赶，后两车互不相让，不顾车上乘客安全并排高速行驶。其间，王某从其乘坐的中巴客车副驾驶位置持铁锤将丁某所驾中巴车的左侧倒车镜砸坏。两车行驶至沭阳收费站时，仍然互不相让，均不顾车上乘客及收费站工作人员等20余人的生命安全，高速同时冲入收费车道，被告人吴某驾驶的中巴车撞上收费岗亭，致使该岗亭损坏和其驾驶的中巴车报废，并致该车上乘客南某、刘某、胡某轻伤。经物价鉴定，岗亭损失为131464元，中巴车损失为26485元。最终法院判决认定吴某、王某、丁某构成以危险方法危害公共安全罪分别判处刑罚。

本案中，吴某、王某、丁某驾驶公共交通运输工具时，不顾公共安全，在公路上高速行驶、互相追逐，致多人受伤，并致公私财产遭受损

---

[1] 杨红平：《刑法第115条中的公私财产重大损失应包括救治、抢救等损失》，载浙江省海宁市检察院网，http：//61.153.51.46/newslist.asp？cid=20&page=5，最后访问日期：2018年10月16日。

失，其行为均已构成以危险方法危害公共安全罪。吴某受王某的唆使，明知车内有大量乘客仍然高速行驶，并与丁某驾车互相追赶，在进入收费站之前，明知仅允许一辆车通过，仍然与丁某的车辆并排行驶，同时高速冲入收费站，其行为已对不特定多数人的生命、财产及交通安全造成威胁，对其行为可能造成的后果放任发生，属间接故意。

四、"醉驾"肇事能否定性为以危险方法危害公共安全罪

以危险方法危害公共安全罪与交通肇事罪都是危害公共安全的犯罪，一般情况下，二者不容易混淆。但是在行为人醉驾、飙车而导致交通肇事事故时，对行为人的行为如何定性，就需要具体审查分析。对醉驾行为是否构成以危险方法危害公共安全罪，不能简单以危害后果来判断。在实践中，醉酒驾车行为可以分为多种情形，不同情形下需要与以危险方法危害公共安全罪厘清界限的程度也不同。

一是醉酒驾车行为没有导致交通肇事事故发生即被查获的。这种情况一般可以认定为危险驾驶罪。但是在极个别的情况下，即使醉驾行为没有发生交通肇事事故，也有可能成立以危险方法危害公共安全罪。主要是看行为人醉驾行为是否足以危害不特定多数人的生命、健康和重大财产安全。如行为人在繁华路段、车流和人流量大的路段等处醉酒驾车，连续多次闯红灯，或者不断违规变更车道，或者高速逆行，导致很多车辆紧急制动刹车，给其他驾驶者和行人造成恐慌，而后被交警及时拦下而没有发生交通肇事事故。这种情形下，行为人醉酒驾车行为足以给公共安全，即不特定多数人的生命、健康和重大财产安全造成紧迫的高度危险，可以成立以危险方法危害公共安全罪。当然这种情形比较少见。

二是醉酒驾车行为导致发生交通事故，造成他人伤亡或者财产损失后果的。对于此种情形，有观点认为，醉酒驾车导致发生交通事故，造成人员伤亡或财产损失后果的，与一般的交通肇事行为不同，这说明行为人明知其醉酒驾车时，对机动车缺乏有效的控制力，对公共安全具有极大的危险性和侵害性，对危害公共安全持放任心态，应当一律认定为

以危险方法危害公共安全罪。一般而言，将上述情形认定为以危险方法危害公共安全罪，应当没有太大疑问。但是酒驾肇事的情形也较为复杂，还是应当根据案件的具体情况定性，不能一律认定为以危险方法危害公共安全罪。

三是醉酒驾车肇事只发生一次冲撞的情形。这种情形下，如果行为人醉酒驾车肇事致人伤亡不大或者财产损失较小，尚不构成交通肇事罪，一般应认定为危险驾驶罪，而不宜认定为以危险方法危害公共安全罪。醉酒驾车发生交通肇事，行为人对于交通事故的后果持过失心态，如果尚不构成交通肇事罪，反而以危险方法危害公共安全罪入罪处罚，违背罪责刑相适应原则。即使确有证据证明犯罪嫌疑人主观出于放任的故意，那么也要审查判断醉驾行为是否具有与放火、决水、爆炸、投放危险物质的危险相当性，如果不具有这种危险相当性，就不应认定为以危险方法危害公共安全罪。若行为人出于报复目的对特定人员或者车辆实施撞击，可以根据具体情况分别以故意伤害罪、故意杀人罪、故意毁坏财物罪定罪处罚。如果行为人酒后驾车一次撞击行为所造成的人员伤亡或财产损失达到了交通肇事罪的追诉标准，一般应当以交通肇事罪定罪处罚。

四是醉酒驾车肇事后继续驾车冲撞的情形。对于这种情形，最高人民法院 2009 年发布的《关于醉酒驾车法律适用问题的意见》指出："行为人明知酒后醉车违法、醉酒驾车会危害公共安全，却无视法律醉酒驾车，特别是在肇事后继续驾车冲撞，造成重大伤亡，说明行为人主观上对持续发生的危害结果持放任态度，具有危害公共安全的故意。对此类醉酒驾车造成重大伤亡的，应依法以以危险方法危害公共安全罪定罪处罚。"也就是说，这种情形下，应当以以危险方法危害公共安全罪定罪处罚。

醉酒驾车肇事后继续冲撞致多人伤亡的案件中，如果被告人、辩护人提出被告人主观上对于危害后果不是故意而是过失，不构成以危险方法危害公共安全罪，而是构成交通肇事罪的辩解，那么应当着重从以下几个方面进行分析和辩驳：一是从法律适用层次来分析，以危险方法危害公共安全罪与交通肇事罪的区别在于被告人对危害公共安全的后果所持的主观心态不同，前者为故意，即对危害结果持追求或放任的主观态度；后者为过失，即应当预见自己的行为可能造成危害后果而没有预见，或者已经预见而轻信能够避免。二是从事实层面来分析，如被告人是否具有驾驶资格，是否正常行驶，行驶速度快慢，所驾车辆性能如何，路况、能见度如何，案发地点车流量、人行量情况，第一次肇事后的表现等。如果被告人在醉酒驾车发生交通事故后，不仅不及时停车处理，而是不计后果，继续驾车连续冲撞行驶中的车辆、行人，或者连续闯红灯、违规变更车道等，造成人员伤亡或者财产重大损失的严重后果，体现了其对危害后果的听之任之的放任心态，符合间接故意的情形。这与客观上凭借一定的有利条件，或者已采取相应防护措施的过于自信的过失不同。三是从价值层面来分析，准确定罪量刑是公正司法的基石。重特大交通事故频发，发生交通事故后不仅不采取救护措施，反而采取继续违反交通规则的驾驶行为，连续冲撞他人车辆或者行人，造成严重的人员伤亡后果，应当根据主客观相统一的原则，认定为以危险方法危害公共安全罪，有利于准确定罪量刑，实现罚当其罪。

　　案例：2008 年 5 月，被告人孙某购买一辆别克轿车。之后，孙某在未取得驾驶证的情况下长期驾驶该车，并多次违反交通法规。2008 年 12 月 14 日中午，孙某与其父母为亲属祝寿，大量饮酒。当日 17 时许，孙某驾驶其别克轿车行至四川省成都市成龙路"蓝谷地"路口时，从后面撞向与其同向行驶的一辆比亚迪轿车尾部。肇事后，孙某继续驾车超限速行驶，行至成龙路"卓锦城"路段时，越过中心黄色双实线，先后与对面车道正常行驶的长安奔奔轿车、长安奥拓轿车、福特蒙迪欧轿车、奇瑞QQ轿车等 4 辆轿车相撞，造成长安奔奔轿车上的张某、尹某夫妇和金某、张某夫妇死亡，代某重伤，以及公私财产损失 5 万余元。

　　经鉴定，孙某驾驶的车辆碰撞前瞬间行驶速度为 134—138 公里/小时；孙某案发时血液中的乙醇含量为 135.8 毫克/100 毫升。案发后，孙某的亲属赔偿被害人经济损失 11.4 万元。最终法院判决认定孙某构成以危险方法危害公共安全罪，依法判处无期徒刑，剥夺政治权利终身。

本案中，孙某在未领取驾驶证的情况下，长期违法驾驶机动车，多次违反交通法规，其醉酒后驾驶车辆行驶于车辆与人群密集之处，对公共安全造成直接威胁，且发生追尾事故后，置不特定多数人的生命、财产安全于不顾，继续驾车超速行驶，跨过道路上禁止超越的中心黄色双实线，冲撞多辆车辆，造成数人伤亡的严重后果，说明其主观上对危害结果的发生持放任态度，具有危害公共安全的间接故意，其行为已构成以危险方法危害公共安全罪。

案例：2006年9月16日18时50分许，被告人黎某大量饮酒后，驾驶面包车由南向北行驶至广东省佛山市南海区盐步碧华村新路治安亭附近路段时，从后面将骑自行车的被害人李某及其搭乘的儿子陈某撞倒，致陈某轻伤。撞人后，黎某继续开车前行，撞坏治安亭前的铁闸及旁边的柱子，又掉头由北往南向穗盐路方向快速行驶，车轮被卡在路边花地上。被害人梁某（系黎某的好友）及其他村民上前救助伤者并劝阻黎某，黎某加大油门驾车冲出花地，碾过李某后撞倒梁某，致李某、梁某死亡。黎某驾车驶出路面外被治安队员及民警抓获。经检验，黎某案发时血液中检出乙醇成分，含量为369.9毫克/100毫升。最终法院判决认定黎某的行为构成以危险方法危害公共安全罪，并依法判处无期徒刑，剥夺政治权利终身。

本案中，黎某酒后驾车撞倒他人后，仍继续驾驶，冲撞人群，对不特定人的生命、健康安全造成严重危害，且事实上已造成二人死亡、一人轻伤的后果，主观上对危害公共安全的行为持放任的态度，属于间接故意，其行为已构成以危险方法危害公共安全罪。

五是"碰瓷"行为能否认定为以危险方法危害公共安全罪的问题。"碰瓷"原意是指一些不法商人在出售瓷器时暗做手脚，致使路过的人一碰瓷器就碎或者根本没碰也碎，然后借以实施敲诈行为。后来一些不法分子通过驾驶机动车辆故意制造交通事故，进而敲诈对方车主的钱财，这是一种典型的"碰瓷"行为。以非法占有为目的而"碰瓷"的行为，一般可以分为两个阶段，其一，"碰瓷"实施阶段，即实施手段阶段，其二，获取财物阶段，即实现目的阶段。司法实践中，要准确对"碰瓷"行为进行定性，既要准确把握"碰瓷"阶段的行为性质，是否危害了公共安全，也要准确把握获取财物阶段的性质，是否使用暴力。

对于"碰瓷"行为的定性，不能一概认定为以危险方法危害公共安全罪，也不能一概否认构成以危险方法危害公共安全罪，而是应当综合考察各种具体情况，准确判断是否危害公共安全。现实中，危害公共安全的行为越来越多，在具体认定案件过程中，认定行为人的行为是否适用"以其他方法危害公共安全"这一兜底规定时，应当从严把握，以防止以危险方法危害公共安全罪的滥用。《刑法》第114条、第115条第1款仅规定了"放火""决水""爆炸""投放危险物质"四种典型的危险方法，从文义上理解，"其他危险方法"应当与放火、决水、爆炸、投放危险物质具有相当性，所谓相当性，是指手段相当性和危险结果相当性。只有具有与放火、决水、爆炸、投放危险物质具有相当性的危险方法，方能认定为"其他危险方法"。

驾车故意冲撞他人车辆是一种危险方法，这应当是毫无疑问的。但是对于"碰瓷"案件如何定性，应当区分不同情形来分析。如果"碰瓷"行为人出于对自身安全的考虑，在选取路段、行驶速度、"碰瓷"方式等方面有一定节制，利用道路混乱、机动车起步阶段以及违规行驶等手段，在车流量小、行人稀少的街道、居民区或者道路进出口等路段，行车速度慢，故意驾车与被害车辆发生碰撞，继而要求对方赔偿，那么这种"碰瓷"方法与放火、决水、爆炸、投放危险物质相比，所造成的危险一般不具有扩散性和广泛的杀伤力、破坏性，其发生危及不特定多数人的生命、健康或公私财产的可能性很小，不宜认定为足以危害公共安全。因此对这种情形下的"碰瓷"行为，一般不宜认定为以危险方法危害公共安全罪，应当根据行为人的主观故意和其他客观方面的表现，以敲诈勒索罪、诈骗罪或者保险诈骗罪等定罪处罚。

如果驾车"碰瓷"者选择的作案时间是在车流量、人流量比较大的时段，作案路段是城市主干道、高速公路等国家或地区的重要交通干道，车流集中、人流密集、行车速度较快，"碰瓷"行为人驾车故意碰撞他人车辆，这种"碰瓷"行为如果不及时采取有效措施，就容易导致被撞击车辆失去控制，进而与其他机动车辆、行人相撞，极有可能在瞬间造成交通事故，造成不特定人的人身、财产安全受到侵害。这种"碰瓷"行为就是对路上行驶的车辆和行人造成了高度危险，足以危害公共安全，与放火、决水、爆炸、投放危险物质具有相当性，应当认定为"其他危险方法"。

案例：被告人袁某某、吴某某经事先预谋，单独或共同驾驶车辆在上海市主干路及高速路，采用突然加速撞击前方违反让行规定、违反交通标志而变道、转弯车辆的侧后方，造成前车变更车道时未让所借车道内行驶的车辆先行的假象，通过制造由对方承担全部责任的交通事故等方法，向对方索赔钱款人民币几百元至几千元不等，并造成对方经济损失。自2006年1月至2007年4月期间，袁某某、吴某某先后驾驶三辆不同的轿车，采用上述方法单独或共同制造类似交通事故共计178起，其中袁某某单独向对方驾驶员索赔金额75733元，吴某某单独向对方驾驶员索赔金额72281元，共同向对方驾驶员索赔金额17210元，同时给对方造成财产损失共计23479元。最终法院判决认定袁某某、吴某某的行为构成以危险方法危害公共安全罪，并处以相应刑罚。

本案中，袁某某、吴某某以非法占有为目的，单独或结伙驾驶机动车在城市主干路及高速路上故意制造大量交通事故，其所采用的驾车突然加速撞向正在正常或违章变更车道的其他车辆的方法，有可能使受到撞击的车辆失去控制，进而危及其他不特定多数人的人身、财产安全，尚未造成严重后果，其行为均已构成以危险方法危害公共安全罪。袁某某、吴某某的"碰瓷"行为均发生在城市交通主干道或高速路上，在交通主干道或高速路上故意快速撞向前面变更车道的车辆，极有可能造成前车驾驶员操作失控进而危及不特定多数人的人身、财产安全，是一般人都能够预见的常识。在这种情况下，袁某某、吴某某仍然实施该行为，足以认定其具有危害公共安全的故意，至于尚未产生危害公共安全的结果，并不影响其行为的性质，仅影响其犯罪行为的量刑幅度。法院判决袁某某、吴某某犯以危险方法危害公共安全罪并分别予以相应刑罚是正确的。

五、以危险方法危害公共安全罪犯罪形态问题

《刑法》第114条规定了以危险方法危害公共安全罪的危险犯，第115条第1款规定了以危险方法危害公共安全罪的实害犯。刑法规定表明以危险方法危害公共安全罪不以是否造成严重危害结果为构成要件，只要行为人实施的危险方法足以危害不特定多数人的生命、健康和重大公私财产安全，就构成本罪的既遂。因此，以危险方法危害公共安全罪不存在犯罪中止，因为犯罪达到既遂后不可能再倒回去成立犯罪中止。同理，行为人实施危险方法足以危害公共安全，尚未造成严重后果的，既成立犯罪既遂，不存在犯罪未遂。

六、以危险方法危害公共安全罪与相关犯罪的区分

（一）与故意伤害罪、故意杀人罪、故意毁坏财物罪的区分

区分以危险方法危害公共安全罪与故意伤害罪、故意杀人罪、故意毁坏财物罪的界限，主要标准是使用危险方法实施犯罪行为是否足以危害公共安全。如果行为人使用的危险方法是杀人、伤人或者故意毁坏财物，但是足以危害公共安全，就构成以危险方法危害公共安全罪。如果其行为不足以危害公共安全，就不构成以危险方法危害公共安全罪，应当依照《刑法》第232条、第234条、第275条的规定，分别以故意杀人罪、故意伤害罪、故意毁坏财物罪定罪处罚。

案例：2015年6月10日23时许，被告人沈某酒后驾驶一辆丰田牌轿车来到东莞市长安镇锦厦社区某酒吧找到其女友被害人曾某，后与曾某发生争吵。次日2时许，沈某驾车离开酒吧，行驶至锦绣酒楼附近时，沈某驾车返回现场并先后3次朝曾某方向撞去，致使被害人曾某以及站在曾某附近的群众被害人陈某、王某等5人受伤。当时10时许，沈某向深圳市光明新区公明派出所投案。经法医鉴定，被害人曾某与另一案外人的伤情为重伤二级，被害人陈某、王某及另一案外人的伤情为

轻伤二级。最终法院判决认定沈某犯构成以危险方法危害公共安全罪，判处有期徒刑 15 年。

本案中，沈某在多人聚集的公共道路上驾车多次高速冲撞，不顾周边群众的安危，对不特定多数人构成严重危害，且事实上也造成了多人受伤的严重后果，其行为构成以危险方法危害公共安全罪。

案例：2010 年 9 月 6 日 23 时 20 分许，被告人任某酒后驾驶凯迪拉克汽车，行驶至上海市延安路高架茂名北路下匝道北侧时，上海市公安局静安分局交通大队正在开展执法整治行动。任某见状，向斜后方倒车企图逃避检查。交警张某示意任某停车接受检查。任某不顾交警的指令继续倒车，车尾撞上一辆本田汽车后，突然加速向前，将正前方相向走来的张某撞倒在凯迪拉克汽车引擎盖上。之后，任某不顾张某一直在引擎盖上要求停车的呼喊，仍然紧急倒车并再次撞上道路隔离栏，后又沿延安中路由东向西逆向行驶，至陕西南路口驶入顺向车道。途中，任某驾车速度达 108.63 公里/小时，在华山路口违反红色信号灯行驶，致华山路南北向多辆汽车紧急刹车，任某还驾驶汽车呈"S"形行驶，影响了其他车辆的正常行驶。当行驶至延安西路 358 号附近时，任某突然紧急刹车，将张某从引擎盖上甩下后逃逸，致张某轻伤。最终法院判决认定任某构成以危险方法危害公共安全罪，判处有期徒刑 5 年。

本案中，任某酒后驾车，为逃避公安机关执法检查，倒车冲撞他人车辆，并连续实施逆向行驶、"S"形行驶、违反交通信号行驶、违反限速规定高速在市区道路行驶等高度危险行为，后为将被其撞击趴在引擎盖上的执勤警察甩下而突然紧急刹车，最终造成他人车辆和隔离栏被撞坏，警察受轻伤的危害结果，而且对沿途经过的不特定的行人、车辆和财产安全造成严重威胁，构成以危险方法危害公共安全罪。

（二）以危险方法危害公共安全罪与寻衅滋事罪的区分

从实体法角度来看，区分以危险方法危害公共安全罪与寻衅滋事罪，大致可以从以下几方面进行判断：一是二者侵犯的客体不同。以危险方法危害公共安全罪侵犯的客体是公共安全，即不特定多数人的生命、健康和重大公私财产安全，它侧重于对公共安全的保护。寻衅滋事罪从其犯罪对象来看也会侵犯他人的人身权利、财产权利，但侵犯的主要客体是社会秩序，侧重于对社会秩序的保护。二是客观方面不同。以危险方法危害公共安全罪在客观方面表现为以"其他危险方法"危害公共安全，这类危险方法多种多样，难以一一列举，概言之，只要采取了足以危害公共安全的危险方法实施犯罪的，即可以认定为"其他危险方法"。寻衅滋事罪在客观方面主要表现为《刑法》第294条规定的四种表现形式，即随意殴打他人，情节恶劣的；追逐、拦截、辱骂、恐吓他人，情节恶劣的；强拿硬要或者任意毁损、占用公私财物，情节严重的；在公共场所起哄闹事，造成公共场所秩序严重混乱的。三是主观方面不同。以危险方法危害公共安全罪的主观方面既可以是直接故意，也可以是间接故意，即行为人明知自己实施的危险方法足以危及公共安全，仍希望或放任这种危险状态或危险结果的发生。寻衅滋事罪的主观方面直接故意，且行为人主观上具有漠视社会秩序、无事生非、借故生非的鲜明特点。四是以危险方法危害公共安全罪系危险犯，即行为人所实施的危险方法足以导致对公共安全造成现实危险的，即使没有造成严重后果，仍然构成该罪的既遂。而寻衅滋事罪是结果犯，只有达到情节恶劣或情节严重的程度，才构成寻衅滋事罪。

案例：2001年8月12日上午，被告人祝某在扬州市广陵区湾头镇搭乘12路无人售票车，因未及时购票而遭到司机的指责。祝某心生不满，便辱骂司机，并上前扇司机的耳光。司机停车后予以还击，双方厮打，后被乘客劝止。司机重新启动公交车在行驶过程中，祝某再生事端，勒令司机停车，并殴打正在驾驶的司机，与司机争夺公交车的变速杆，致使行驶中的公交车失控，猛然撞到路边的通讯电线杆后停下。结果造成通讯电线杆被撞断，车上部分乘客因此受伤、公交车受损，直接经济损失近万元。案发后，祝某主动交纳赔偿款1万元。检察机关以祝某涉嫌寻衅滋事罪提起公诉，最终法院判决认定祝某构成以危险方法危害公共安全罪，依法判处有期徒刑3年。

本案中，祝某在行驶的公交车上，无理纠缠并殴打正在驾驶公交车的司机，并与司机争夺公交车变速杆，导致公交车失控，虽然只发生了撞断路边通讯电线杆、公交车受损、部分乘客受伤、直接经济损失近万元的后果，但已足以危及不特定多数人的生命、健康及其他重大财产安全，构成以危险方法危害公共安全罪。

（三）以危险方法危害公共安全罪与交通肇事罪的区分

从理论上来看，区分交通肇事罪和以危险方法危害公共安全罪，关键在于准确认定行为人的罪过形式，即属于间接故意还是过于自信的过失。实践中，考虑到行为人犯罪时的主观心态只存在于其意志中，要证明其主观心态只能通过其认知水平、行为时间、地点、对象、力度、使用的工具以及事发后表现等外在表象，根据主客观相一致的原则，运用经验与逻辑形成判断，以此来认定行为人的主观心态。在间接故意的心态下，行为人清楚明确地知道发生危害结果的高度可能性，且放任危害结果发生，即行为人对于危害结果的发生不反对、不排斥；而在过于自信的过失心态下，行为人只是凭经验认识到危害结果发生的可能性，至于危害结果是否将会发生则存在很大的不确定性，并轻信能够避免发生危害结果，其对危害结果的发生是反对、排斥的。因此，只要有证据证明行为人事前并没有明显的危害社会意图，事后有尽量避免危害结果发生的补救举动，一般就应当认为其主观心态属于过于自信的过失。如果有充分的证据证明行为人为了实施某些偏离交通目的的高度危险行为而放任危害结果发生，可以认定其具有危害公共安全的间接故意，可能构成以危险方法危害公共安全罪。例如，出于竞技斗气等动机酒后驾车追逐竞驶，肇事后为逃离现场或躲避执法连续冲撞行人、车辆，都是比较典型的以驾车肇事方式实施的以危险方法危害公共安全行为。至于醉酒，只是反映行为人违反交通法规严重程度的情节，可在量刑时予以考虑，一般不能作为认定行为人具有危害公共安全间接故意的关键因素。

最高人民法院 2009 年发布的《关于醉酒驾车犯罪法律适用问题的意见》指出，行为人明知酒后驾车违法醉酒驾车会危害公共安全，却无视法律醉酒驾车，特别是在肇事后继续驾车冲撞，造成重大伤亡，说明行为人主观上对持续发生的危害结果持放任态度，具有危害公共安全的故意。对此类醉酒驾车造成重大伤亡的，应依法以以危险方法危害公共安全罪定罪。根据上述文件精神，交通肇事罪和以危险方法危害公共安全罪可以按以下情形区分：一是仅有一次碰撞行为的，除非有充分的证据证明行为人对危害结果的发生持希望或放任态度，否则不能认定其具有危害公共安全的直接或间接故意，只能认定为过失，以交通肇事罪论处。其中，对造成特别重大伤亡后果的案件，不能仅因后果极其严重就认定行为人当时出于故意心态，即不能仅凭结果认定主观心态，还要综合案件的具体情节来认定。例如，对于醉酒后不顾他人劝阻强行开车，并在人群密集的场所高速甚至超速行驶，从而一次性撞击造成重大伤亡的，可以考虑认定为以危险方法危害公共安全罪。反之，如果在车流量、人流量不大的道路上醉酒驾车，因一时疏忽没有避让行人，二次性撞击造成重大伤亡，则不宜认定为以危险方法危害公共安全罪。二是有两次以上碰撞行为的，说明行为人出于逃逸等目的，将他人的生命置于高度危险之中，其本人已没有能力对这种危险进行有效控制，但依然不管不顾，为逃脱罪责放任危害结果的发生，一般可认定具有危害公共安全的间接故意，可以以危险方法危害公共安全罪论处。

案例：2013 年 9 月 23 日晚，被告人李某与朋友一起饮酒后，朋友驾驶李某的速腾轿车送李某回家。到家后李某不听劝阻，又驾车接上他人向延庆县第七中学方向行驶。21 时 10 分许，李某超速行驶到该中学门口处时未避让行人，在人行横道处将步行通过路口的中学生张某撞飞。李某发现自己肇事后，驾车从道路前方断口处返回，停车后拨打"120"，公安人员赶到现场后李某承认系其酒后驾车撞人。张某因闭合性颅脑损伤经抢救无效于当日死亡。经鉴定，李某案发时血液酒精含量为 227.1 毫克/100 毫升，负此次交通事故的全部责任。

本案中，关于李某的行为的定性，有两种意见，一种意见认为构成以危险方法危害公共安全罪，另一种意见认为构成交通肇事罪。最终法院判决认定李某的行为构成交通肇事罪，判处有期徒刑两年 11 个月。

本案中，李某违反交通管理法规，在道路上醉酒超速驾驶机动车，遇行人通过人行横道未采取措施避让，致一人死亡，负事故全部责任，从被告人李某驾车撞人事前、事中及事后的行为表现来看，其对违反交通法规是故意的，但不能证明其对危害公共安全持有放任态度，因此认定李某构成交通肇事罪是比较妥当的。

（四）以危险方法危害公共安全罪与危险驾驶罪的区分

准确区分以危险方法危害公共安全罪与危险驾驶罪，要充分考虑刑法增设危险驾驶罪的立法背景和司法实践的情况。一是根据《刑法》第141条的规定，故意以放火、决水、爆炸、投放危险物质以外的并与之相当的危险方法，足以危害公共安全的，应当以以危险方法危害公共安全罪定罪处罚。这里规定的以危险方法危害公共安全罪属于具体危险犯，即以放火、决水、爆炸、投放危险物质相当的方法，对不特定多数人的生命、健康和财产造成了具体危险，应当认定为构成以危险方法危害公共安全罪。如果行为出于报复社会、泄愤等动机，故意采取危险驾驶机动车的方法，从而危害不特定多数人的生命、健康和财产安全，如借酒壮胆之后驾驶机动车在闹市冲撞的，应当认定为以危险方法危害公共安全罪。二是应当结合行为人是否具有驾驶资质、是否正常行驶、行驶车速、车况路况、能见度、案发地点车辆及行人多少，以及行为人对于醉酒后驾驶是否采取了一定的措施等判断是否足以危害公共安全。三是根据《刑法》第115条第1款的规定，故意以放火、决水、爆炸、投放危险物质方法以外的并与之相当的方法，致人重伤、死亡或者使公私财产遭受重大损失的，属于《刑法》第114条规定的具体危险犯转换为现实危害的情形。因此在道路上追逐竞驶、醉酒驾驶机动车，在闹市、城市主干道或车流、人流密集的场所冲撞，致人重伤、死亡或者造成公私财产重大损失的，如果查实其主观确系故意，应当在此第115条第1款的幅度内量刑。

七、证据合法性审查与判断

证据审查是证据运用前提，对证据的审查中，应当注重对证据合法性的审查。证据种类不同，其审查侧重点也不同，分述如下：

1. 对于被告人供述和辩解，重点审查以下方面的内容：一是讯问的时间、地点，讯问人的身份、人数及讯问方式等是否符合法律的有关规定；二是讯问笔录的制作、修改是否符合法律及有关规定，是否注明讯问的起止时间和地点，首次讯问时是否告知了犯罪嫌疑人权利义务和法律规定，犯罪嫌疑人是否核对确认；三是讯问未成年犯罪嫌疑人时，是否通知了其法定代理人或者有关人员到场，其法定代理人或者有关人员是否到场；四是犯罪嫌疑人的供述有无以刑讯逼供等非法方式收集的情形；五是犯罪嫌疑人的供述是否前后一致，有无反复以及出现反复的原因，犯罪嫌疑人供述和辩解是否均已随案移送；六是犯罪嫌疑的辩解和翻供理由是否符合常理和案情，有无矛盾；七是犯罪嫌疑人供述和辩解与同案人供述和辩解以及其他证据能否相互印证，有无矛盾；八是犯罪嫌疑人供述与侦查机关取证的先后顺序，是"先供后证"还是"先证后供"。

2. 对于证人证言，应当重点审查以下方面的内容：一是证言的内容是否为证人所直接感知；二是证人作证时的年龄、认知、记忆和表达能力，生理和精神状态是否影响作证；三是证人与案件当事人、案件处理结果有无利害关系；四是询问证人是否单独进行；五是询问笔录的制作、修改是否符合法律及有关规定，是否注明询问的起止时间和地点，首次询问时是否告知了证人权利义务和法律规定，证人是否核对确认；六是询问未成年证人时，是否通知了其法定代理人或者有关人员到场，其法定代理人或者有关人员是否到场；七是证人证言有无以暴力、威胁等非法方式收集的情形；八是证言之间以及与其他证据之间能否相互印证，有无矛盾。

3. 对于被害人陈述，审查重点与对证人证言的审查重点相同，不再赘述。

4. 对于物证、书证，应当重点审查以下几方面的内容：一是物证、书证是否为原物、原件，是否经过辨认、鉴定；二是物证的照片、录像、复制品或者书证的副本、复制件是否与原物、原件相符，是否由两人以上制作，有无制作人关于制作过程以及原物、原件存放于何处的文字说明和签名；三是物证、书证的收集程序、收集方式是否符合法律和有关规定；四是经勘验、检查、搜查提取、扣押的物证、书证，是否随有相关笔录、清单，笔录、清单是否经侦查人员、物品持有人、见证人签名，没有物品持有人签名的，是否注明原因；物品的名称、数量、特征、质量等是否注明清楚；五是物证、书证在收集、保管、鉴定过程中是否受损或者改变；六是物证、书证与案件有无关联；七是对现场遗留的与犯罪有关的具备鉴定条件的血迹、体液、毛发、指纹等生物样本、痕迹、物品，是否已作 DNA 鉴定、指纹鉴定等，并与犯罪嫌疑人或者被害人的相应生物检材、生物特征、物品进行比对。

5. 对于鉴定意见，应当重点审查以下方面的内容：一是鉴定机构和鉴定人员是否具有鉴定资质；二是鉴定人是否存在应当回避的情形；三是检材的来源、取得、保管、送检是否符合法律和有关规定，与相关提取笔录、扣押物品清单等记载的内容是否相符，检材是否充足、可靠；四是鉴定意见的形式要件是否完备，是否注明了提起鉴定的事由、鉴定委托人、鉴定机构、鉴定要求、鉴定过程、鉴定方法、鉴定日期等内容；五是鉴定程序是否符合法律和有关规定；六是鉴定过程和方法是否符合相关专业的规范要求；七是鉴定意见是否明确；八是鉴定意见与案件待证事实有无关联；九是鉴定意见与勘验、检查笔录及相关照片等证据是否矛盾；十是鉴定意见是否依法告知相关人员，当事人对鉴定意见有无异议。

6. 对于勘验、检查、辨认、侦查试验等笔录，应当重点审查以下方面的内容：一是勘验、检查是否依法进行，笔录的制作是否符合法律和有关规定，勘验、检查人员和见证人是否签名或盖章；二是勘验、检查笔录是否记录了提起勘验、检查的事由，勘验、检查的时间、地点，在场人员、现场方位、周围环境等，现场的物品、人身、尸体的位置、特征等情况，以及勘验、检查、搜查的过程；三是勘验、检查、辨认、搜查、侦查试验等笔录文字记录与实物或者绘图、照片、录像是否相符；四是现场、物品、痕迹是否伪造，有无破坏，人身特征、伤害情况、生理状态有无伪装或者变化等；五是补充进行勘验、检查的，是否说明了再次勘验、检查的原因，前后勘验、检查的情况是否相矛盾；六是对辨认笔录应当重点审查辨认的过程、方法以及辨认笔录的制作是否符合法律规定；七是对侦查试验笔录应当着重审查实验的过程、方法，以及笔录的制作是否符合相关规定。

7. 对于视听资料，应当重点审查以下方面的内容：一是是否附有提取过程的说明，来源是否合法；二是是否为原件，有无复制及复制份数；三是视听资料是复制件的，是否附有无法调取原件的原因、复制件制作过程和原件存放地点的说明，制作人、原视听资料持有人是否签名或者盖章；四是复制件制作过程是合法，是否存在威胁、引诱等非法取证情形；五是是否写明了制作人、持有人的身份，制作时间、地点、条件和方法；六是内容和制作过程是否真实，有无剪辑、增加、删改等情形；七是内容与案件事实是否有关联性。

8. 对于电子数据（包括电子邮件、电子数据交换、网上聊天记录、博客、微博客、手机短信、电子签名、域名等），应当重点审查以下方面的内容：一是是否随原始存储介质移送；二是在原始介质无法封存、不便移动或者依法应当由有关部门保管、处理、返还时，提取、复制电子数据是否由两人以上进行，是否足以保证电子数据的完整性，有无提取、复制过程及原始存储介质存放地点的文字说明和签名；三是收集程序、方式是否符合法律及有关技术规范；四是经勘验、检查、搜查等侦查活动收集的电子数据，是否随有笔录、清单，并经侦查人员、电子数据持有人、见证人签名，没有签名的，是否注明原因；五是远程调取境外或者异地的电子数据的，是否注明相关情况；六是对电子数据的规格、类别、文件格式等是否注明清楚；七是电子数据的内容是否真实，有无删除、修改、增加等情形；八是电子数据与案件事实有无关联性；九是与案件事实有关的电子证据是否全面收集。

9. 对于同步录音录像，应当重点审查以下方面的内容：一是同步录音录像所显示的时间、地点、人员与笔录记载是否一致；二是审查笔录内容与同步录音录像内容是否一致，笔录上是否全面记录了犯罪嫌疑人在同步录音录像中的辩解；是否存在重大实质性差异；三是同步录音录像中是否存在刑讯逼供、诱供、暴力、威胁以及一人讯问等非法取证情形；四是同步录音录像是否符合"全程、全部、全面"的要求，或者存在其他讯问不规范的情形。

在证据审查过程中，如果发现刑讯逼供、暴力、威胁取证等非法取证情形，以及依据相关规定，有关证据因严重违反程序，不具备证据的形式要件或实质要件，依法不能作为定案的依据，应当予以排除，不能作为认定案件事实的依据。对于审查过程中发现的瑕疵证据，应当对证据进行补强，要求公安机关补正或者作出合理解释。

八、其他需要注意的问题

（一）附带民事诉讼

《刑事诉讼法》第 101 条规定："被害人由于被告人的犯罪行为而遭受物质损失的，在刑事诉讼过程中，有权提起附带民事诉讼。被害人死亡或者丧失行为能力的，被害人的法定代理人、近亲属有权提起附带民事诉讼。如果是国家财产、集体财产遭受损失的，人民检察院在提起公诉的时候，可以提起附带民事诉讼。"最高人民法院《关于适用〈中华人民共和国刑事诉讼法〉的解释》第 175 条规定，被害人因人身权利受到犯罪侵犯或者财物被犯罪分子毁坏而遭受损失的，有权在刑事诉讼过程中提起附带民事诉讼；被害人死亡或者丧失行为能力的，被害人的法定代理人、近亲属有权提附带民事诉讼。第 176 条规定，被告人因非法占有、处置被害人财产的，应当依法予以追缴或者责令退赔。被害人提起附带民事诉讼的，人民法院不予受理。追缴、赔偿的情况，可以作为量刑情节予以考虑。第 179 条第 1 款规定，国家财产、集体财产遭受损失，受损失的单位未提起附带民事诉讼，人民检察院在提起公诉时提起附带民事诉讼的，人民法院应当受理。

人民检察院在审查起诉过程中，对附带民事诉讼的审查包括以下方面的内容：一是审查被害人是否因被告人的犯罪行为而遭受物质损失；二是审查是否系被害人的人身权利受到犯罪侵犯或者财物被犯罪分子毁坏而遭受的损失；三是审查被害人是否提起了附带民事诉讼，若被害人未提起附带民事诉讼，应当告知其有权利提起附带民事诉讼；四是审查犯罪行为是否对国家财产、集体财产造成了损失，如果造成了损失，人民检察院可以提起附带民事诉讼。被害人提出了附带民事诉讼的，在提起公诉的时候应当将附带民事诉状一并移送人民法院。

（二）羁押必要性审查

《刑事诉讼法》第 95 条规定，犯罪嫌疑人、被告人被逮捕后，人民检察院仍应当对羁押的必要性进行审查。对羁押必要性的审查，应当根据不同的案件类型进行区别。一般来说，羁押必要性审查主要是针对刑事和解的案件，未成年人犯罪案件，老年人犯罪案件，残疾人犯罪案件，或者具有初犯、偶犯、过失犯、从犯、胁从犯、预备犯、中止犯、未遂犯等情节的犯罪嫌疑人。对于严重威胁人身安全的暴力犯罪、危害国家安全犯罪、危害公共安全犯罪、重特大经济犯罪案件以及可能判处 10 年以上有期徒刑、无期徒刑、死刑的案件，这类案件的犯罪嫌疑人的人身危险性大，判处实刑、重刑的可能性大，一般而言均具有羁押必要性，因此进行羁押必要性审查的紧迫性就比较小。

需要注意的是，在进行羁押必要性审查时，一定要注重对被害人权益的保护。审查逮捕环节一般都是审查过犯罪嫌疑人是否符合逮捕条件，并且综合考虑了各种因素而对犯罪嫌疑人作出逮捕决定的。因此在公诉环节如果要对犯罪嫌疑人变更强制措施，那么应当充分听取被害人的意见，以减少被害人的对抗情绪，消除不和谐因素。同时进行羁押必要性审查时，应当充分对犯罪嫌疑人可能产生的妨害、逃避诉讼的风险进行评估。

具体到以危险方法危害公共安全案件而言，根据《刑法》第 114 条、第 115 条第 1 款的规定，尚未造成严重后果的，法定刑为 3 年以上 10 年以下有期徒刑；致人重伤、死亡或者致公私财产重大损失的，法定刑为 10 年以上有期徒刑、无期徒刑、死刑。因此以危险方法危害公共安全罪是一项重罪，构成此罪的犯罪嫌疑人，一般而言主观恶性较大，因此司法实务中对涉嫌以危险方法危害公共安全犯罪的犯罪嫌疑人进行羁押必要性审查的紧迫性相对较小。在对以危险方法危害公共安全的犯罪嫌疑人进行羁押必要性审查时，应当慎重进行，综合考量案件相关情况，审慎作出羁押必要性审查决定。

附：以危险方法危害公共安全罪相关法律法规与司法规范性文件

1. 最高人民法院《关于审理破坏野生动物资源刑事案件具体应用法律若干问题的解释》（法释〔2000〕37 号）

2. 最高人民法院、最高人民检察院《关于办理组织和利用邪教组织犯罪案件具体应用法律若干问题的解释（二）》（法释〔2001〕19 号）

3. 最高人民法院、最高人民检察院《关于办理妨害预防、控制突发传染病疫情等灾害的刑事案件具体应用法律若干问题的解释》（法释〔2003〕8 号）

4. 最高人民法院《关于醉酒驾车犯罪法律适用问题的意见》（法发〔2009〕47 号）

5. 最高人民法院、最高人民检察院、公安部《关于依法惩治妨害公共交通工具安全驾驶违法犯罪行为的指导意见》（公通字〔2019〕1 号）

第五章　重大责任事故罪

第一节　重大责任事故罪概述

一、重大责任事故罪的概念

重大责任事故罪，是指在生产、作业中违反有关安全管理的规定，因而发生重大伤亡事故或者造成其他严重后果的行为。

重大责任事故罪规定于《刑法》第 134 条。重大责任事故罪是常见多发的一种犯罪，不仅严重危害人民群众的生命安全，而且可能造成国家和人民群众财产的重大损失。

二、重大责任事故罪的历史渊源

1963 年《刑法草案修正稿》第 33 稿中规定了重大责任事故罪，即工厂、矿山、林场、建筑企业或者其他企业的职工，由于严重不负责任，违反规章制度，因而发生重大事故，造成严重后果的，处 5 年以下有期徒刑或者拘役；情节特别恶劣的，处 5 年以上有期徒刑。

1979 年《刑法》第 114 条规定了重大责任事故，并将罪状修改为"工厂、矿山、林场、建筑企业或者其他企业、事业单位的职工，由于不服管理，违反规章制度，或者强令工人违章冒险作业，因而发生重大伤亡事故，造成严重后果的，处三年以下有期徒刑或者拘役；情节特别恶劣的，处三年以上七年以下有期徒刑。"1979 年《刑法》施行后，随着我国经济体制的改革，生产、经营单位日益多元化，出现了各类经济组织，这对于本罪犯罪主体的认定造成了一定的困难，而在当时只能通过司法解释的方式解决。①

1997 年《刑法》134 条规定了重大责任事故罪，即工厂、矿山、林场、建筑企业或者其他企业、事业单位的职工，由于不服管理、违反规章制度，或者强令工人违章冒险作业，因而发生重大伤亡事故或者造成其他严重后果的，处 3 年以下有期徒刑或者拘役；情节特别恶劣的，处 3 年以上 7 年以下有期徒刑。1997 年《刑法》对重大责任事故罪的罪状未作大的修改，只是将 1979 年《刑法》中规定的"因而发生重大伤亡事故，造成严重后果"修改为了"因而发生重大伤亡事故，或者造成其他严重后果"，从而扩大了《刑法》的保护范围，严密了刑事法网，更好地体现了立法本意。最高人民法院《关于执行〈中华人民共和国刑法〉确定罪名的通知》（法释〔1997〕9 号）将第 134 条的罪名确定为"重大责任事故罪"。

1997 年《刑法》施行后，鉴于重大责任事故罪呈高发态势，特别是矿难频发，给国家和人民群众造成了巨大损失，加大对重大安全生产事故犯罪的惩治力度，成了迫切需要。2006 年《刑法修正案（六）》第 1 条对 1997 年《刑法》第 134 条进行了修改，由 1 款变为 2 款，在第 1 款规定本罪即重大责任事故罪，即"在生产、作业中违反有关安全规定，因而发生重大伤亡事故或者造成其他严重后果的，处三年以下有期徒刑或者拘役；情节特别恶劣的，处三年以上七年以下有期徒刑"。《刑法修正案（六）》对 1997 年《刑法》第 134 条作了重大修改：一是将一罪拆分为两罪，第 1 款保留了重大责任事故罪，第 2 款规定了强令违章冒险作业罪，即将原条文中"或者强令工人违章冒险作业"的情形单独设立罪名，并提高了后者的法定刑。二是将本罪的主体由特殊主体扩大为一般主体，即由原来的"工厂、矿山、林场、建筑企业或者其他企业、事业单位的职工"扩大为"在生产、作业中违反有关安全管理的规定"的一切人员。由此，就可以把之前难以处理的对安全生产事故负有责任的个体开矿者、包工头和无证从事生产、作业的人员都

---

① 陈兴良：《口授刑法学》，中国人民大学出版社 2007 年版，第 737 页。

包括在内，从而解决了过去由于主体资格问题而难以对他们进行刑事责任追究的问题。三是对本罪的罪状进行了修改，将"不服管理、违反规章制度"修改为"在生产、作业中违反有关安全管理的规定"。

最高人民法院、最高人民检察院于 2007 年 11 月 6 日发布的《关于执行〈中华人民共和国刑法〉确定罪名的补充规定（三）》对《刑法修正案（六）》第 1 条第 1 款的罪名未作修改，仍然确定为"重大责任事故罪"。

三、重大责任事故罪的犯罪构成

（一）重大责任事故罪的客体

重大责任事故罪的客体是安全生产秩序和生产、作业安全。

作为重大责任事故罪客体的生产、作业安全，是公共安全的重要组成部分。危害生产、作业安全，同样表现为使生产、作业中的不特定多数人的生命、健康和公私财产安全遭受侵害。现代生产、作业越来越趋向于集约化，越来越体现为协作、有序的状态，从而形成各行各业的系统化，某个环节发生问题，不仅仅是生产、作业中操作者个人的人身安全和财产安全的问题，而且往往直接关系到整个生产安全，直接关系到参与生产、作业过程中的不特定人的生命、健康和财产安全，特别是现代技术的高风险往往威胁着不特定人的人身和财产安全。世界各国普遍运用法律手段，加强安全管理，强制参与生产、作业的人员履行安全生产、作业的义务。①

案例：岳某系黑龙江省龙煤矿业集团股份有限公司鹤岗分公司新兴煤矿（以下简称新兴煤矿）矿长，谢某系新兴煤矿副矿长。新兴煤矿因未建立地面永久瓦斯抽放系统、安全生产许可证已过期且被暂扣，2009 年 1 月 13 日至 9 月 18 日，黑龙江省煤矿安全监察局及其鹤滨监察分局 7 次责令新兴煤矿停产整改，但新兴煤矿拒不执行。新兴煤矿三水

---

① 刘家琛主编：《刑法分则及配套规定新释新解》（上）（第五版），人民法院出版社 2008 年版，第 350 页。

平 113 工作面探煤巷施工中未按作业规程打超前钻探，违章作业。同年 9 月 10 日至 10 月 18 日，新兴煤矿隐患排查会及矿务会三次将三水平 113 工作面未打超前钻探措施列为重大安全隐患，均确定负责"一通三防"工作的谢某（副矿长）为整改责任人，但谢某未予整改，岳某（矿长）没有督促落实，负责全矿技术管理工作的总工程师董某（已判刑）和负责安全监督检查工作的监察处处长刘某（已判刑）亦未要求隐患单位整改落实。二开拓区区长、副区长张某、王某（已判刑）继续在三水平 113 工作面违章施工作业。同年 11 月 21 日 2 时，三水平 113 工作面作业中发生煤与瓦斯突出事故，岳某、谢某现场指挥中未下令切断二水平电源，致使三水平 113 工作面突出的瓦斯进入二水平工作面，遇电火花后发生爆炸，造成 108 人死亡、133 人受伤，直接经济损失 5600 万余元。法院以岳某、谢某犯重大责任事故罪，分别判处相应刑罚。

本案中，岳某、谢某在生产中违反安全管理规定，发生重大伤亡事故，均已构成重大责任事故罪，其中，岳某作为矿长，多次拒不执行煤矿安全监察部门停产整改指令，组织违法生产，对违章作业监管不力，在发生煤与瓦斯突出事故后，现场指挥中未下令切断瓦斯突出波及的二水平区域电源，造成特别重大事故，后果特别严重；谢某作为主管"一通三防"副矿长，拒不执行煤矿安全监察部门停产整改指令而违法生产，在违法生产中，多次不履行打超前钻探、排除安全隐患职责，发生煤与瓦斯突出事故后，现场指挥中未下令切断瓦斯突出波及的二水平区域电源，造成特别重大事故，后果特别严重。二人的行为均造成生产、作业安全受到严重侵犯。

（二）重大责任事故罪的客观方面

重大责任事故罪的客观方面表现为在生产、作业中违反有关安全管理的规定，因而发生伤亡事故或者造成其他严重后果。

重大责任事故罪客观方面的体现：

1. 行为人具有在生产、作业中违反有关安全管理的规定的行为。重大责任事故罪的客观行为是指在生产、作业中违反有关安全管理的规定，这里的有关安全管理的规定，是指有关安全生产的法律、法规、规章制度，包括以下三个方面的内容：一是国家颁布的各种有关安全生产的法律、法规等规范性文件；二是企业、事业单位及其上级管理机关制定的反映安全生产客观规律的各种规章制度，包括工艺技术、生产操作、技术监督、劳动保护、安全管理等方面的规程、规则、章程、条例、办法和制度等；三是虽无明文规定，但反映生产、科研、设计、施工的安全操作客观规律和要求，在实践中为职工所公认的行之有效的操作习惯和惯例等。

违反有关安全管理规定中"违反"可以是作为，也可以是不作为，"违反"的表现形式多种多样，不履行或者不正确履行安全管理职责，不履行或者不正确履行安全生产、作业的规范要求，都是"违反"的表现形式。处于不同岗位的人员，违反安全管理规定的行为也具有不同的表现形式。如一般职工主要表现为不服管理，不听指挥；不遵守操作规程和工艺设计要求，盲目蛮干；在严禁烟火的场所生产时使用明火作业；擅自移动涂有"危险禁动"标记的机器、动力开关、信号；遇有险情时打盹睡觉，擅离职守，等等。技术人员违反安全管理规定的行为主要表现为违背科学原理，对设计、配方等应予以检验、验证而不进行检验、验证。生产指挥、管理人员违反安全管理规定的行为往往表现为不遵守劳动保护法规、违背客观规律乱指挥等。

对于厂（矿）区内机动车作业期间发生的伤亡事故案件，应当根据不同情况，区别对待：在公共交通管理范围内，因违反交通运输管理法规，造成重大事故的，应当认定为交通肇事罪；因违反安全生产规章制度，发生重大伤亡事故，造成严重后果的，应当认定为重大责任事故罪；在公共交通管理范围外发生重大事故的，应当认定为重大责任事故罪。[①]

案例：2007 年 1 月，恒大地产集团有限公司先后设立启东某康复

---

① 最高人民检察院 1992 年 3 月 23 日《关于在厂（矿）区内机动车造成伤亡事故的犯罪案件如何定性处理的问题的批复》。

保健公司（以下简称某1公司）、启东某健身俱乐部有限公司（以下简称某2公司）等公司共同开发位于启东市寅阳镇寅兴垦区外侧东南部的启东恒大威尼斯水城项目。2009年9月25日，某2公司与南通瑞达建设监理有限公司（以下简称瑞达监理公司）法定代表人、董事长被告人樊某签订《恒大·威尼斯水城首期项目监理工程协议》，委托瑞达监理公司为恒大威尼斯水城首期项目监理单位，违规约定由某2公司派员以瑞达监理公司的名义实施工程现场监理，某2公司派驻的监理人员由瑞达监理公司面试认可后方可派驻，由瑞达监理公司的总监理工程师出具委托书给某2公司任命的总监代表，总监代表负责现场的监理工作等。在施工过程中，瑞达监理公司并未对某2公司派驻项目工程的所有现场监理人员的资质进行审查。瑞达监理公司委派的总监理工程师黄某在对工地巡查过程中发现工程安全、质量隐患曾向樊某汇报，但樊某未予以足够重视并采取有效措施消除事故隐患。

2011年9月，江苏建工天津分公司以江苏建工的名义与某1公司签订五大中心主体及配套工程（二标段）施工合同，承建五大中心工程。江苏建工天津分公司指派副经理顾某负责江苏区域内项目工程的日常管理工作，顾某事实上还行使五大中心工程项目经理职权，代表江苏建工天津分公司对五大中心工程实施管理。江苏建工员工倪某甲以内部承包方式，与倪某乙共同出资承建其中三大中心工程，并成立江苏建工恒大倪某甲项目部，倪某甲为项目总负责人，负责工程项目的质量、安全、日常管理等工作，倪某乙为材料员，同时参与项目工程的管理。倪某甲、倪某乙聘请冯某担任工程项目执行经理，冯某事实上兼任技术负责人，负责生产、技术、安全等工作。

2011年9月23日，某1公司工程部经理袁某明知五大中心工程项目未取得施工许可证、未办理安全报监手续，向江苏建工发出工程开工令，要求工程开工。倪某甲、顾某、冯某明知上述情形，于2011年9月底开始项目工程前期施工准备，并于2011年12月底对主体工程正式开工。

2011年10月25日，倪某乙代表江苏建工恒大倪某甲项目部将三大中心工程图纸范围内所有木工模板制安分项劳务工程分包给无特种作业资质的何某。倪某甲对此表示认可。何某承接该项劳务工程后，将高大模板支撑系统搭设劳务工程分包给无特种作业资质的郑某（另案处理）。郑某雇用十余名无特种作业资质的农民工进行施工。

2011 年 11 月 8 日，倪某甲代表江苏建工恒大倪某甲项目部与海门泓达钢管租赁站签订钢管、钢管脚手架扣件租赁协议。2012 年 6 月 12 日至 7 月 29 日期间，倪某乙多次从该站租赁钢管、扣件，未经检测即提供给三大中心工程施工使用。后经抽查检测鉴定，上述钢管断后伸长率、抗拉强度、屈服强度均不符合标准 GB/T700 – 2006《碳素结构钢》的要求，上述钢管脚手架扣件抗拉性能、扭转刚度、抗破坏性能均不符合 GB15831 – 2006 标准的要求。

2012 年 4 月底，冯某复制并修改其他施工企业高大模板专项施工方案及评审专家组成员签字，并伪造专家论证意见，编制出"健康、运动、饮食中心"高支模工程专项施工方案，顾某在该方案上签字同意上报。2012 年 8 月初，郑某在未取得高大模板支撑系统专项施工方案且无施工安全技术指导的情况下，带领施工队凭经验搭设完成运动中心高大模板支撑系统。搭设前，冯某未按规定对该高大模板支撑系统需要处理或加固的地基进行验收，未向施工人员进行安全技术交底；搭设完成后，倪某甲、倪某乙、顾某、冯某、何某、袁某、樊某也未按规定参与或组织人员对该高大模板支撑系统进行检查验收。

2012 年 8 月 25 日下午，在未取得总监理工程师签发的混凝土浇筑令的情况下，倪某乙擅自决定浇筑混凝土并通知供应商于次日晨供应混凝土。冯某明知上述情形未予以制止。2012 年 8 月 26 日 7 时许，江苏建工恒大倪某甲项目部泥工组开始对运动中心三层顶浇筑混凝土，当日 17 时许，施工人员发现高大模板支撑排架不稳定、上午浇筑的混凝土位置有下沉现象即向冯某汇报。冯某获悉险情后，未按规定疏散施工人员，反而指挥施工人员冒险对高大模板支撑排架盲目进行加固。当日 18 时许，运动中心高大模板支撑系统突然变形并坍塌，致使在支撑排架上作业的工作人员 4 人死亡，多人受伤。本案事故调查组认定，倪某

甲、倪某乙、冯某、何某、顾某、袁某、樊某对事故的发生均负有直接
责任。

法院一审判决认为，倪某甲、倪某乙、冯某、何某、顾某、袁某、
樊某在恒大威尼斯水城运动中心高大模板支撑系统工程项目中，分别作
为施工单位、建设单位、监理单位的工作人员以及高大模板支撑系统具
体施工管理者，在工程施工的不同环节和岗位中，本应上下衔接、相互
制约、相互督促，却违反安全管理规定，不履行、不正确履行或者消极
履行各自的职责，最终导致高大模板支撑系统坍塌，造成4人死亡的重
大后果，情节特别恶劣，其行为均已构成重大责任事故罪，并依法处以
相应刑罚。

后袁某、顾某、樊某提出上诉，袁某及其辩护人辩称其与事故的发
生无刑法上的因果关系，请求改判无罪；顾某及其辩护人称其作为分管
领导，不是直接从事生产作业的人员，不具备重大责任事故罪的主体资
格，请求改判无罪；樊某及其辩护人称监理单位的失职只是事故发生的
间接原因之一，其不是重大责任事故罪的适格主体，且对事故发生不存
在过错，不应承担刑事责任。

法院二审判决认为，袁某作为恒大地产集团启东公司组成之一的某
1公司工程部经理、甲方代表，代表建设单位负责工程的质量、施工安
全、进度等，但其未认真履行管理职责，接受公司安排委派无监理资质
的人员担任"运动中心"工程现场监理工程师，明知项目工程未取得
施工许可证，未办理安全报监手续而向江苏建工恒大项目部发出工程开
工令，明知运动中心工程高大支撑模板专项施工方案未通过现场指派
"监理"的审批，未及时对项目工程高大支撑模板系统检查验收，仍放
任施工单位进入后续工序的施工。袁某作为受建设单位委托对事故工程
生产安全、质量进行管理的直接责任人员，对事故的发生负有直接责
任，其行为符合重大责任事故罪的构成要件，依法应追究其刑事责任，
且属情节特别恶劣。建设单位是否有其他人员应被追究刑事责任，并不
影响其刑事责任的承担。袁某作为一名有多年工程建设从业经验的工程
管理者，明知工程建设、监理、施工等方面存在重大安全隐患，仍不予

制止，致使安全隐患长期存在，导致发生4人死亡及数人受伤的重大责任事故，且在事故发生后，又指使他人篡改施工安全日志等材料，企图毁灭罪证、逃避法律责任，依法应从重处罚。

顾某作为施工单位江苏建工天津分公司的副经理，分管该分公司在江苏区域内工程项目施工，代表天津分公司对该公司的恒大威尼斯水城项目部履行监督、指导、管理等职责，虽天津分公司发函以顾某为项目经理，未获建设方批准，但在工程实际施工过程中，顾某已事实上对项目工程行使项目经理的管理职责，在重大施工组织设计/方案报审表、建设工程开工安全生产条件复查表、高大支撑模板专项施工方案等材料上的"项目经理"处，均需签署有其名字方可送交建设方、监理方及总公司处理，其他证据可证实顾某为项目经理。顾某本人不具有项目经理资质，却接受委派实际履行项目经理职责，在施工过程中，对项目工程疏于管理，明知项目工程未取得施工许可证，未办理安全报监手续，未及时有效与建设方沟通，任由项目工程开工建设；对伪造的高大模板支撑系统专项施工方案未认真审查、盲目上报审批；对项目工程中存在的重大安全隐患未及时督促排查，对事故的发生负有直接责任。顾某作为天津分公司对涉案工程的分管副经理、实际项目经理，对重大责任事故的发生负有不可推卸的管理和领导责任，其行为符合重大责任事故罪构成要件，依法应追究其刑事责任，且属情节特别恶劣。

本案涉"五大中心"工程，总造价达3000万元以上，属大中型公用事业工程，必须实行监理。樊某作为承担恒大威尼斯水城项目监理的瑞达监理公司的法定代表人，安全生产的第一责任人，严重违反相关监理法律法规、规章规范等规定，与建设方违规约定，由建设单位派员以监理单位的名义承担项目工程现场监理等职责的监理合同；在实施监理合同时，违反《注册监理工程师管理规定》，任由建设方委派一些不具有监理资质人员从事监理活动，在委派黄某担任项目总监理工程师时，交代黄某只需做好报监、备案、在资料上盖公章、主管部门到现场时陪同等工作，在黄某对该合作监理模式存在安全隐患提出质疑、且无法有效开展工作时，未及时向事故工程派驻有资质的现场监理人员实施有效监管，并与建设方交涉、向有关主管部门反映，有效改变该具有重大安全隐患的合作监理模式，仍怠于履行安全生产责任，置《建设工程安全生产管理条例》《建筑工程质量管理条例》《危险性较大的分部分项工程安全管理办法》《建设工程高大模板支撑系统施工安全监督管理导则》等安全管理规范于不顾，致监理公司及人员未能正确履行监理职责，未能通过工程例会、旁站、巡视、平行检验、签字把关、责令停工整改等监理活动，及时发现、消除倪某乙租赁钢管扣件质量不合格、冯某编制的高大模板支撑专项方案造假、没有浇筑令强行浇筑、发现支撑系统不稳强行加固未停止浇筑、将工程分包给无资质的何某和郑某等人搭设、工程层层分包等施工安全隐患或违反工程建设强制性标准的行为，导致重大责任事故的发生。樊某系负有监理职责的组织、指挥、管理的负责人，对安全事故的发生起关键性作用，依法应承担主要责任，其行为符合重大责任事故罪的构成要件，构成重大责任事故罪，且属情节特别恶劣。

二审终审判决驳回上诉，维持原判。

2. 发生伤亡事故或者造成其他严重后果。重大责任事故罪的结果是发生伤亡事故或者造成其他严重后果。根据最高人民法院、最高人民检察院《关于办理危害生产安全刑事案件适用法律若干问题的解释》（法释〔2015〕22号）第6条第1款的规定，实施刑法第132条、第134条第1款、第135条、第135条之一、第136条、第139条规定的行为，因而发生安全事故，具有下列情形之一的，应当认定为"造成严重后果"或者"发生重大伤亡事故或者造成其他严重后果"，对相关责任人员，处3年以下有期徒刑或者拘役：（一）造成死亡1人以上，或者重伤3人以上的；（二）造成直接经济损失100万元以上的；（三）其他造成严重后果或者重大安全事故的情形。根据第7条的规定，实施刑法第132条、第134条第1款、第135条、第135条之一、第136条、第139条规定的行为，因而发生安全事故，具有下列情形之一的，对相关责任人员，处3年以上7年以下有期徒刑：（一）造成死亡3人以上或者重伤10人以上，负事故主要责任的；（二）造成直接经济损失 500 万元以上，负事故主要责任的；（三）其他造成特别严重后果、情节特别恶劣或者后果特别严重的情形。

案例：1999 年，印某甲、印某乙兄弟与印某丙（另案处理）共同投资开办金银煤矿。因金银煤矿位于国家规划的松河矿区内，贵州省政府于 2007 年 4 月 26 日在《贵州日报》上公告关闭该煤矿，并注销了采矿权证。后经有关部门协调，金银煤矿与尖山煤矿、阿六寺煤矿整合为松河新成煤业复采四单元，并与松河公司共同组建新公司。整合完成后，印某甲、印某乙、印某丙各占金银煤矿三分之一的股份，印某甲担任主要负责人，负责复采四单元的全面管理工作，印某乙负责后勤管理，印某丙不负责具体管理工作。为解决全省电煤供应紧张问题，并考虑到复采改造单元长期停产可能诱发安全隐患，2007 年 10 月 22 日，盘县政府县长办公会议研究决定，同意金银煤矿作为松河新成煤业复采四单元的过渡生产系统恢复正常生产。2008 年 6 月 21 日，为加强对复采改造煤矿的安全监管，盘县政府专题会议作出决定，暂时停止松河新成煤业复采单元过渡系统生产活动。2009 年 5 月 6 日，盘县政府决定全面停止松河新成煤业复采单元过渡系统的一切生产活动。2010 年以后，贵州省各级政府又多次出台规定，严禁煤矿边建设边生产，严厉打击擅自启封已关闭系统组织生产行为。

2008 年 7 月 21 日，印某甲、印某乙明知松河新成煤业复采四单元老系统（即金银煤矿）是禁止开展生产的煤矿，仍将该矿发包给张某某和陆某某开采，并安排孔某某和印某丁（另案处理）对煤矿进行安全管理，安排封某某担任技术员，负责煤矿的巷道规划和图纸资料设计。张某某和陆某某承包煤矿后招聘工人，并在安全管理不到位、不具备相应安全生产条件的情况下组织工人生产。其间，当地煤炭管理部门和安全监管部门多次对金银煤矿进行查处，严禁该煤矿开展生产，但张某某、陆某某拒不执行监管决定。2011 年 3 月 9 日，盘县安监局淤泥安监站发现金银煤矿非法生产，遂依法关闭并砌封了矿井口。当日，张某某、孔某某、封某某等人擅自组织工人启封矿井恢复生产。由于该矿井通风设施不符合规定，且未安装瓦斯抽放系统，安全监测监控系统损坏后一直未重新安装，造成瓦斯不断积聚。同年 3 月 12 日 0 时许，金银煤矿在生产过程中放炮时电线短路产生火花，导致发生重大瓦斯爆炸事故，造成 19 名工人死亡、15 名工人受伤的严重后果。

法院判决认为，印某甲、印某乙等人将共同投资开办的金银煤矿（松河新成煤业公司复采四单元）承包给张某某和陆某某开采，印某甲负责煤矿全面管理工作，印某乙参与管理，印某甲、印某乙安排孔某某负责煤矿安全管理，实际上履行安全矿长职责，安排封某某担任金银煤矿技术员，负责煤矿生产技术规划管理，六人明知金银煤矿被有关部门公告关闭并被注销采矿权证，又经煤炭管理部门和安监部门多次查处并严禁生产，仍在安全管理不到位、不具备安全生产条件的情况下违反法律、法规和企业规章制度的规定，组织工人生产，导致发生重大责任事故，其行为均已构成重大责任事故罪，且情节特别恶劣。依法判处相应刑罚。

3. 在生产、作业中违反有关安全管理的规定的行为与发生重大伤亡事故或造成其他严重后果之间具有因果关系。在重大责任事故罪中，违反安全管理规定的行为与损害结果之间必须存在因果关系，这是行为人对事故后果负刑事责任的客观基础。如果行为人在生产、作业过程中并未违反有关安全管理的规定，但"发生重大伤亡事故或者造成其他严重后果"，或者虽有违反有关安全管理规定进行作业、生产的行为，并且发生了严重危害后果，但该危害后果却不是由于行为人违反有关安全管理的规定所致，而是由于其他原因所致，那么不得以重大责任事故罪对行为人追究刑事责任。

违反安全管理规定的行为与损害后果之间的因果关系通常表现为以下几种情形：一是一因一果。即行为人违反安全管理规定的行为造成了事故，这种情况下，对于行为人的刑事责任容易确定，行为人应对事故后果负刑事责任。二是多因一果。即行为人与他人共同违反安全管理规定，或者分别违反安全管理规定，在两种或多种因素的共同作用下造成事故；或者是行为人一人违反安全管理规定，但也有机械故障、技术条件的限制等因素，在两种或多种因素的共同作用下造成事故。在这种情况下，对行为人的行为是事故的主要原因还是次要原因，应当予以查明和认定，从而确定行为人对事故后果是否负刑事责任。三是一因多果。即行为人单独一人的违反安全管理规定的行为同时造成了多种严重后果。在这种情况下，行为人应对全部的严重后果负刑事责任。四是多因多果。即行为人与他人共同或分别违反安全管理规定，或与其他原因相结合共同造成了多种危害后果。在这种情况下，应当查明行为人的行为是否属于主要原因，以及各种危害后果分别由哪个原因造成的，从而确定行为人是否应负刑事责任。

案例：1996 年 1 月 19 日 16 时许，北京首钢总公司民用建筑工程有限公司机械化工程队吊车班工人王某、吊车班司机谭某到石景山苹果园东侧的首钢民用建筑工程公司搅拌站工地接班，负责海虹牌 50 吨汽车吊，吊装单混凝土作业。在等待工作期间，谭某在 50 吨吊车臂向东伸出 28 米、仰角为 73 度的情况下，擅自离开吊车到工地休息与他人打扑克赌博。17 时许，调度员到工地休息室通知 50 吨汽车吊挪动车位让路。谭某只顾打扑克，未采取任何措施。此时在休息室观看他人打扑克的王某不顾自己无驾驶证，只负责对吊车进行监护的职责，私自驾驶 50 吨吊车腾挪让路。王某在未收回吊臂，且无人监护的情况下驾车由东向西行驶，致使吊臂先后两次触碰到石景山热电厂至八里庄变电站 20 千伏石 - 八双回线，造成其短路断电，使北京西部地区大范围停电，直接影响了部分重要党政军领导机关、中央广播电台、中央电视台、地铁及地面交通指挥系统、医院、工矿企业及居民区的供电供暖，仅已查明的造成的直接经济损失已达 190 余万元。

法院判决认为，王某违反《首钢建筑安装安全技术操作的规程》《LTM1050 - 4 全液压汽车起重机使用维护规程》的规定，在未取得有关部门核发的操作证的情况下，违反规定驾驶吊车，在行车时又违反吊车操作规程，未收回起重吊臂即驾车行驶，致使高压线路短路，造成北京西部地区大范围停电，造成重大经济损失。谭某违反《首钢总公司安全生产管理制度》《首钢起重机机械安全管理制度》的规定，在吊车处于工作状态下未采取任何监护措施，擅离职守，致使他人违章驾车操作，致使高压线路短路，造成重大经济损失。二人均已构成重大责任事故罪，并分别判处相应刑罚。

在本案中，王某的行为系作为，即违反安全管理规定进行操作，致使发生重大责任事故，对重大责任事故的发生具有因果关系。谭某的行为系不作为，即违反安全管理规定，不履行安全管理职责，对重大责任事故的发生同样具有因果关系。

（三）重大责任事故罪的主体

本罪的犯罪主体是一般主体，即年满 16 周岁具有刑事责任能力的自然人。主体的范围是指在各类生产、作业中从事生产、作业及其负有组织、指挥、管理职责的人员，既包括 1997 年《刑法》规定的工厂、矿山、林场、建筑企业或者其他企业、事业单位的职工，也包括其他生产、作业单位的人员、个体经营户、群众合作经营组织的生产、管理人员，甚至是违法经营单位、无照经营单位的生产、作业及其指挥管理人员。至于这些人员与生产单位是否具有所属关系，是有证照进行生产、作业还是无证照进行生产、作业，均无须考虑。① 只要"在生产、作业中违反有关安全管理规定"，并造成不特定人员伤亡或公私财产重大损失，无论其生产、作业性质，均可以构成本罪。根据最高人民法院、最高人民检察院《关于办理危害矿山生产安全刑事案件具体应用法律若干问题的解释》（法释〔2007〕5 号）第 1 条规定，重大责任事故罪的犯罪主体包括对矿山生产、作业负有组织、指挥或者管理职责的负责人、管理人员、实际控制人、投资人等人员，以及直接从事矿山生产、作业的人员。

之所以认为重大责任事故的主体是一般主体，原因在于一般的具有刑事责任能力的自然人都可能从事生产、作业。在生产、作业场所从事

---

① 陈国庆、武立冬、柯良栋主编：《公安机关治安部门管辖的刑事案件立案追诉标准适用指南——〈最高人民检察院、公安部关于公安机关管辖的刑事案件立案追诉标准的规定（一）〉精释》，中国人民公安大学出版社 2008 年版，第 54 页。

生产、作业的人员，其主体身份不能构成特殊身份。刑法中规定的特殊身份，均是指具有相对稳定的特殊身份的人，即特殊主体身份必须是行为人在开始实施危害行为时就已经具备，而非在实施危害行为的过程中才产生或具备。实际上，一般身份的人在某处"从业"只是行为方式要素之一。

案例：2014 年 5 月至 2015 年 1 月，李某甲将其购买的北京市西城区德胜门内大街××号院的建设改造工程委托给无建筑资质条件的被告人卢某的个体施工队。李某甲要求被告人卢某超出建设工程规划许可证的内容，违法建设地下室，深挖基坑。卢某负责管理、指挥施工，另指派无执业资格的被告人李某乙负责施工现场管理、指挥等工作。其间，在施工人员提出存在事故隐患时，李某甲、卢某未采取措施仍继续施工。2015 年 1 月 24 日凌晨 3 时许，因基坑支护结构不合理、支护承载力不足、地下水控制不力，导致施工现场发生坍塌，造成东侧毗邻的德胜门内大街道路塌陷，北侧毗邻的部分民房倒塌损坏，西侧、东侧毗邻的办公楼受到损坏。经鉴定，因××号院施工现场坍塌造成东侧毗邻的德胜门内大街道路塌陷，西侧、南侧毗邻的办公楼受到损毁，北侧部分民房受损的直接经济损失为 583 万余元。同时该起事故还造成德胜门内大街由北向南交通中断，德胜门西大街、鼓楼西大街和新街口北大街交通拥堵，给周围居民和多家单位的正常工作、生活造成影响。法院判决认为李某甲、卢某、李某乙构成重大责任事故罪，并分别判处相应刑罚。

本案中，认定业主发包方李某甲构成重大责任事故罪的主要理由：一是李某甲虽与山东甲建筑集团有限公司签订过合同，但因李某甲无法提供相应的修建手续，山东甲建筑集团有限公司明确表示合同无法履行，后李某甲让无施工资质的卢某的个体施工队接手该工程；二是开挖地下室五层系李某甲以××号院业主的身份对卢某、李某乙提出的要求，且施工期间，北京市规划委西城分局的工作人员曾对其进行约谈，明确提出该处系违法施工，要求其停止施工，其不接受劝阻，仍然继续进行施工；三是施工人员在施工过程中亦曾提出过异议，李某甲仍予以坚持。综合来看，李某甲作为发包方业主，违规将违法施工工程交给无资质的个体施工队进行施工，违反生产、作业安全管理规定，而导致本案重大事故的发生，因此李某甲系本次事故的主要责任人。

案例：2014年12月1日7时许，辽宁HJ公司技术员李某某、安全员张某某带领外雇施工人员在阜新镇污水处理厂配套管网工程二标段现场进行开槽、回填作业。当日13时许，技术员李某带领外雇施工人员王某甲、王某乙到沟槽内进行清底找平和测量作业。15时10分许，成某某在驾驶室刚启动挖掘机，便见沟槽南侧沟壁发生土方塌方，将正在沟底作业的李某某、王某甲、王某乙3人埋压。15时20分许，张某某分别拨打119、120、110电话，积极参与事故救援工作。至次日0时38分，3名被埋压人员相继被找到。经120急救人员现场施救，确认均无生命迹象。经阜蒙县阜新镇污水处理厂配套管网工程二标段"12·1"事故调查组认定，该事故是一起较大生产安全责任事故。事故发生的直接原因系挖掘机在垂直于坡面方向挖掘，破坏了土层的原始稳定性，导致沟槽南大部分劈面与水平面小于90度，在土压力和重力的作用下，土体的下滑力大于抗滑能力，突破极限平衡状态，土体沿着滑动面整体下滑，沟槽南侧土方坍塌，造成3名作业人员被埋压窒息死亡。事故调查组对事故责任人提出了处理建议：李某某系辽宁HJ公司配套管网工程项目现场负责人、技术员，参与制订施工方案，负责向工长进行技术交底，并按要求组织施工，负责施工人员岗前培训，其未认真履行安全生产管理职责，未落实安全技术交底，未制订安全教育培训计划，未对施工人员进行安全培训教育，未按施工方案进行分层放坡、设立支护，违章指挥施工人员违反操作规程、冒险作业，在该事故中负主要责任；张某某系辽宁HJ公司阜蒙县阜新镇污水处理厂配套管网工程项目部安全员，负责该项目安全生产作业，但其未依法履行安全管理责任，未落实安全技术交底，安全检查不到位，未进行隐患排查，对现场负责人违章指挥、冒险作业现象未进行制止，在该起事故中负主要责任。最终法院判决认为李某某、张某某构成重大责任事故罪，并处以相应刑罚。

本案中，认定张某某构成重大责任事故罪的主要理由：张某某作为施工现场安全员，应当依法履行安全管理责任，严格落实安全管理规定，并及时进行现场安全检查，但是其并未依法改造安全管理责任，未落实安全技术交底，未排查安全隐患，对他人违章指挥、冒险作业的现象也未进行制止，属于违反安全管理规定的行为，因此属于本案重大责任事故的责任人员，依法构成重大责任事故罪。

（四）重大责任事故罪的主观方面

重大责任事故罪的主观方面是过失，即应当预见自己在生产、作业中违反有关安全管理的规定可能发生重大伤亡事故或者造成其他严重后果，由于疏忽大意而没有预见，或者已经预见而轻信能够避免，以致发生这种危害结果的心理态度。而对违反安全管理规定本身，则既可以是过失，也可以是故意，这对认定本罪没有影响，但可以作为量刑情节予以考虑。

实践中，有些企业、事业单位或者群众合作组织、个体经营户招用从业人员，不经技术培训，也不进行必要的安全教育，直接安排其从事生产、作业，使职工在不了解安全管理规定的情况下违反安全管理规定，因而发生重大责任事故。这种情况下，对于生产、作业人员不宜认定为重大责任事故犯罪，但对发生事故的单位和经营组织、经营户的直接责任人员，则应当按照重大责任事故罪定罪处罚。

案例：2004年4月11日凌晨1时许，恩施市沙地乡偏南煤矿1号井采煤工人许某发、许某灯、许某平、郭某泮、郭某龙以及跟班的安全员郭某润宵夜后到井下作业，安全员郭某润与许某灯、许某平、郭某龙先行进入主斜井巷道，郭某泮随后进入。许某发领取采矿物资后，到主斜井井口要求担任绞车工的向某忠放矿车进入井内，向某忠在未与井下取得联系的情况下，启动绞车制动装置放车入矿井，当矿车下放至矿井主巷道217米处时，将矿工郭某泮撞死。最终法院判决认为向某忠构成重大责任事故罪，并处以相应刑罚。

本案中，认定向某忠构成重大责任事故罪的主要理由如下：一是向某忠主观上具有过失。在夜间煤矿工人可能下井作业，向某忠作为煤矿的专职绞车工，对此能够预见，也应当预见到可能有人在井下，且事实上确实有人在井下，但其疏忽大意而未预见，主观上具有过失。二是向某忠具有违反安全生产、作业管理规定的行为。虽然下井工人未经登记直接进入矿井，具有一定过错，但是向某忠作为专职绞车工，系负有操作绞车的特定职责的人员，熟悉和明知绞车操作安全管理规范。根据该煤矿绞车工岗位职责、绞车房提升员注意事项等安全操作规范，绞车员须按照程序与矿井下工人进行电话联系后才可放车。无论何种情况下，都须按此程序规范操作。而向某忠在上班时不按规定与井下工人通电话联系，不正确履行职责，违章操作，是本案发生的直接原因，与事故的发生具有直接因果关系。

四、重大责任事故罪的立案标准

1. 最高人民检察院、公安部《关于公安机关管辖的刑事案件立案追诉标准的规定（一）》（公通字〔2008〕36号）第8条规定：〔重大责任事故案（刑法第一百三十四条第一款）〕在生产、作业中违反有关安全管理的规定，涉嫌下列情形之一的，应予立案追诉：（一）造成死亡一人以上，或者重伤三人以上；（二）造成直接经济损失五十万元以上的；（三）发生矿山生产安全事故，造成直接经济损失一百万元以上的；（四）其他造成严重后果的情形。

2. 最高人民法院、最高人民检察院《关于办理危害生产安全刑事案件适用法律若干问题的解释》（法释〔2015〕22号）第6条规定：实施刑法第一百三十二条、第一百三十四条第一款、第一百三十五条、第一百三十五条之一、第一百三十六条、第一百三十九条规定的行为，因而发生安全事故，具有下列情形之一的，应当认定为"造成严重后果"或者"发生重大伤亡事故或者造成其他严重后果"，对相关责任人员，处三年以下有期徒刑或者拘役：（一）造成死亡一人以上，或者重伤三人以上的；（二）造成直接经济损失一百万元以上的；（三）其他造成严重后果或者重大安全事故的情形。

第7条规定：实施刑法第一百三十二条、第一百三十四条第一款、第一百三十五条、第一百三十五条之一、第一百三十六条、第一百三十九条规定的行为，因而发生安全事故，具有下列情形之一的，对相关责任人员，处三年以上七年以下有期徒刑：（一）造成死亡三人以上或者重伤十人以上，负事故主要责任的；（二）造成直接经济损失五百万元以上，负事故主要责任的；（三）其他造成特别严重后果、情节特别恶劣或者后果特别严重的情形。

第二节　重大责任事故罪审查逮捕要点

一、有证据证明有重大责任事故的事实发生

（一）有证据证明发生了重大责任事故

证明发生了重大责任事故的证据主要包括：

1. 证明报案登记表、受案登记表、立案决定书、破案经过等书证；

2. 重大责任事故调查组出具的事故调查报告；

3. 现场勘验、检查笔录；

4. 犯罪嫌疑人供述和辩解；

5. 被害人陈述、证人证言；

6. 证明案发现场情况的现场监控录像或者视频资料；

7. 医院病历、诊断记录、伤情鉴定意见、尸体鉴定意见、财产损失鉴定意见等。

（二）有证据证明犯罪嫌疑人具有违反有关安全管理规定的行为

证明犯罪嫌疑人具有违反有关安全管理规定的证据主要有以下几类：

1. 证明有关安全管理规定的相关书证，包括安全生产管理的法律法规、规章、条例、办法、制度，以及符合安全生产、作业规律的习惯性规定、惯例、劳动纪律规定等；

2. 证明犯罪嫌疑人属于从事生产、作业的人员，或者是对生产、

作业负有组织、指挥、管理的人员的证据，包括犯罪嫌疑人供述和辩解、被害人陈述、证人证言以及生产、作业单位的岗位书、入职表等书证。

3. 证明犯罪嫌疑人在生产、作业过程中违反了有关安全管理的规定的证据，包括犯罪嫌疑人供述和辩解、被害人陈述、证人证言等，证明犯罪嫌疑人违反安全管理规定的具体表现。

（三）有证据证明犯罪嫌疑人违反安全管理规定的行为与重大责任事故结果之间具有因果关系

证明犯罪嫌疑人违反安全管理规定的行为与重大责任事故之间存在因果关系的证据包括：

1. 犯罪嫌疑人供述和辩解，证明其违反安全管理规定的行为导致了重大事故的发生；

2. 被害人陈述和证人证言，证明犯罪嫌疑人违反安全管理规定的行为而致使重大事故的发生；

3. 重大责任事故调查报告，证明事故发生的原因，犯罪嫌疑人违反安全管理规定的行为与重大事故的发生之间的关系，犯罪嫌疑人对事故的发生负有直接责任、重大责任等责任，以及对犯罪嫌疑人的处理建议等。

实践中，重大责任事故的发生，往往是多方面的因素共同造成的，尤其是在高度危险作业过程中发生的重大事故，更要注重查明违反安全管理规定的行为与重大事故之间的因果关系，同时注重运用证据对因果关系进行一系列的证明，判断犯罪嫌疑人违反安全管理规定的行为对发生重大事故的作用大小等事实。

（四）犯罪嫌疑人对重大责任事故后果的主观心态是过失

认定犯罪嫌疑人的主观心态时应当重点审查以下证据：

1. 犯罪嫌疑人的供述和辩解，证明其明知自己的行为违反了有关安全管理的规定，其对于违反有关的安全管理的规定而造成的重大伤亡事故或者其他严重后果因为疏忽大意而没有预见，或者是已经预见而轻信能够避免。

2. 被害人陈述、证人证言，证明犯罪嫌疑人在重大责任事故发生前具有违反有关安全管理的规定的行为，或者已经收到他人提示或警告，而未采取措施，或者采取措施不力，发生重大伤亡事故及其他严重后果的情况。

3. 其他证明犯罪嫌疑人主观上具有过失的客观证据，如监控录像、视听资料等，证明犯罪嫌疑人对违反有关安全管理的规定可能造成的危害后果疏忽大意没有预见或已预见而轻信能够避免。

二、犯罪嫌疑人可能判处徒刑以上刑罚

根据《刑法》第134条第1款的规定，重大责任事故罪有两档法定刑幅度，发生重大伤亡事故或者造成其他严重后果的，法定刑为3年以下有期徒刑或者拘役；情节特别恶劣的，法定刑为3年以上7年以下有期徒刑。

在认定犯罪嫌疑人构成重大责任事故罪的情况下，根据犯罪后果、犯罪情节等因素，需要考量是否可能判处徒刑以上刑罚。如果"可能判处徒刑以上刑罚"，那么首先要考察犯罪嫌疑人是否具有《刑事诉讼法》第81条第3款规定的"曾经故意犯罪"的情形（在重大责任事故罪的情形下，不存在可能判处10年有期徒刑以上刑罚的情形，一般也不存在犯罪嫌疑人"身份不明"的情形）。如果犯罪嫌疑人曾经故意犯罪，依照《刑事诉讼法》第81条第3款的规定，属于应当逮捕的情形，不必再考量是否具有《刑事诉讼法》第81条第1款规定的社会危险性。若犯罪嫌疑人不具有曾经故意犯罪的情形，那么就要考量是否具备社会危险性条件。

三、对社会危险性的审查与判断

社会危险性是指刑事诉讼中犯罪嫌疑人将来妨碍诉讼或继续危害社会的可能性，是司法机关对其是否采取强制措施、采取何种强制措施的根据。当犯罪嫌疑人具有这种可能性，采取取保候审不足以防止的，应

当认为其符合逮捕的社会危险性条件。社会危险性是建立在对案情、证据或迹象等基础之上的一种客观预测或评估，不是主观臆测的。社会危险性的证明标准，只要达到有证据或迹象表明的程度即可，证明社会危险性证据的查实程度、可信性要求比定罪的证据标准要低。

《人民检察院刑事诉讼规则》第 129 条至第 133 条对《刑事诉讼法》第 81 条第 1 款规定的五种社会危险性情形进行了总结和提炼，作出更加具体、细化的规定。

社会危险性的常见情形如下：

可能实施新的犯罪的社会危险性情形包括：（1）案发前或者案发后正在策划、组织或者预备实施新的犯罪的；（2）扬言实施新的犯罪的；（3）多次作案、连续作案、流窜作案的；（4）一年内曾因故意实施同类违法犯罪行为受到行政处罚的；（5）以犯罪所得为主要生活来源的；（6）有吸毒、赌博等恶习的。

有危害国家安全、公共安全或者社会秩序的现实危险的社会危险性情形包括：（1）案发前或者案发后正在积极策划、组织或者预备实施危害国家安全、公共安全或者社会秩序的重大违法犯罪行为的；（2）曾因危害国家安全、公共安全或者社会秩序受到刑事处罚或者行政处罚的；（3）在危害国家安全、黑恶势力、恐怖活动、毒品犯罪中起组织、策划、指挥或者积极作用的。

可能毁灭、伪造证据，干扰证人作证或者串供的社会危险性情形包括：（1）曾经或者企图毁灭、伪造、隐匿、转移证据的；（2）曾经或者企图威逼、恐吓、利诱、收买证人，干扰证人作证的；（3）有同案犯罪嫌疑人或者与其在事实上存在密切关联犯罪的犯罪嫌疑人在逃，重要证据尚未收集到位的。

可能对被害人、举报人、控告人实施打击报复的社会危险性情形包括：（1）扬言或者准备、策划对被害人、举报人、控告人实施打击报复的；（2）曾经对被害人、举报人、控告人实施打击、要挟、迫害行为的；（3）采取其他方式滋扰被害人、举报人、控告人的正常生活的。

企图自杀或者逃跑的社会危险性情形包括：（1）着手准备自杀、

自残或者逃跑的；（2）曾经自杀、自残或者逃跑的；（3）有自杀、自残或者逃跑的意思表示的；（4）曾经以暴力、威胁手段抗拒抓捕的。

上述情形属于常见的社会危险性的表现形式，只要符合上述表现形式的，即可以认定为具有社会危险性。但是，在现实生活中，上述情形并不能涵盖所有的社会危险性的表现形式，也就是说，肯定还存在不能被上述情形所涵盖的社会危险性的表现形式。因此对于社会危险性的判断，还需要办案人员根据逻辑法则和经验法则，理性进行评判。

第三节　重大责任事故罪审查起诉要点

除审查逮捕阶段证据审查基本要求之外，对重大责任事故案件的审查起诉工作还应坚持"犯罪事实清楚，证据确实、充分"的标准，保证定罪量刑的事实都有证据证明；据以定案的证据均经过法定程序查证属实；综合全案证据，对所认定的事实已排除合理怀疑。

一、有确实充分的证据证明发生了重大责任事故的事实

证明重大责任事故事实发生的证据与审查逮捕的证据类型相同。相对审查逮捕而言，审查起诉过程中对重大责任事故事实的审查应当更加精细化，把握以下几个方面内容：

1. 证明发案、立案经过的证据，主要包括：公安机关的接报警记录、报案登记表、受案登记表、立案决定书、破案经过、抓获经过等，证明公安机关接到重大责任事故报案、予以受案、立案以及对案件侦破经过的相关情况。

2. 证明重大责任事故后果的证据，主要包括：（1）现场勘验、检查笔录，证明重大责任事故现场的情况；（2）医院病历、诊断记录、伤情鉴定意见、尸体鉴定意见、财产损失鉴定意见等，证明重大责任事故造成的后果；（3）重大责任事故调查组出具的事故调查报告，证明重大责任事故造成的损害后果，以及哪些责任人应当对此重大责任事故负责的情况；（4）报案人的证言，证明重大责任事故发生的经过、造成

的人员伤亡以及财产损失的情况、救援情况等；（5）目击者的证言，证明重大责任事故发生的经过、造成的损害后果、救援情况等；（6）案发现场情况的现场监控录像或者视频资料，证明重大责任事故发生的经过、救援经过等事实；（7）被害人陈述，证明重大责任事故发生的经过，被害人人身受伤以及财产受损的情况；（8）犯罪嫌疑人供述，证明重大责任事故发生的经过，造成的危害后果以及救援情况等。

二、有确实充分的证据证明重大责任事故是犯罪嫌疑人实施的

重大责任事故犯罪是典型的过失型犯罪，审查和判断重大责任事故是犯罪嫌疑人所实施，需要重点审查和把握犯罪嫌疑人的主体身份、职责、是否违反了安全管理规定以及重大责任事故发生在生产、作业过程中等内容。

（一）对刑事责任年龄、刑事责任能力的审查

1. 对犯罪嫌疑人年龄的审查。重大责任事故罪的犯罪主体是一般主体，即年满 16 周岁的自然人。一般而言，虽然法律规定年满 16 周岁的人可以成为劳动法律关系中的劳动者，但从事生产、作业的人员往往是已满 18 周岁的成年人。从实务中发生的重大责任事故案件来说，重大责任事故罪中的犯罪主体一般都是已满 18 周岁的成年人，但并不排除已满 16 周岁的人可以成为重大责任事故罪的犯罪主体，因此对犯罪嫌疑人的年龄仍然应当予以审查。

2. 对犯罪嫌疑人刑事责任能力及身体状况的审查。一般而言，犯罪嫌疑人、被告人达到刑事责任年龄的，即具有刑事责任能力。在重大责任事故罪中，犯罪嫌疑人作为从事生产、作业的人员或者指挥人员，一般都是具有刑事责任能力的人员。但对于一些特殊的情形，不排除犯罪嫌疑人属于限制刑事责任能力或不具有刑事责任能力的可能。此时要重点审查犯罪嫌疑人是否有精神疾病的就诊病历、就诊记录等能够证明犯罪嫌疑人曾经患有精神性疾病的证据；同时对其进行司法精神病鉴定，以确定其在实施犯罪时是否具有刑事责任能力或限制责任能力。

一般而言，重大责任事故罪中的犯罪嫌疑人往往都是身体比较健康的人员，但不排除某些情况下，犯罪嫌疑人身体状况不健康或具有严重疾病的情形。此时，应当重点审查证明犯罪嫌疑人、被告人身体状况的证据，主要包括：犯罪嫌疑人、被告人的供述和辩解，证明其身体状况；公安机关在将其送看守所羁押时所做的身体健康检查；看守所出具的关于犯罪嫌疑人身体健康状况的证明材料；犯罪嫌疑人、被告人的亲属的证言及就诊病历等。发现犯罪嫌疑人不适合继续羁押，应当变更强制措施。

（二）对违反安全管理规定的审查

1. 对犯罪嫌疑人职责的审查，即犯罪嫌疑人在生产、作业中直接从事生产、作业或者负有组织、指挥、管理职责。主要包括以下几方面：（1）犯罪嫌疑人供述，证明其从事生产、作业的人员，或者系对安全生产、作业负有组织、指挥、管理职责的人员；（2）证人证言，证明犯罪嫌疑人系从事生产、作业的人员，或者对安全生产、作业负有组织、指挥、管理职责的人员；（3）被害人陈述，证明犯罪嫌疑人系从事生产、作业的人员，或者对安全生产、作业负有组织、指挥、管理职责的人员；（4）单位相关人员的证言，证明犯罪嫌疑人系从事生产、作业的人员，或者对安全生产、作业负有组织、指挥、管理职责的人员；（5）生产、作业单位或组织提供的书证，证明犯罪嫌疑人系从事生产、作业的人员，或者对安全生产、作业负有组织、指挥、管理职责的人员。

2. 对犯罪嫌疑人违反安全管理规定的审查。这方面的证据主要包括：犯罪嫌疑人供述和辩解、被害人陈述、证人证言等，综合证明犯罪嫌疑人违反安全管理规定的事实。

（三）对违反安全管理规定的行为与重大责任事故结果之间具有因果关系的审查判断

在重大责任事故罪中，违反安全管理规定的行为与重大责任事故结果之间必须存在因果关系。证明违反安全管理规定的行为与损害后果之间的因果关系的证据主要包括：（1）犯罪嫌疑人供述和辩解，证明其违反安全管理规定的行为导致了重大事故的发生；（2）被害人陈述和证人证言，证明犯罪嫌疑人违反安全管理规定的行为而致使重大事故的发生；（3）重大责任事故调查报告，证明事故发生的原因，犯罪嫌疑人违反安全管理规定的行为与重大事故的发生之间的关系，犯罪嫌疑人对事故的发生负有直接责任、重大责任等责任，以及对犯罪嫌疑人的处理建议等。实践中，重大责任事故的发生，往往是多方面的因素共同造成的，尤其是在高度危险作业过程中发生的重大事故，更要注重查明违反安全管理规定的行为与重大事故之间的因果关系，同时注重运用证据对因果关系进行一系列的证明，判断犯罪嫌疑人违反安全管理规定的行为对发生重大事故的作用大小等事实。

通过以上客观方面的审查，综合认定犯罪嫌疑人实施了以重大责任事故的行为。

三、有确实充分的证据证明犯罪嫌疑人主观方面系过失

重大责任事故罪的主观方面是过失，包括疏忽大意的过失，也包括轻信的过失。重大责任事故罪主观方面的过失是指对危害结果持过失心态，但是对于行为人违反安全管理规定本身，则既可以是过失，也可以是故意，这对认定本罪没有影响，可以作为量刑情节予以考虑。证明犯罪嫌疑人主观上具有过失的证据主要包括：

1. 犯罪嫌疑人供述和辩解，证明其明知安全生产、作业的有关管理规定；其行为违反了有关安全管理的规定；违反有关安全规定的原因；明知其行为违反安全管理规定，可能造成重大伤亡事故或者其他严重后果，因为疏忽大意而没有预见，或者是已经预见而轻信能够避免，仍然决意实施；事故发生的原因、经过、结果及事故处理情况等。

2. 被害人陈述，证明重大责任事故发生的时间、地点、经过；被害人受到人身伤害、财产损失的情况；犯罪嫌疑人在重大责任事故发生前具有违反有关安全管理的规定的行为，或者已经收到他人提示或警告，而未采取措施，或者采取措施不力，而发生重大伤亡事故及其他严

重后果；以及被害人对于案件处理结果的诉求等。

3. 证人证言，如从事生产、作业的职工、单位主管人员、发现人及其他目击者等知情人的证言，证明犯罪嫌疑人明知其安全生产、作业的有关管理规定；犯罪嫌疑人在重大责任事故发生前具有违反有关安全管理的规定的行为，或者已经收到他人提示或警告，而置若罔闻，未采取措施，或者虽然采取了措施，但采取措施不力，以致发生重大伤亡事故及其他严重后果；犯罪嫌疑人违反安全管理规定的原因；事故发生的时间、地点、经过以及事故后果等。

同时还应当收集和审查犯罪嫌疑人在日常生产、作业、施工中的一贯表现，与单位同事、领导之间的关系，犯罪嫌疑人的业务能力、工作经验，以及事故发生前有无影响犯罪嫌疑人注意能力的事实等方面的证据。

综合上述证据，证明行为人明知违反生产、作业安全规定，可能造成重大伤亡事故或者其他严重后果，但是由于疏忽大意而没有预见，或者轻信能够避免，而导致发生危害结果的主观心理状态。

四、有确实充分的证据证明犯罪嫌疑人的量刑情节

（一）法定量刑情节

审查起诉过程中，对法定量刑情节均应当予以查明。重大责任事故案中的法定量刑情节主要有两类，一是从重处罚情节，二是从轻、减轻或免除处罚情节。

1. 法定从重处罚情节。根据最高人民法院、最高人民检察院《关于办理危害生产安全刑事案件适用法律若干问题的解释》（法释〔2015〕22 号）第 12 条的规定，实施《刑法》第 132 条、第 134 条至第 139 条之一规定的犯罪行为，具有下列情形之一的，从重处罚：（1）未依法取得安全许可证件或者安全许可证件过期、被暂扣、吊销、注销后从事生产经营活动的；（2）关闭、破坏必要的安全监控和报警设备的；（3）已经发现事故隐患，经有关部门或者个人提出后，仍不采取措施的；（4）一年内曾因危害生产安全违法犯罪活动受过行政处罚或者刑事处罚的；

（5）采取弄虚作假、行贿等手段，故意逃避、阻挠负有安全监督管理职责的部门实施监督检查的；（6）安全事故发生后转移财产意图逃避承担责任的；（7）其他从重处罚的情形。

2. 法定从轻、减轻或免除处罚情节。从轻、减轻或免除处罚情节主要包括已满16周岁不满18周岁的人；自首；立功或重大立功；限制刑事责任能力等。（1）证明犯罪嫌疑人、被告人系已满16周岁不满18周岁的人的证据包括：户籍证明文件，与年龄有关的证人证言、书证等。（2）证明犯罪嫌疑人、被告人系自首的证据包括：犯罪嫌疑人、被告人的首次供述；公安机关和相关组织接受投案、报案的受案笔录；公安机关的抓获经过说明、破案报告、侦查人员证言；陪同犯罪嫌疑人、被告人投案的亲友的证言；被害人陈述等。（3）证明犯罪嫌疑人、被告人立功或重大立功的证据包括：犯罪嫌疑人、被告人的检举揭发材料；根据犯罪嫌疑人、被告人检举、揭发他人犯罪的有关线索得以侦破其他案件的证明材料，或者是得以破获其他重大案件的证明材料；有关组织出具的犯罪嫌疑人、被告人具有其他突出表现或其他重大贡献的证明材料等。（4）证明犯罪嫌疑人、被告人在重大责任事故中的责任、作用大小的证据包括：事故调查组出具的事故调查报告，调查报告中一般会有关于各个犯罪嫌疑人、被告人在重大安全事故中的责任和作用大小的评价；犯罪嫌疑人、被告人供述与辩解；被害人陈述；目击证人证言等。

（二）酌定量刑情节

根据最高人民法院、最高人民检察院《关于办理危害生产安全刑事案件适用法律若干问题的解释》（法释〔2015〕22号）第12条的规定，实施《刑法》第132条、第134条至第139条之一规定的犯罪行为，在安全事故发生后积极组织、参与事故抢救，或者积极配合调查、主动赔偿损失的，可以酌情从轻处罚。

影响量刑的酌定情节主要包括以下几方面：案发后犯罪嫌疑人、被告人是否组织、参与救援工作；是否积极配合调查；犯罪嫌疑人、被告人的认罪态度和一贯表现；犯罪嫌疑人、被告人是否赔偿、是否取得被害人或被害人家属谅解；犯罪行为是否造成其他社会危害等。

1. 证明犯罪嫌疑人、被告人在安全事故发生后组织、参与事故抢救，或者积极配合调查的证据包括：犯罪嫌疑人、被告人供述和辩解，被害人陈述或其他知情证人的证言；调查组或相关部门出具的证明犯罪嫌疑人在事故发生组织、参与救援或者积极配合调查的情况说明；现场监控录像、视听资料等。

2. 证明犯罪嫌疑人、被告人赔偿损失的证据包括：被害人陈述、被害人亲属或其他知情人的证言；证明赔偿情况的调解协议、收条等书证；犯罪嫌疑人、被告人的供述及其亲属的证言等。

3. 证明犯罪嫌疑人、被告人的认罪态度和一贯表现的证据包括：犯罪嫌疑人、被告人供述和辩解，证明其口供是否具有一贯性，是否坦白，是否避重就轻；相关部门或人员出具的证明犯罪嫌疑人、被告人的认罪态度的情况说明；有关组织出具的证明犯罪嫌疑人、被告人的一贯表现的证明材料等。

4. 证明犯罪行为造成其他社会危害的证据包括：相关证人或知情人的证言；有关部门出具的关于犯罪对象的特殊性或社会危害程度的证明；其他危害结果的证明等。

第四节　重大责任事故罪出庭公诉要点

一、庭前准备要点

（一）梳理证据，熟悉案情

重大责任事故案件，按照拟证明的内容，可以将证据归纳为以下四类：一是证明发生了重大事故的证据；二是证明犯罪嫌疑人系直接从事生产、作业的人员，或者是负有组织、指挥、管理职责的人员；三是证明犯罪嫌疑人、被告人违反安全管理规定的证据；四是证明重大事故的发生与犯罪嫌疑人、被告人违反安全管理规定之间具有因果关系的证据。

（二）熟悉相关法律法规和专门知识

司法实践中，重大责任事故罪发生的领域比较宽泛，涉及诸多专业领域知识和安全生产标准、操作规范和管理规范，因此有必要熟悉案件涉及的法律法规和专门知识。

（三）舆情研判

有的重大责任事故案，由于危害后果比较严重，情节恶劣，容易引起社会公众的高度关注，甚至出现舆情。因此公诉人应当注重关注、收集舆情信息，做好应对准备。在不泄露涉密信息的前提下，及时公开信息，释法说理，化解疑问，回应社会关切，防止谣言产生。

（四）制定出庭预案

根据《人民检察院刑事诉讼规则》第392条的规定，出庭预案主要包括庭审讯问（询问）计划、举证质证方案、公诉意见书和辩论提纲。

1. 庭审讯问计划。对于认罪的被告人的讯问，着重讯问其对生产、作业的职责，对安全管理规定的明知程度，违反安全管理规定的表现，事故发生的原因等问题。对于不认罪或态度不好的被告人的讯问，可以采取揭露矛盾的方法，就重大责任事故的发生，被告人的职责，违反安全管理规定的行为表现等方面进行讯问，以达到揭露其回答中的矛盾，揭穿其虚假供述。

2. 举证质证方案。具体到重大责任事故罪，可以采取按犯罪构成举证的方式分组举证：一是证明发生了重大责任事故；二是证明被告人具有安全管理的相关职责，系直接从事生产、作业的人员，或者系对生产、作业具有组织、指挥、管理职责的人员；三是证明被告人具有违反安全管理规定的行为；四是证明被告人违反安全管理规定的行为与重大事故的发生具有因果关系。

同时，也可以按证据种类举证的方式，对于被告人认罪的案件，一般按照被告人供述、被害人陈述、物证、书证、鉴定意见、视听资料等进行举证；对于被告人不认罪的案件，一般是先举证客观证据和其他言词证据，把被告人供述和辩解放在最后举证。

3. 法庭辩论提纲。法庭辩论提纲要结合提前预判的辩护观点进行准备，大致包括以下几个方面：一是被告人具有安全管理的相关职责，系直接从事生产、作业的人员，或者系对生产、作业具有组织、指挥、管理职责的人员；二是被告人具有违反安全管理规定的行为和表现；三是被告人违反安全管理规定的行为与重大事故的发生具有因果关系；四是被告人对危害结果的发生具有预见义务和预见可能性。

4. 公诉意见书。公诉意见书主要是对重大责任事故罪的构成要件、法律适用、量刑建议等进行详细阐述，并开展必要的法治教育。

（五）做好证人出庭作证的准备

这里所说的证人是广义的证人，包括被害人、鉴定人、有专门知识的人、鉴定人等。关于证人出庭作证的准备工作，本书第四章"做好被害人、证人、鉴定人、有专门知识的人、侦查人员出庭作证的准备工作"部分已作了详细论述，在此不再赘述。

（六）预判争议焦点，提高庭审控场能力

庭前准备中，要准确预测辩方的辩护观点和依据，使庭前准备的"三纲一书"具有针对性。同时庭审中要随机应变。对于重大责任事故案，庭前预测的要点大致有以下几个方面：

1. 被告人是否系直接从事生产、作业的人员，或者系对生产、作业具有组织、指挥、管理职责的人员。对这方面的问题，要从被告人供述和辩解、证人证言、被害人陈述以及国家关于安全生产、作业的规定，生产作业单位的规定制度、安全管理规范和岗位职责及行业惯例等角度进行论证。

2. 被告人是否明知生产、作业单位和生产、作业事项的安全管理规定。对这方面的问题要从被告人的职务、职责和管理权限，证人证言、被害人陈述，以及安全生产的法律法规、生产作业单位的规章制度、安全管理规范，行业惯例，被告人的生活、工作阅历等角度进行论证；

3. 被告人是否违反安全管理规定。对这方面的问题要从被告人供述和辩解，证人证言，事故调查报告等角度进行论证。

4. 被告人违反安全管理规定的行为与重大事故的发生是否有因果关系，从被告人供述和辩解、被害人陈述、证人证言、事故调查报告、现场勘验检查笔录等角度进行论证。

二、庭前会议要点

（一）庭前会议的主要内容

根据刑事诉讼法和相关司法解释的规定，庭前会议要解决程序性问题，包括回避、管辖、庭审方案、证人出庭作证名单等。关于证据合法性和非法证据排除问题，可以在庭前会议上交流，控辩双方对于证据合法性没有异议的，庭审过程中就证据合法性问题可以不再进行详细说明。

（二）公诉人参加庭前会议的策略和方法

庭前会议是一个意见交换、协商讨论的平台，通过控、辩、审三方的庭前交流，明晰案件争议焦点和庭审重点。公诉人参加庭前会议的一大目的，就是充分了解辩方观点和掌握证据情况，并对出庭预案进行调整和完善，为参加庭审做好准备。庭前会议常见的关于回避、管辖权异议、证人出庭作证、非法证据排除等问题的应对方法，可参阅本书第四章有相关论述。

三、庭审应对要点

整个庭审过程可以分为庭审讯问（询问）、庭审举证、庭审质证、发表公诉意见、法庭辩论等环节；在法庭调查阶段，还可能面临非法证据调查程序。庭审应对要点主要集中在庭审讯问（询问）、庭审举证质证、法庭辩论、非法证据调查程序等环节上。此处仅就重大责任事故案件的法庭讯问要点和法庭辩论要点作简要阐述。

（一）法庭讯问要点

对于被告人认罪的，可以从其职权职责、是否违反安全管理规定等方面进行讯问，但讯问应当简化，或者不讯问。

对于被告人否认其负有对生产、作业的组织、指挥、管理职责，或者系直接从事生产、作业的人员的情形，着重从被告人负有哪些职责，生产、作业相关的安全管理规定，其在生产、作业中实施了什么行为、下达了什么指示或者作出了什么决定等方面进行讯问。

对于被告人虽然承认其对生产、作业负有组织、指挥、管理职责，或者系直接从事生产、作业的人员，但否认其行为违反了安全管理规定，或者否认其行为与重大事故之间具有因果关系的情形，着重讯问事故发生前被告人在生产、作业中具有哪些行为和表现，实施了哪些组织、指挥、管理职责的行为，其行为是否符合生产、作业的相关安全规范要求等。

（二）法庭辩论要点

重大责任事故罪的法庭辩论要点主要集中在以下几个方面：

1. 关于犯罪主体的辩论，即是否属于重大责任事故罪的主体。

2. 关于犯罪主观的辩论，即被告人主观上对于损害后果的发生是否具有过失。

3. 关于犯罪客观方面的辩论，即被告人是否为直接从事生产、作业的人员，或者是负有组织、指挥、管理职责的人员；被告人是否违反安全管理规定；重大事故的发生与被告人违反安全管理规定之间是否具有因果关系等。

4. 关于法律适用的辩论，包括关于罪名、罪数的辩论等。

5. 关于量刑事实和量刑证据的辩论，即是否具有自首、立功、前科等法定从重、从轻、减轻、免除处罚等量刑情节，是否具有酌定的从重、从轻处罚情节等。

第五节　办理重大责任事故罪需要特别注意的问题

一、如何正确区分重大责任事故罪与危险物品肇事罪

重大责任事故罪与危险物品肇事罪在侵害对象、客观表现等方面都具有竞合，但是两个罪名在立法本意和调整对象上是有严格区分的。一

是重大责任事故罪是违反有关安全管理规定而发生重大事故，危险物品肇事罪则仅是违反危险物品的管理规定而发生重大事故。二是重大责任事故罪的立法目的主要在于防止或减少生产、作业中的重大事故的发生，而危险物品肇事罪的立法目的则在于防止或减少生产、储存、运输、使用爆炸性、易燃性、放射性、毒害性、腐蚀性物品过程中违反该类危险物品管理规定而发生重大事故的现象。从一定意义上说，危险物品肇事罪是重大责任事故罪的一种特殊规定。对于危险物品的范围、种类以及生产、储存、运输、使用，法律、法规、规章及相应制度都有具体规定，只有违反这些规定才构成危险物品肇事罪。

案例：赖某甲与其妻赖某乙长期从事传统的鞭炮生产加工。2001年3月经各部门的整改，赖某甲在武平县寨村鞭炮生产基地建立了鞭炮加工作坊，并经过当地村委和公安机关验收。2011年9月，赖某甲从武平县十方镇高梧村赖传宝和蔡添明处分别运来各50千克的氯酸钾及爆竹壳，违规拿回家中，将氯酸钾与银粉、硫磺、珍珠粉按一定比例混合，分装成爆竹。2011年10月21日上午赖某乙答应廖某某叫其外甥李某甲、李某乙来帮忙为爆竹装引线。当日下午4时30分许，李某甲、李某乙在被告人赖某甲及赖某乙均不在家时，又自行到赖某乙家中装引线时，突然发生爆竹爆炸，致李某甲、李某乙身体大面积烧伤，经抢救无效分别于2001年10月31日、11月16日死亡。另查明，该鞭炮生产作坊由赖某甲、赖某乙经营管理，2001年10月20日取得武平县公安局颁发的《烟花爆竹原材料购买证》。最终法院判决认为赖某甲构成重大责任事故罪，并处以相应刑罚。

本案中，认定赖某甲构成重大责任事故罪的主要理由：一是从赖某甲一贯从业经历来看，赖某甲长期从事传统的鞭炮生产加工；二是从相关许可来看，赖某甲经营的鞭炮生产作坊已经过村委和公安机关验收，后也取得了烟花爆竹原材料购买许可证；三是为爆竹装引线的行为，属于烟花爆竹生产加工过程中的一个工序，属于生产、作业的范畴；四是赖某甲具有违反安全管理规定的行为，其违规从他人处将氯酸钾及爆竹壳拿回家中，与银粉、硫磺、珍珠粉按一定比例混合，分装成爆竹的行为，违反了烟花爆竹安全生产管理规范。因此认定赖某甲构成重大责任事故罪是准确的。

二、如何正确区分重大责任事故罪与重大劳动安全事故罪

从刑法对于重大责任事故罪、重大劳动安全事故罪的规定来看，二者在罪名上的区别是明显的。但是在司法实践中，在某些情况下，会出现难以区分的情形。一是从客观方面讲，重大责任事故罪的行为特征是"在生产、作业中违反有关安全管理的规定"，重大劳动安全事故罪的行为特征是"安全生产设施或者安全生产条件不符合国家规定"。然而在"安全生产设施或者安全生产条件不符合国家规定"的情况下进行生产、作业，其本身就是"在生产、作业中违反有关安全管理的规定"，这种情况在客观方面是竞合的。二是从主体上讲，重大责任事故罪的犯罪主体"包括对生产、作业负有组织、指挥或者管理职责的负责人、管理人员、实际控制人、投资人等人员，以及直接从事生产、作业的人员"；重大劳动安全事故罪的犯罪主体包括"对安全生产设施或者安全生产条件不符合国家规定负有直接责任的生产经营单位负责人、管理人员、实际控制人、投资人，以及其他对安全生产设施或者安全生产条件负有管理、维护职责的人员"。然而，"对生产、作业负有组织、指挥或者管理职责的负责人、管理人员、实际控制人、投资人等人员"往往也是对生产设施或者生产条件是否符合国家规定都负有不同程度的直接责任，同时又对安全生产设施或者安全生产条件不符合国家规定负有直接责任的生产经营单位负责人、管理人员、实际控制人、投资人，这种情况下，两罪的犯罪主体也会存在一定程度的竞合。而重大劳动安全事故罪中的"其他对安全生产设施或者安全生产条件负有管理、维护职责的人员"，往往也是重大责任事故罪中的"直接从事生产、作业的人员"，二者也存在竞合。因此有必要对二者在司法实践中的适用进行区分。

在重大责任事故罪与重大劳动安全事故罪竞合的情况下，由于二者的法定刑是相同的，"安全生产设施或者安全生产条件不符合国家规

定"和"在生产、作业中违反有关安全管理的规定"的罪责也不好区分轻重，难以适用重罪吸收轻罪的原则。但是一个行为触犯了两个罪名，只能以一罪论处，鉴于重大责任事故罪不以"安全生产设施或者安全生产条件不符合国家规定"为前提，因此以重大责任事故罪定罪处罚，就无法全面评价"安全生产设施或者安全生产条件不符合国家规定"；而如果以重大劳动安全事故罪定罪处罚，则可以将"在生产、作业中违反有关安全管理的规定"作为从重处罚情节。因此司法实践中，当重大责任事故罪与重大劳动安全事故罪的客观方面和主体都出现竞合时，应当按照下列原则处理：一是在完全由于安全生产设施或者安全生产条件不符合国家规定而进行生产、作业，发生重大伤亡事故或者造成其他严重后果的情况下，应当以重大劳动安全事故罪定罪量刑。因为这是立法规定的典型的重大劳动安全事故犯罪，即使这种行为本身也是一种违反有关安全管理规定的行为，从罪名评价的最相符性考虑，一般不以重大责任事故罪认定。二是在安全生产设施或者安全生产条件不符合国家规定的情况下，在生产、作业中又违反具体的安全管理规定，因而发生重大伤亡事故或者造成其他严重后果的，此时属于重大责任事故罪与重大劳动安全事故罪的竞合，应区分不同情况选择较为妥当的罪名定罪量刑。当二罪中某一罪的情节明显重于另一罪时，应按情节较重的罪名定罪量刑。在二罪的情节基本相当的情况下，对于实际控制人、投资人，他们对安全生产设施或者安全生产条件是否符合国家规定负有直接责任，在无法查清对生产、作业是否负有组织、指挥或者管理职责时，以重大劳动安全事故罪定罪量刑。如果对生产、作业同时负有组织、指挥或者管理职责，为了司法实践的统一，一般仍以重大劳动安全事故罪定罪为宜，而将"在生产、作业中违反有关安全管理的规定"的行为作为从重处罚情节。对于负责人、管理人员，他们既对生产、作业负有组织、指挥或者管理职责，又对安全生产设施或者安全生产条件是否符合国家规定负有直接责任，基于同样的考虑，对他们一般也以重大劳动安全事故罪定罪为宜，而将"在生产、作业中违反有关安全管理的规定"的行为作为从重处罚情节。对于"对安全生产设施或者安全生产条件负有管理、维护职责的电工、瓦斯检查工等人员"，亦应当参照上述原则处理。作以上处理的原因，主要在于重大责任事故罪与重大劳动安全事故罪的法定刑幅度相同，同时"安全生产设施或者安全生产条件不符合国家规定"还是"在生产、作业中违反有关安全管理规定"的罪责也不好区分，从维护司法裁判统一的角度，以重大劳动安全事故罪定罪为宜。当然如果能够明确区分出在生产、作业中违反有关安全管理规定是事故发生的主要原因，劳动生产设施或劳动安全条件不符合国家规定只是事故发生的次要原因的话，那么仍然应当以重大责任事故罪定性处理。

案例：尚某某系河北省唐山市刘官屯煤矿（以下简称刘官屯煤矿）矿长，朱某某系河北省唐山恒源实业有限公司法定代表人，李某甲系刘官屯煤矿技术副矿长兼安全科科长，吕某某系刘官屯煤矿党支部书记兼保卫科科长。

2004 年 4 月，唐山恒源实业有限公司法定代表人朱某某购买唐山市刘官屯煤矿后，任命尚某某担任矿长助理，主持煤矿全面工作，行使矿长职责，李某乙担任生产副矿长兼调度室主任，李某甲担任技术副矿长兼安全科科长，进行矿井基建。2005 年 4 月，朱某某任命尚某某为矿长，2005 年 12 月 2 日尚某某取得矿长资格证。吕某某原系刘官屯煤矿矿长，朱某某购买该矿后仍担任矿长职务，同时担任该矿党支部书记兼保卫科科长，负责保卫工作，没有行使矿长职责，2005 年 11 月其矿长资格证被注销。在矿井基建过程中，该矿违规建设，私自找没有设计资质的单位修改设计，将矿井设计年生产能力 30 万吨改为 15 万吨。在《安全专篇》未经批复的情况下，擅自施工；河北煤矿安全监察局冀东监察分局于 2005 年 7 月 18 日向该矿下达了停止施工的通知，但该矿拒不执行，继续施工。在基建阶段，在未竣工验收的情况下，1193 落垛工作面进行生产，1193（下）工作面已经贯通开始回柱作业，从 2005 年 3 月至 11 月累计出煤 63300 吨，存在非法生产行为。该矿"一通三防"管理混乱，采掘及通风系统布置不合理，无综合防尘系统，电气设备失爆存在重大隐患，瓦斯检查等特种作业人员严重不足；在没有形成贯穿整个采区的通风系统情况下，在同一采区同一煤层中布置了 7 个掘进工作面和一个采煤工作面，造成重大安全生产隐患。劳动组织管理混乱，违法承包作业。无资质的承包队伍在井下施工，对各施工队伍没有进行统一监管。2005 年 12 月 7 日 8 时，该矿负责人无视国家法律法规，拒不执行停工指令，继续安排井下 9 个工作面基建工作。176 名工人下井作业后，担任调度员兼安全员的周某某没有按照国家有关矿井安全规章制度下井进行安全检查，只是在井上调度室值班。负责瓦斯检测的通风科科长刘某某违反安全生产规定，安排无瓦斯检测证的李某丙、郑某某在井下检测瓦斯浓度。当日 15 时 10 分许，该矿发生特别重大瓦斯煤尘爆炸事故，造成 108 人死亡，29 人受伤，直接经济损失 4870 余万元。

经事故调查组调查报告认定，刘官屯煤矿"12·7"特别重大瓦斯煤尘爆炸事故是一起责任事故，事故的直接原因是刘官屯煤矿 1193（下）工作面切眼遇到断层，煤层垮落，引起瓦斯涌出量突然增加；9 煤层总回风巷三、四联络巷间风门打开，风流短路，造成切眼瓦斯积聚；在切眼下部用绞车回柱作业时，产生摩擦火花引爆瓦斯，煤尘参与爆炸。事故的间接原因是刘官屯煤矿违规建设，非法生产，拒不执行停工指令，采掘及通风系统布置不合理，无综合防尘系统，特种作业人员严重不足，无资质的承包队伍在井下施工。

法院判决尚某某、李某甲、吕某某、朱某某均已构成重大劳动安全事故罪，并处以相应刑罚。

本案中，认定尚某某等人构成重大劳动安全事故罪的主要理由如下：一是刘官屯煤矿的劳动安全设施不符合国家规定，在《安全专篇》未经批复的情况下擅自施工；二是河北煤矿安全监察局冀东监察分局于 2005 年 7 月 18 日向该矿下达了停止施工的通知，但该矿拒不执行，继续施工，因而发生特别重大伤亡事故，造成 108 人死亡；三是尚某某身为该矿矿长，主持该矿全面工作，李某甲身为技术副矿长兼安全科科长，对排除事故隐患，防止事故发生负有职责义务，其无视国家安全生产法律、法规，忽视安全生产，拒不执行停工指令，对事故的发生负有直接责任；吕某某作为矿长未履行矿长职责，在得知煤矿安全监察部门向该矿下达了停止施工的通知后，对该矿继续施工不予阻止，对事故的发生亦负有直接责任；朱某某作为唐山恒源实业有限公司法定代表人、煤矿投资人，对该矿的劳动安全设施是否符合国家规定负有管理义务，而其失于管理，主观上具有犯罪过失，对事故负有直接责任。

三、如何把握重大责任事故罪与过失致人死亡罪、过失放火罪、过失爆炸罪、过失投放危险物质罪

重大责任事故罪与过失放火罪、过失爆炸罪、过失投放危险物质罪都是过失犯罪，主体和主观方面都基本相同。二者的区分主要在于客观方面的表现和发生的场合有所不同。一是从客观方面表现来看，重大责任事故罪发生在生产、作业过程中，与生产、作业具有直接的联系。而过失致人死亡罪、过失放火罪、过失爆炸罪、过失投放危险物质罪可以发生在日常生活中的任何场合，与重大责任事故罪具有包容关系。如果行为人是在生产、作业中因违反有关安全管理的规定而引发了火灾、水灾、爆炸、中毒等重大事故，应当认定为重大责任事故罪；反之则应当根据情况分别认定为过失放火罪、过失爆炸罪、过失投放危险物质罪。二是从是否违反业务安全还是日常安全生活准则来看，重大责任事故罪的客观方面表现为违反有关安全管理的规定，这些安全管理规定是针对生产、作业安全而专门制定的。过失致人死亡罪、过失放火罪、过失爆炸罪、过失投放危险物质罪则违反的是日常生活准则。因此重大责任事故中的过失是业务过失，而过失放火罪、过失爆炸罪、过失投放危险物质罪的过失为普通过失。

案例：2010 年 5 月以来，被告人王某某在以其女儿作为法定代表人、其本人实际经营位于湘潭市雨湖区响塘乡金桥村的乐乐旺幼儿园的过程中，缺乏安全意识，疏于管理，违反安全管理规定使用校车。2014 年 7 月 10 日 17 时许，该幼儿园校车在运送幼儿回家的途中，违规超载及不按规定的路线行驶，当车行至长沙市岳麓区含浦镇干子村石塘水库塘基由西往北左转弯时，驾驶员郑某某超速且操作不当致该车翻入水

库，造成包括驾驶员在内的 11 人（含 8 名幼儿）全部溺水死亡的重大伤亡事故。案发后，被告人王某某在事故现场向公安机关投案，如实供述自己的犯罪事实，并取得了被害人家属的谅解。法院判决王某构成重大责任事故罪，并处以相应刑罚。

本案中，认定王某某构成重大责任事故罪是妥当的理由如下：一是王某某具有违反校车安全管理规定的行为，其疏于对校车的管理，以致校车超载且未按照规定线路行驶；二是王某某作为幼儿园的实际控制人和管理人员，其对幼儿园校车的使用、驾驶等具有管理和监督职责，而其疏于管理，导致本案重大伤亡事故的发生；三是王某某违反校车安全管理规定的行为与重大伤亡后果之间具有因果关系。

案例：2014 年 5 月 30 日，被告人王某某以挂靠的江苏圣域建设工程有限公司名义承接了射阳县特庸镇特盘线公路维修工程。7 月初，被告人王某某在对该工程组织施工时，虽在路边设置了简易绕行提示标牌，但没有配合使用护栏等设施，也没有使用闪光灯或者定光灯等夜间警示标志。受害人顾某于 2014 年 7 月 8 日晚醉酒驾驶二轮摩托车，在行驶至该公路施工路段时摔倒，当场死亡。经射阳县公安局法医鉴定，顾某系颈、胸髓严重损伤死亡。事发后，江苏圣域建设工程有限公司赔偿被害人近亲属各项损失合计 76 万元。法院判决王某某构成重大责任事故罪，并处以相应刑罚。

本案中，认定王某某构成重大责任事故罪是准确的，理由如下：一是王某某对涉案道路的施工，属于生产、作业的范畴；二是王某某具有违反施工安全管理规定的行为。道路施工人在生产、作业过程中，应当严格遵守有关安全管理的规定。在施工路面不具备正常行驶条件、影响交通安全的情况下，应当依法设置明显的安全警示标志和护栏、围挡等安全防护措施。虽然王某某在施工路段路边设置了简易绕行提示标牌，但没有配合使用护栏等设施，也没有使用闪光灯或者定光灯等夜间警示标志，未能起到有效的警示和防护作用，未严格遵守有关安全规定；三是顾某醉酒驾驶进入施工路段时摔倒死亡的后果，与王某某违反安全管理规定的行为之间具有因果关系。

四、如何正确区分重大责任事故罪与交通肇事罪

一般情况下，重大责任事故罪与交通肇事罪不难区分，但在某些情况下可能产生竞合。重大责任事故罪与交通肇事罪的区分主要体现在以下两个方面：一是重大责任事故罪与交通肇事罪客体的侧重点不完全相同。重大责任事故罪与交通肇事罪的客体都是公共安全，但是重大责任事故罪的客体侧重于生产、作业安全，而交通肇事罪的客体侧重于交通运输安全。二是重大责任事故罪与交通肇事罪的客观方面表现有所不同。重大责任事故罪的客观方面表现为生产、作业中违反有关安全管理的规定而发生重大伤亡事故或造成其他严重后果，交通肇事罪的客观方面表现为违反交通运输管理法规而发生重大伤亡事故或者造成其他严重后果。也就是说，在客观方面行为要件上，重大责任事故罪的犯罪行为所违反的是保障生产、作业安全的相关安全管理规定，而交通肇事罪的犯罪行为所违反的是保障交通运输安全的管理规定。因此凡是从事生产、作业的人员以及对生产、作业安全负有组织、指挥、管理职责的人员，在生产、作业中违反有关安全管理规定，因而导致重大责任事故罪的，应当以重大责任事故罪定罪处罚。反之，则应当以交通肇事罪或其他相应的罪名定罪处罚。三是重大责任事故罪与交通肇事罪的主体身份一般也不完全相同。重大责任事故罪与交通肇事罪的主体都是一般主体，但是重大责任事故罪的主体主要是生产、作业中的人员以及对生产、作业负有组织、指挥、管理的人员，交通肇事罪的主体实践中多是从事交通运输的人员。判断行为人是否构成重大责任事故罪，关键是看在事故酿成时，行为人是否在实质上从事导致事故发生的生产性生产、作业，是否违反了保障生产、作业安全的相关规定，并因而导致重大事故发生，如果回答是肯定的，那么应当认为符合重大责任事故罪的构成要件。反之应当以交通肇事罪等其他罪名定性处理。四是重大责任事故罪与交通肇事罪在某些情形下竞合时，应当根据情况分别处理。根据最高人民检察院《关于在厂（矿）区内机动车造成伤亡事故的犯罪案件如何定性处理问题的批复》规定，在公共交通管理范围内，因违反交

通运输管理规章制度，发生重大事故，应按交通肇事罪处理；违反安全生产规章制度，发生重大伤亡事故，应当按重大责任事故罪处理。在公共交通管理范围外发生的，应当定性为重大责任事故罪。根据最高人民法院《关于审理交通肇事刑事案件具体应用法律若干问题的解释》（法释〔2000〕33号）第8条的规定，在实行公共交通管理的范围内发生重大交通事故的，按交通肇事罪处理；在公共交通管理的范围外，驾驶机动车或者使用其他交通工具致人伤亡或者致使公私财产遭受重大损失的，分别依照《刑法》第134条、第135条、第233条的规定定罪处罚。

案例：顺风号平板拖船的股东夏某进（另案处理）、夏某安、隆某某与顺风号等四艘平板拖船的股东，在左某军（另案处理）的倡议下，于2012年3月3日开始联营，由左某军和段某华（另案处理）负责调度。2012年12月9日凌晨1时30分许，经调度人段某华通知，顺风号在烟溪十八渡码头搭载四台货车后，前往安化县平口镇。前段水域由夏某安驾驶，船行驶至古楼乡的建新村时，转由无船舶驾驶资质的刘某群驾驶，当日凌晨3时许，船行驶至平口镇安平村河段时，因刘某群操作不当，船体发生倾斜，所搭载的四台货车滑落掉入水中，10人落水，造成9人死亡，4辆货车受损，车辆所承载煤、锑矿石全损，部分木材散失，直接损失100万元。

检察机关以夏某安、刘某群构成重大责任事故罪提起公诉。一审法院判决夏某安、刘某群构成交通肇事罪，并分别处以相应刑罚。检察机关提起抗诉，二审法院判决夏某安、刘某群构成重大责任事故罪，并分别处以相应刑罚。

本案中，关于夏某安、刘某群的行为如何定性，存在两种意见，一种意见认为构成重大责任事故罪，另一种意见认为构成交通肇事罪，认为构成交通肇事罪的主要理由：夏某安、刘某群违反交通运输管理法规，驾驶未经检验合格的船舶，且未经相关行政管理部门的许可经营船舶运输业务，由无驾驶资质的被告人刘某群驾驶，违反了交通运输管理法规，因此构成交通事故罪。

我们认为，认定夏某安、刘某群构成重大责任事故罪是正确的。理由如下：一是夏某安、刘某群具有违反安全管理规定的行为。夏某安作为顺风号的股东与另三艘平板拖船组成非法联营体，夏某安、刘某群明知驾驶的是未经检验合格的船舶，也未经行政管理部门的许可，而经营船舶运输业务，同时在具体的作业中，夏某安、刘某群未尽安全作业的职责，超载运输，夏某安明知刘某群无驾驶资质而将船舶交由其驾驶，刘某群明知自己无驾驶资质，而驾驶船舶，二人均违反了有关安全管理的规定。二是本案发生在船只作业的场所，属于生产、作业的范畴。本案虽然发生在内河范围，但也是联营船只作业的场所。从表面上看，事故是夏某安、刘某群在驾驶船舶时因操作失误引起，但实际上，是由于联营体所属船舶违反有关安全管理规定，违规操作而导致的重大责任事故。因此本案认定为重大责任事故罪是正确的。

五、重大责任事故罪中的因果关系的判断

行为人的行为与危害后果之间存在因果关系，是行为人对危害后果承担刑事责任的基础。在重大责任事故罪中，行为人的违反安全管理规定的行为与重大事故后果之间是否具有因果关系，是判断的一个重点。因果关系的判断，通说认为应当建立在因果关系的客观性、因果关系的相对性、因果关系的具体性和多样性、因果关系的时间顺序性等四个命题基础上。[①] 一是因果关系的客观性。因果关系是物质世界普遍联系、相互制约和相互作用的表现形式之一，它是客观存在的。具体到刑法上的因果关系，也是客观存在的，不能从行为人的主观随意性出发，也不能把因果关系与行为人的主观认识混为一谈。重大责任事故罪中的因果关系，反映出行为人违反有关安全管理规定的行为在客观上威胁了生产、作业安全，对不特定多数人的生命、健康或重大公私财产造成了威胁，具有使重大事故发生的可能性，且实际上确实发生了重大事故的危

---

① 赵秉志主编：《中国刑法典型案例研究（第二卷危害公共安全与妨害社会管理秩序犯罪）》，北京大学出版社 2008 年版，第 182 ~ 184 页。

害后果。二是因果关系具有相对性。刑法中的因果关系，必须将一对现象从普遍联系的链条中抽出来评价，才能相对地显示出一个现象是原因，另一个现象是结果。重大责任事故罪中的因果关系的判断，应当将行为人违反有关安全管理规定的行为与重大事故的发生这两个现象抽取出来，对行为人的违反有关安全管理规定的行为与重大事故的发生之间的联系进行考察。三是因果关系的多样性和具体性。因果关系具有具体性和多样性，具体表现形式纷繁复杂，既有一因一果，又有一因多果，也有多因一果，还有多因多果。在存在多数原因的情况下，又有主要原因与次要原因、直接原因与间接原因、内部原因与外部原因之分。重大责任事故罪中的重大事故的发生，往往是多种因素共同作用的结果，但是不能因原因的多样性而否定了其中一个原因行为归责的合理性。四是因果关系的时间顺序性。因果关系的时间顺序性体现为原因在前、结果在后，原因引起结果。判断行为人的行为与危害后果是否具有因果关系，关键是看行为人的行为对这种结果的发生是否起了作用，凡是对结果起了作用并引起该结果发生的，客观上就存在因果关系。重大责任事故罪中，行为人违反有关安全管理规定的行为在客观上对重大事故的发生具有作用力，单独或与其他因素共同作用引起了危害后果的发生，那么就存在因果关系。

在因果关系的判断上，应当根据客观证据和事实来进行判断。一是根据重大事故调查报告认定的行为人的行为与重大事故的后果之间的关系和责任进行审查判断。重大事故发生后，行政管理部门或事故专门调查小组会对事故进行调查，并出具调查报告，调查报告中对于事故发生的原因、时间、地点、危害后果以及行为人违反安全管理的行为对事故发生所起的作用，行为人应当承担的责任大小等进行评定。二是结合生活经验和逻辑常识来进行判断。有些重大责任事故的发生，因果关系比较单一或者比较明显，能够准确判断；而有些重大事故的发生，因果关系比较复杂，多因多果或多因一果，这种情况下，应当结合行为人违反安全管理规定的行为的性质、所负职责的情况、在事故中所起的作用大小、对事故的发生是否具有直接作用或者间接作用、对事故的发生是必然因果关系还是偶然因果关系，是否不可避免地引起事故的发生等方面，来综合判断是否具有因果关系、因果关系的大小等，并依此作为判断是否应当对行为人进行刑事追责的依据。

案例：梁某系中铁二十四局集团江苏工程有限公司南京市城市快速内环西线南延四标段项目部（以下简称内环项目部）常务副经理，邵某系内环项目部总工程师，杨某系南京诚明建设咨询有限公司内环项目部专业监理工程师。

2010年11月，南京市城市快速内环西线南延工程四标段项目部五联钢箱梁吊装完毕后，梁某、邵某等人为赶工期、施工方便，擅自变更设计要求的施工程序，在钢箱梁支座未注浆锚固、两端压重混凝土未浇筑的情况下，安排施工人员进行桥面防撞墙施工。杨某明知施工单位擅自改变施工程序，未能履行监理职责。2010年11月26日20时30分前后，在对B17－B18跨钢箱梁进行桥面防撞墙施工时，该钢箱梁发生倾覆坠落事故，造成正在桥面施工的工人吴某等7人死亡、桥下工人林某等3人受伤、直接经济损失700万元的严重后果。经调查认定，事故直接原因为：B17－B18跨钢箱梁吊装完成后，钢箱梁支座未注浆锚栓，梁体与桥墩间无有效连接；钢箱梁两端未进行浇筑压重混凝土，钢箱梁梁体处于不稳定状况；当工人在桥面使用振捣浇筑外弦防撞墙混凝土时，产生了不利的偏心荷载，导致钢箱梁整体失衡倾覆。此为一起施工单位违反施工顺序、施工组织混乱，监理单位未认真履职，监督部门监管不到位，设计单位交底不细造成的生产安全责任事故。

法院判决梁某、邵某、杨某均已构成重大责任事故罪，并处以相应刑罚。

本案中，事故发生的原因存在多个因素，即多因一果。事故的原因包括以下几个方面：一是施工单位违反施工顺序、施工组织混乱。梁某、邵某等人擅自变更设计要求的施工程序，在钢箱梁支座未注浆锚固、两端压重混凝土未浇筑的情况下，安排施工人员进行桥面防撞墙施工。二是监理单位未认真履职，监督监管不到位。三是跨钢箱梁吊装完成后，钢箱梁支座未注浆锚栓，梁体与桥墩间无有效连接；钢箱梁两端未进行浇筑压重混凝土，钢箱梁梁体处于不稳定状况。四是工人在桥面使用振捣浇筑外弦防撞墙混凝土时，产生了不利的偏心荷载。五是设计单位对于设计施工要求交底不细。上述因素共同导致了本案事故的发生。但不可否认，梁某、邵某、杨某的行为与本案事故的发生之间具有因果关系。

案例：秦某某系上海梅都房地产开发有限公司"莲花河畔景苑"项目负责人，张某甲系上海众欣建筑有限公司法定代表人、总经理，夏某某系上海众欣建筑有限公司"莲花河畔景苑"项目现场负责人，陆某某系上海众欣建筑有限公司承建的"莲花河畔景苑"二标段名义项目经理，张某乙系"莲花河畔景苑"土方开挖工程的承包人员，乔某某系上海市光启建设监理有限公司"莲花河畔景苑"项目总监理。

2006年8月，梅都公司与众欣公司签订《建设工程施工合同》，将商品住宅项目"莲花河畔景苑"（又称"莲花河畔家园"）交众欣公司承建。同年9月，梅都公司与光启公司签订《建设工程委托监理合同》，委托光启公司为"莲花河畔景苑"工程监理单位。同年10月，梅都公司取得该工程项目的《建筑工程施工许可证》并开始施工。梅都公司任命秦某某为"莲花河畔景苑"项目负责人，管理现场施工事宜；众欣公司指派夏某某负责工地现场管理工作；光启公司指派乔某某任"莲花河畔景苑"工程总监理；陆某某由于先前挂靠众欣公司取得工程项目经理等资质证书，而默许众欣公司及张某甲使用其资质挂名担任工程一标段经理投标承建"莲花河畔景苑"工程，又在施工过程中，变更挂名担任二标段项目经理用于应对有关部门的工程安全和质量监督管理。实际施工过程中，陆某某还实施了配合众欣公司应付有关安全和质量监督检查的行为。陆某某虽然不从众欣公司获取报酬，但其父因此从众欣公司承接了"莲花河畔景苑"部分土建等项目。

2008年11月，梅都公司法定代表人张某丙（另案处理）将属于众欣公司总包范围的地下车库开挖工程，违规分包给没有公司机构且不具备资质的张某乙（张某甲之弟），并指令秦某某安排张某乙组织施工、违规开挖堆土。张某乙向没有土方开挖资质的索途公司等借用机械、人员，先对其中的 12 号地下车库进行开挖，并按照张某丙及秦某某的要求，将开挖出的土方堆放在工地 7 号楼北侧等多处。2009 年 6 月，张某丙与秦某某明知工程二标段内的 0 号地下车库尚处于基坑围护期内，也未进行天然地基承载力计算，为赶工程进度而指令张某乙对紧邻 7 号楼南侧的 0 号地下车库进行开挖，并将开挖出的土方继续向 7 号楼北侧等处堆放。在上述过程中，张某甲对建设方违规分包工程项目未予反对、制止，听任没有资质的张某乙在众欣公司承包、管理范围内施工；夏某某明知建设方违规分包工程项目、土方开挖堆放系违规操作而不加制止，且配合秦某某指使他人制作土方开挖专项施工方案；陆某某挂名担任"莲花河畔景苑"二标段项目经理，致使 0 号地下车库的土方开挖和堆放脱离有效的工程安全和质量监管；乔某某对土方施工人员资质怠于审查，虽对违规挖土、堆土曾提出过安全异议，但未依监理职责进行有效制止。

2009 年 6 月 27 日 5 时许，由于"莲花河畔景苑"7 号楼北侧在短期内堆土过高（最高处达 10 米左右），同时紧邻大楼南侧的地下车库基坑正在开挖（深度 4.6 米），大楼两侧的压力差使土体发生水平位移，过大的水平力超过桩基的抗侧能力导致房屋整体倾倒，造成作业人员肖某某逃生不及，躯体受压致机械性窒息而死亡。上述事故造成土建及安装造价损失 669 万余元，同时造成梅都公司监管小组向该楼购房者赔付共计 1276 万余元。

法院判决秦某某、张某甲、夏某某、陆某某、张某乙、乔某某均已构成重大责任事故罪，并处以相应刑罚。

本案中，事故的发生也属于多因一果，秦某某、张某甲、夏某某、陆某某、张某乙、乔某某各自的行为与本案重大事故结果之间均具有因果关系。具体表现如下：一是秦某某作为"莲花河畔景苑"项目现场负责人，秉承张某丙的指令将属于众欣公司总包范围的地下车库开挖工程，直接交予没有公司机构且不具备资质的被告人张某乙组织施工、并违规指令施工人员开挖堆土，对本案倒楼事故的发生负有现场管理责任。二是张某甲身为工程施工单位主要负责人，违规使用他人专业资质证书投标承接工程，致使工程项目的专业管理缺位，且放任建设单位违规分包土方工程给其没有专业资质的亲属，对本案倒楼事故的发生负有领导和管理责任。三是夏某某作为工程施工单位的现场负责人，施工现场的安全管理是其应负的职责，但其任由工程施工在没有项目经理实施专业管理的状态下进行，且放任建设方违规分包土方工程、违规堆土，致使工程管理脱节，对倒楼事故的发生亦负有现场管理责任。四是陆某某虽然挂名担任工程项目经理，实际未从事相应管理工作，但其任由施工单位在工程招投标及施工管理中以其名义充任项目经理，默许甚至配合施工单位以此应付监管部门的监督管理和检查，致使工程施工脱离专业管理，由此造成施工隐患难以通过监管被发现、制止，因而对本案倒楼事故的发生仍负有不可推卸的责任。五是张某乙没有专业施工单位违规承接工程项目，并盲从建设单位指令违反工程安全管理规范进行土方开挖和堆土施工，最终导致倒楼事故发生，系本案事故发生的直接责任人员。六是乔某某作为工程项目的总监理，对工程项目经理名不副实的违规情况审查不严，对建设单位违规发包土方工程疏于审查，在对违规开挖、堆土提出异议未果后，未能有效制止，对本案倒楼事故发生负有未尽监理职责的责任。综上来看，秦某某、张某甲、夏某某、陆某某、张某乙、乔某某分别作为工程建设方、施工单位、监理方的工作人员以及土方施工的具体实施者，在工程施工的不同岗位和环节中，本应上下衔接、互相制约，但却违反安全管理规定，不履行、不正确履行或者消极履行各自的职责、义务，最终导致该工程项目楼房整体倾倒的重大安全事故。

六、其他需要注意的问题

根据《刑事诉讼法》第95条的规定，在犯罪嫌疑人被逮捕后，人民检察院仍应当对羁押的必要性进行审查。对重大责任事故犯罪案件的犯罪嫌疑人开展羁押必要性进行审查，应当着重审查以下方面：一是法定刑幅度，二是是否认罪认罚。

根据《刑法》第134条第1款的规定，重大责任事故罪的法定刑幅度分为二档，第一档是造成重大伤亡事故或造成其他严重后果的，法定刑为 3 年以下有期徒刑或者拘役；第二档是情节恶劣的，法定刑为 3 年以上 7 年以下有期徒刑。

对于适用第一档法定刑幅度，可能判处有期徒刑 3 年以下刑罚的，可以根据犯罪嫌疑人在案发后是否参与救援工作，是否自首、坦白、认罪认罚，是否赔偿以及取得谅解等因素，综合考量羁押必要性。

对于适用第二档法定刑幅度，可能判处 3 年以上有期徒刑的，一般情况下人民法院会判处实刑，并且重大事故伤亡后果特别严重的，社会影响都比较大，因此对于此种情况下的羁押必要性审查，应当慎重进行，综合考量是否有继续羁押之必要。

附：重大责任事故罪相关法律法规与司法规范性文件

1. 最高人民法院《关于审理交通肇事刑事案件具体应用法律若干问题的解释》（法释〔2000〕33 号）

2. 最高人民法院、最高人民检察院、公安部、监察部、国家安全生产监管总局《关于严格依法及时办理危害生产安全刑事案件的通知》（高检会〔2008〕5 号）

3. 最高人民检察院、公安部《关于公安机关管辖的刑事案件立案追诉标准的规定（一）》（公通字〔2008〕36 号）

4. 最高人民法院《关于进一步加强危害生产安全刑事案件审判工作的意见》（法发〔2011〕20 号）

5. 最高人民法院、最高人民检察院《关于办理危害生产安全刑事案件适用法律若干问题的解释》（法释〔2015〕22 号）